JN040825

実務直結シリーズ

新訂
第3版

行政書士のための
遺言・相続
実務家養成講座

この本で遺言・相続に強い行政書士になる。

行政書士
竹内　豊 著

税務経理協会

新訂第3版刊行にあたって

　拙著『行政書士のための遺言・相続実務家養成講座』が刊行されてから8年が経ちました。幸い、行政書士をはじめとした遺言・相続業務に携わる実務家の支持を得て、ここに新訂第3版を刊行することができました。

　新訂第3版を出すにあたって、次のことを心掛けました。

コンセプトは「深化」
　「深化」、つまり「深めること」をコンセプトに全面を見直しました。具体的には、次の3点に基づいて改訂に取り組みました。

1.「高い受任率」と「満足行く報酬」の実現
　「高い受任率」と「満足行く報酬」を実現するには、相談者から「信頼」を得ることが求められます。信頼を得るには、相談者に、ロードマップ（相談者が抱えている切実な悩みを速やかに解決する道筋）を"面談の場"で提示する必要があります。

　ロードマップを提示するには、「法論理」と「経験知」を巧みにハイブリッドした説明を相談者に提供することがカギになります。そこで、「法論理」はもとより、「経験知」を強く意識して見直しました。

2.「実務直結」の追求
　実務直結とは、「実務の流れ」を忠実に再現することを意味します。そこで、実務を克明に再現するために、過去20年の業務資料を見直しました。そして、見直しから発掘した"発見"を随所に織り込みました。

3.「失敗」から得た「教訓」の公開

　私は、2001年に行政書士を開業しました。気が付けば21年が経とうとしています。その間、幸いながら「失敗」、すなわち、依頼者に迷惑をかけることは一度もありませんでした。しかし、一歩間違えば失敗していた「ヒヤリ」とした経験はいくつもしています。

　そこで、実体験を基に、「"落とし穴"を回避する"ヒヤリ"事例10」を新設しました。失敗から得る教訓は実務で必ず活かせます。恥を忍んで公開したので、"反面教師"としてご活用ください。

　本書は、私に経験知を授けてくれた依頼者、実務に関する鋭い質問を掛けてくれた「行政書士合格者のための開業準備実践講座」の受講者、そして、今まで以上に辛抱強くお付き合いいただいた税務経理協会の小林規明氏，以上の皆さまのお力添えがなければ実現できませんでした。ここに厚くお礼を申し上げます。

　私は、今後も実務で得た経験知を、書籍等を通じて発信していく所存です。ご指導、ご批判をいただけるとありがたいと思います。

2022年8月

行政書士　竹内　豊

初版はしがき

　本書は，遺言・相続業務を志す行政書士が，業務を受任し，安全・円滑に遂行するために知っておくべき「準備」「心得」「報酬請求」「業務手順」を解説している。言わば「実務の入門書」である。

　業務を受任して，依頼者に行き届いた法務サービスを提供するには，「知識」と「経験知」(注) が必要である。遺言・相続業務の知識を補う専門書は多数ある。しかし，「行政書士のための」「行政書士が書いた」遺言・相続業務の経験知を補う実務書は「ない」のが実情である。

　そこで本書は，遺言・相続業務を志す行政書士の「ナビゲーター」として書かれた。

　そのため，「当たり前のこと」が「当たり前」に書かれている。実務経験豊富な方々には目新しいものはない。本書の性格上あらかじめお断りしておく。

　実務ではひとつとして同じ依頼はない。必ず少しずつ違ってくる。本書を一読すれば遺言・相続業務の「イメージ」がつかめる。「イメージ」をつかめば，個別の案件に自信を持って対応できる。その自信が相談者に伝わり，受任につながる。そして満足いく報酬を得ることができる。

　遺言・相続業務の対処方法に唯一の「正解」はない。読者は本書を「叩き台」にして，依頼者と自らにとって「よりよい方法」を考案して頂きたい。

　なお，本書は平成26年6月現在の法令に基づいて執筆している。「婚外子の相続分」（平成25年12月5日『民法の一部を改正する法律』成立）のように，今後家族法は「夫婦の氏」「婚姻適齢」「再婚禁止期間」等改正が求められているものがある。実務においては，最新の法令に当たって頂きたい。

さらに，実務を進めるに当たって判断に迷った場合は，行政書士会等に意見を求めることをお勧めする。一番やってはいけないことは「いたずらに時間を費やす」ことである。

　本書がきっかけで遺言・相続業務を得意とする行政書士が誕生し「遺言書作成・相続手続は行政書士」と市民に認められ，その結果「遺言書」と「すみやかな相続手続」を大勢の市民に提供できれば，筆者の望外の喜びである。

（注）　経験知：（学校や書物で得た知識と違って）日常生活のさまざまな経験や社会での種種の見聞を通して，直接に体得した知識や知恵（「新明解国語辞典第7版」三省堂438頁）。

2014年7月

竹内　豊

目　次

第1章　受任のために「準備」しておくこと

第4章　自筆証書遺言の作成手順

第7章 相続業務の手順　その2・遺言執行業務
（遺言執行者の就職から執行完了まで）

第8章 法定相続情報証明制度の利用方法

第12章　実務脳をブラッシュアップする「条文順・重要判例184」

索　引

【事例】一覧

【ここが実務のポイント】一覧

第1章　受任のために「準備」しておくこと

第2章　トラブルを回避して速やかに業務を遂行するための心得

第3章　遺言業務の手順（「自筆証書遺言」「公正証書遺言」共通）

第7章　相続業務の手順　その2・遺言執行業務

　　　　（遺言執行者の就職から執行完了まで）

第9章　実務に求められる改正相続法の知識

第12章　実務脳をブラッシュアップする「条文順・重要判例184」

◎凡 例

1．用 語

「遺言書文案作成業務」を「遺言業務」，「相続手続業務」（＝遺産分割業務
及び遺言執行業務）を「相続業務」と記した。なお，相続業務のうち，遺産
分割または遺言執行に限定する場合は，それぞれ「遺産分割業務」「遺産執
行業務」と記す。

2．法 令

カッコ内では，通常の用法に従い略記する。主なものは次のとおり。

略　　記	法　　律
一般社団・財団	一般社団法人及び一般財団法人に関する法律
家事手続	家事事件手続法
家事規	家事事件手続規則
行書	行政書士法
行書規	行政書士法施行規則
行書倫	行政書士倫理綱領
公証	公証人法
公証規	公証人法施行規則
戸	戸籍法
戸規	戸籍法施行規則
国家公務員	国家公務員退職手当法
信託	信託法
農地	農地法
農地規	農地法施行規則
不登	不動産登記法
不登規	不動産登記規則
保管	法務局における遺言書の保管等に関する法律
保管政令	法務局における遺言書の保管等に関する政令 （令和1.12.11政令第178号）

保管省令	法務局における遺言書の保管等に関する省令 （令和２.４.20法務省令第33号）
保険	保険法
民	民法
民	改正法（民法及び家事事件手続法の一部を改正する法律（平成30年法律第72号））

３．判　例

（1）判　例

次のように略記する。

最判平27［2015］・11・20民集69巻７号2021頁

＝最高裁判所平成27年（2015年）11月20日判決，最高裁判所民事判例集
69巻７号2021頁（大法廷は「大」と入れる・決定は「決」と入れる）

（2）判　決

次のように略記する。

略　記	判決・審判
大判	大審院判決
東京高判	東京高等裁判所判決
名古屋高金沢支判	名古屋高等裁判所金沢支部判決
横浜地判	横浜地方裁判所判決
奈良家審	奈良家庭裁判所審判

（3）判例集

通常の用法に従って次のように略記する。

略　　記	判　例　集
民録	大審院民事判決録
民集	大審院民事判例集／最高裁判所民事判例集
新聞	法律新聞
高民集	高等裁判所民事判例集
下民集	下級裁判所民事裁判例集
家月	家庭裁判月報
判時	判例時報
判夕	判例タイムズ
金法	金融法務事情
金判	金融・商事判例

4．文　献

(1)　引用・参考

　二宮……二宮周平『家族法〔第5版〕』(2019年，新世社)

　概説……堂薗幹一郎・神吉康二『概説　改正相続法(第2版)』(2021年，金融財政事情研究会)

　コンメン……『新基本法コンメンタール　相続』(2016年，日本評論社)

　兼子……兼子仁『新11版　行政書士法コンメンタール』(2021年，北樹出版)

　潮見……潮見佳男『民法(全)第2版』(2019年，有斐閣)

　詳解……地方自治制度研究会『詳解　行政書士法　第4次改訂版』(2016年，ぎょうせい)

　銀行……竹内豊『行政書士のための銀行の相続手続　実務家養成講座』(2022年，税務経理協会)

　法制審議会民法(相続関係)部会議事録……法務省ホームページからダウンロード可

(2) 参　考

① 体系書・教科書

『家族法　第5版』（二宮周平，新世社）

『概説　改正相続法』（堂薗幹一郎・神吉康二，金融財政事情研究会）

『民法Ⅳ　親族・相続』（内田貴，東京大学出版会）

『詳解相続法』（潮見佳男，弘文堂）

『遺言実務入門（改訂版）』（遠藤常二郎編著，三協法規出版）

② 一般書

『親に気持ちよく遺言書を準備してもらう本』（竹内豊，日本実業出版社）

③ 会報

『行政書士必携〜他士業との業際マニュアル〜』（東京都行政書士会）

『職務上請求書と行政書士の倫理－職務上請求書ガイドライン』（東京都行政書士会）

④ その他

『「箇条書き」を使ってまとまった量でもラクラク書ける文章術』（橋本淳司著，大和書房）

『シンプルに書く　伝わる文章術』（阿部紘久，飛鳥新社）

『文章力の基本』（阿部紘久，日本実業出版社）

◎　インデックス

インデックスは，次の順にした。

1．2．3．……

　(1)　(2)　(3)……

　　①　②　③……

　　　イ)　ロ)　ハ)　……

　　　　　ａ）　ｂ）　ｃ）……

◎　その他

　本書の「事例」等で記載した氏名・住所，ゆうちょ銀行を除く銀行名等は，守秘義務に則り全て事実と異なる。

◎　本書の5つの効果

本書を活用すれば，次の5つの効果が現れる。

その1　業務を「俯瞰」できる

　遺言・相続業務を行うための「準備」から「業務完了」まで，「物事が起きる順序」のとおりに書いた。だから，一読すれば，実務で最も求められる業務を俯瞰できる力を習得できる。

その2　実務が「イメージ」できる

　「相談者像」「面談の状況」「見積・請求の仕方」に至るまで現場を可能な限り再現した。だから，遺言・相続業務の未経験者でも実務がイメージできる。

その3　「速やかに」業務が遂行できる

　依頼者が行政書士に期待すること。それは，「一刻も早い問題解決」である。本書は首尾一貫して「速やかな業務遂行」を念頭置いて書かれている。だから，スピーディーに業務を完遂できる。

その4　「高い受任率」を実現できる

　「受任できる・できない」は，相談者とのファーストコンタクトの場である「面談」でほぼ決まる。その面談の準備・手順・留意点を詳説した。だから，

高い確率で受任できる。

その5 「満足行く報酬」を得ることができる

　2000年の行政書士法改正によって行政書士の報酬は会則規定から自由設定方式に変更された。その影響で，報酬について悩んでいる実務家はいまだに大勢いる。そこで，本書は「業務の量と難易度に見合った報酬」を得るための肝を公開した。だから，「満足行く報酬」を得ることができる。

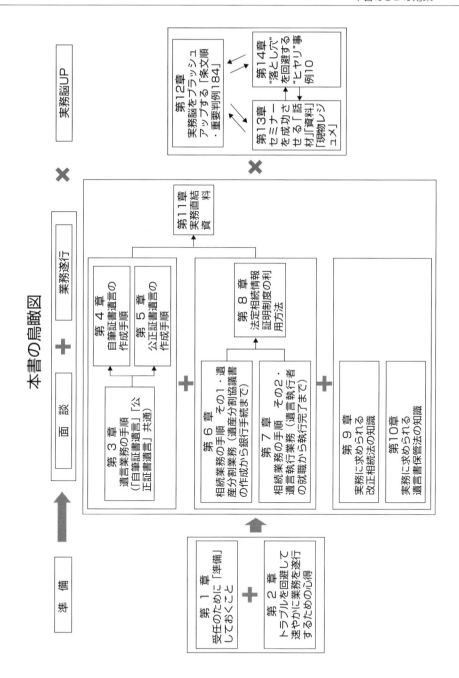

本書の鳥瞰図

| 準 備 | 面 談 | 業務遂行 | 実務脳UP |

準 備

第1章
受任のために「準備」しておくこと

第2章
トラブルを回避して速やかに業務を遂行するための心得

面 談

第3章
遺言業務の手順（「自筆証書遺言」「公正証書遺言」共通）

第4章
自筆証書遺言の作成手順

第5章
公正証書遺言の作成手順

業務遂行

第6章
相続業務の手順 その1・遺産分割業務（遺産分割協議書の作成から銀行手続まで）

第7章
相続業務の手順 その2・遺言執行業務（遺言執行者の就職から執行完了まで）

第8章
法定相続情報証明制度の利用方法

第9章
実務に求められる改正相続法の知識

第10章
実務に求められる遺言書保管法の知識

第11章
実務直結資料

実務脳UP

第12章
実務脳をブラッシュアップする「条文判例」184

第13章
セミナーを成功させる「話材」[資料]

第14章
"落とし穴"を回避する"ヒヤリ"事例10「現物レジュメ」

vii

◎　本書の効果的活用方法

　まず，本書をざっと読み通して遺言・相続業務を俯瞰する。この段階の目的は，遺言・相続業務をつかむことである。

　次に，本書に記載されている根拠条文と判例を六法と判例集に当たりながらじっくり読む（「第12章　実務脳をブラッシュアップする『条文順・重要判例184』」が役立つ）。

　さらに，書き込みや資料を貼り付けるなどして，本書を自分の"オリジナルテキスト化"する。

　これらと平行して，家族法の基本書で知識を定着させる。また，実務書と判例集で実務の論理的思考を習得する。

　以上を一つひとつ着実に行えば，実務に臨機応変に対応できる実践的思考回路，すなわち「実務脳」を手に入れることができる。

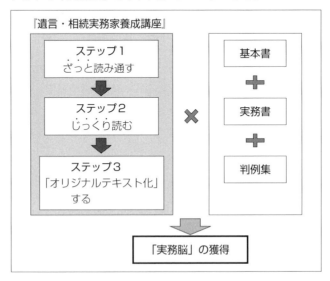

第1章 受任のために「準備」しておくこと

　相談者はインターネットや書籍等で事前に情報を収集して"セミプロ化"した状態で相談に訪れる。したがって，面談のときに相談者に的確な助言ができないと，行政書士は相談者から「頼りにならない」と見限られてしまう。中には，自らの脆弱な知識から目を背けて（または気付かず），集客に邁進して，「『集客』できても『受任』できない」「『受任』できても『満足行く報酬』を得られない」といった"負のスパイラル"に陥ってしまう者もいる。

　受任して，しかも満足行く報酬を得るためには，「知識」と「経験知」を兼ね備えた「実務脳」が必要である。

　そこで，この章では，受任に必要な「実務脳の作り方」について解説する。さらに，「業務のアピールの方法」および「面談に臨む心得」についても触れる。

【第1章の俯瞰図】

1-1.「実務脳」を作る

　相談者は，「今抱えている切実な悩みを，速やかに解決したい」と切に願っている。したがって，受任するには，面談で相談者に安心感を提供することが求められる。そのためには，相談者の話を聴けば，着手から業務完了（問題解決）までの道筋（＝ロードマップ）を描くことができる頭，すなわち「実務脳」が必要である。

　実務脳を作るには「知識」と「経験」が必要である。そこで，ここでは短期間で効率よく知識を習得し，経験を積む方法を紹介する。

(1)　「知識」の習得方法

①　「基本書」を読み込む

　相談者から質問を受けたときに「回答は『あの本』の『この頁』に書いてある」と連想できる程度まで家族法の基本書を読み込む。この場合，複数の本を比較検討しながら読むと，知識が浸透しやすくなる。

　問合せや面談で，基本書に書かれている程度の質問にその場で回答できないと，相談者の期待を裏切ることになる。一方，基本書に載っていないような質問は「熟考」が許される。「ご質問は検討を要するので，調べた上で回答します」と告げて，後日回答しても相談者の期待を裏切ることにはならない。

　このように，基本書を読み込めば，「即答」すべき質問と「熟考」が許される質問を仕分けできるようになる。そうなると，相談者からの質問に対してあわてることがなくなるので，面談に落ち着いて臨むことができる。その落ち着いた雰囲気が相談者の安心感を生み出し，高い受任率と満足行く報酬の実現につながる。

　そして，基本書を読み込んだ後に「遺言」「遺言執行」「遺産分割」等の各分野の専門書に進めば，さらに強固な実務脳を作ることができる。

②　「生きた教材」で学ぶ

　新聞や雑誌に遺言・相続関連の記事が頻繁に出る。筆者のスクラップからタイトルを挙げてみる。

> ・　「40年ぶりの大改正！　改正相続法のココがポイント」
> ・　「内縁の夫の死亡で暗礁に乗り上げた10億円の豪邸」
> ・　「巨額遺産を相続した怪しい後援者」
> ・　「○○を襲った非嫡出子からの内容証明」
> ・　「婚外子の相続格差削除」

特に雑誌の記事は，問題の背景が詳しく書かれているので「生きた教材」として適している。ただし，読むだけではなく六法，基本書，実務書等で記事の「法的根拠」を調べること（法的に誤った内容の記事もままある）。さらに，スクラップしておけば，セミナーや面談での「話材」作りに役立つ。

③ 「文章力」を身に付ける

実務では数多くの文書を作成する。文書を作成する目的の一つは，自分の意思を正確に読み手に伝えて，読み手の理解を得ることである。そのためには「シンプルに書く」ことが求められる。シンプルに書くとは，事実関係や自分の考えを，簡潔・明瞭に表現することである。

遺言は，遺言者の死亡の時からその効力が生じる（民985①）。このことは，遺言の効力発生時には遺言者はこの世に存在しないことを意味する。もし，解釈の余地がある遺言書を残してしまったら，相続人等の間で遺言書の内容をめぐる争いが起きるおそれがある。したがって，遺言書は「いつ，だれが読んでも，同じように解釈される文書」でなければならない。そのため，遺言業務では依頼者の希望を，法的要素を基にシンプルに表現することが求められる。

また，相続業務では遺産分割協議書のほか，共同相続人に遺産分割協議への参加を促し，合意の協力を要請する文書を作成することがある。その文書の内容次第で遺産分割協議が円滑に進むこともあれば，紛糾を招いてしまうこともある。

このように，「業務遂行の鍵は文章力」と言っても過言ではないのである。

文章力は，日頃から次のことを意識していると効率よく身に付けることができる。

▶【図表1】文章作成10のポイント

> ① 文を短く言い切る
> ② 主語・述語・構文を単純にする
> ③ 重複や余計な言葉・飾りを取り去る
> ④ 基本的な言葉を正しく使う
> ⑤ 的確にわかりやすく書く
> ⑥ 「てにをは」を正しく使う
> ⑦ 句読点を正しく使う
> ⑧ 箇条書きや表を活用する
> ⑨ 長文の構成をシンプルにする
> ⑩ 持ってまわった表現，凝った表現を避ける

(2) 「経験」を積む方法

① 「実務書」と「判例」を眺める

　実務書には実務を通して得られた経験知が書かれている。また，判例は「生ける法」と言われるように，実際に起きた事件の経緯と法的判断が描かれている。いずれも「具体的」なのが特徴である。したがって実務書と判例を読めば，実務を「疑似体験」できるので「現場で起きていること」を知るのに有益である。

　しかし，実務経験がない，もしくは浅いときに実務書と判例を読むと「具体的過ぎ」てピンとこない。「現場を知らない（深く知らない）」のだから当然である。気にする必要はない。

　準備段階で実務書と判例を読む目的は「実務のイメージをつかむ」ことである。したがって，基本書と違い読み込む必要はない。まずは，「眺める」感覚で読むのが肝心である。

② 「セミナー」に参加する

　セミナーは受任につながる大切な「場」であるので，ぜひ主催したい。そこで次のイ）ロ）の視点で金融機関や士業が主催するセミナーに参加すれば，セミナーを開催するときに役立つ情報を収集できる。

　また，セミナーは実務に欠かせない「パートナー」（＝行政書士）と「アドバイザー」（＝弁護士，司法書士，税理士等の他士業）に出会えるチャンスでもある。

イ）市民のニーズを探る

　参加者は「知りたいこと」「悩んでいること」を質問する。つまり質問事項は市民のニーズである。面談で同様の質問を受けることもよくあるので，質問事項をメモして自分が答えるつもりで聞くこと。

ロ）評価する

　セミナーの評価を記録する。その記録が，参加者が満足し，受任につながるセミナーの開催を実現する（評価事項はP6「**図表2**」を参照のこと）。

ハ）パートナーとアドバイザーを探す

　相続業務では，不動産の登記や相続税の申告が伴うことがよくある。また，受任時は相続人間等で円満な関係でも，業務遂行の途中で紛争性を帯びてしまうこともある。この場合，前者では税理士，後者では弁護士の業務になる。そのため，相続業務を完遂するには，他士業の協力が不可欠である。そこで，セミナーは他士業の「パートナー」を選定する絶好の場となる。受講したセミナーで好感の持てた講師に出会えたらあいさつをしておくとよい。

　また，「アドバイザー」として業務の助言をもらう実務経験豊富な行政書士も必要である。その者は，自分がこれから実務で出会う迷いを既に経験して，対処方法を会得しているからである。

　ただし，「同業だから」という甘えで接すると俗に言う「時間泥棒」になってしまう。アドバイザーの助言は，速やかに業務を遂行するために大変役立つのはもとより，短期間で経験知を得ることを可能にする。継続的に助言を得ることを望むなら礼節を持って接することが大切である。

▶ 【図表2】セミナー評価リスト

No.	評価項目	内　　　容	特記事項
①	主 催 者		
②	開 催 日 時	年　月　日（　　） 　時　分～　時　分	
③	会　　場	・会場名（　　　　　　　　　　） ・アクセス（　　　　　　　　　） ・建物（エレベーター・エスカレーターの有無） 　（　　　　　　　　　　　　　　　） ・設備（テーブル，机，ホワイトボード，演台， ステージ，マイク，プロジェクター等） 　（　　　　　　　　　　　　　　　） ・ ・	
④	告 知 方 法	・インターネット ・ポスティング ・新聞折込 ・その他（　　　　　　　　　）	
⑤	参 加 費	・無料 ・有料（　　　　）円	
⑥	参 加 者	・（　　　）名 ・男女比　（　　）：（　　） ・年齢層（　　　　　　　　）	
⑦	レ ジ ュ メ	・わかりやすさ（　　　　　　　　） ・見やすさ（　　　　　　　　　） ・	
⑧	講　　師	・身なり（服装，装飾品等） 　（　　　　　　　　　　　　） ・話し方（　　　　　　　　　） ・目線（　　　　　　　　　　） ・ジェスチャー（　　　　　　　） ・ ・	
備考			

【図表3】遺言・相続業務のパートナー＆アドバイザー

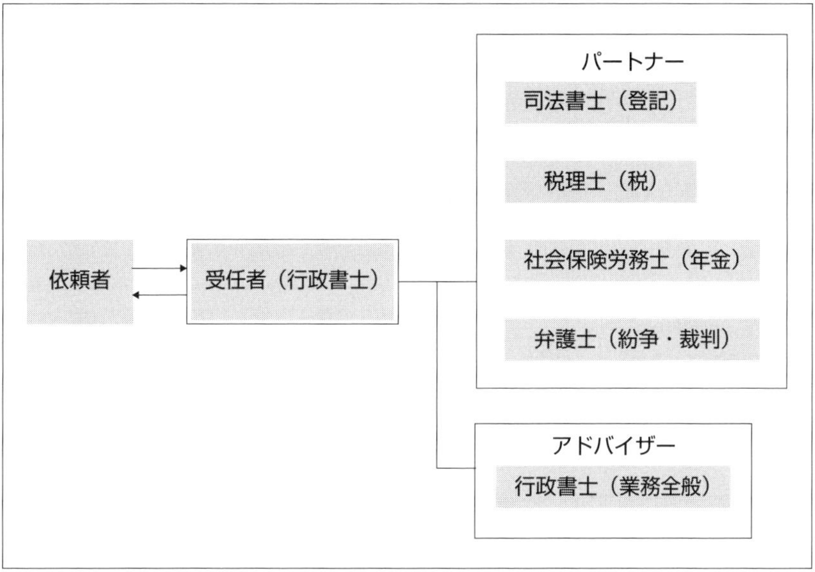

パートナー

司法書士（登記）

税理士（税）

社会保険労務士（年金）

弁護士（紛争・裁判）

依頼者　←→　受任者（行政書士）

アドバイザー

行政書士（業務全般）

③　「家系図」を作成する

　遺言・相続業務では「（推定）相続人の範囲の確定」が命である。

　遺言の相談者の中には自らの推定相続人を誤認している者もいる。この場合，相談者の言うままに遺言を作成してしまうと，遺言執行時に紛争が生じるおそれがある。

　また，遺産分割協議の成立要件は「共同相続人全員の参加」と「共同相続人全員の合意」である（民907①）。万一，行政書士が相続人を1人でも見落として遺産分割協議を進行させてしまったら，その遺産分割協議は無効になる。そうなると，当然，行政書士は責任を問われることになる。

　相続人の範囲を確定するには，戸籍を速やかに取得する「手際よさ」と正確に読み抜く「知識」が求められる。

　「手際よさ」と「知識」を効率よく習得するには，自分の「家系図」を作成

するのがよい。家系図を作成するには，まず，戸籍の謄本もしくは抄本または戸籍に記載した事項に関する証明書（以下「戸籍謄本等」という）を本籍地に請求する(注)。

次に，すべての戸籍謄本等が集まったら「家系図」を作成する。そして，収集した戸籍謄本等と「家系図」を基に，基本書と実務書で戸籍について学ぶ。

このように，自らの家系図を作成すると，親族関係の予備知識があるので，難解な戸籍を効率よく学習できる。

ここが実務の ポイント❶　「戸籍」を知る

1　戸籍制度とは

日本国民の国籍とその親族的身分関係（夫婦，親子，兄弟姉妹等）を戸籍簿に登録し，これを公証する制度である。また，人の身分関係の形成（婚姻，離婚，縁組，離縁等）に関与する制度でもある。

戸籍制度の目的は，日本国民の出生から死亡に至るまでの身分関係を「戸籍」という公文書に登録して，これを公に証明することである。

2　戸籍簿とは

届出（出生届，婚姻届，離婚届，死亡届など）等に基づき，日本人の国籍に関する事項と人の出生，婚姻，離婚その他の重要な事項を記載し，これを公証する公文書である。

3　戸籍簿の種類

「戸籍」「除籍」「改製原戸籍」の3つがある。

(1)　戸籍全部事項証明（戸籍謄本）・戸籍個人事項証明（戸籍抄本）

現在の戸籍内容を証明したものである。

「全部事項証明書」は戸籍に記載されている者全員の証明で，「個人

(注)　戸籍謄本等を請求できる範囲は，戸籍に記載されている本人，またはその配偶者（夫または妻），その直系尊属（父母，祖父母等）もしくは直系卑属（子，孫等）である（戸10①）。

事項証明書」は一部の者の証明である。

　なお，平成6年法務省令51号により改製（作り替え）された「コンピュータ化された戸籍」を「全部事項証明書」「個人事項証明書」といい，コンピュータ化されていない戸籍を「戸籍謄本」「戸籍抄本」という。

(2)　**除籍全部事項証明（除籍謄本）・除籍個人事項証明（除籍抄本）**

　戸籍に記載されている者全員が，転籍（戸籍の所在場所である本籍を移転すること）・婚姻・死亡などの理由で除籍（空）になったことを証明するものである。

　「全部事項証明書」は戸籍に記載されている者全員の証明で，「個人事項証明書」は一部の者の証明である。

　コンピュータ化後に除籍となったものを「除籍全部事項証明」「除籍個人事項証明」といい，コンピュータ化前に除籍となったものを「除籍謄本」「除籍抄本」という。

(3)　**改製原戸籍謄本・改製原戸籍抄本**

　戸籍を様式変更やコンピュータ化のために改製（作り替え）する前の，元の戸籍に記載されている内容の証明である。

　「改製原戸籍謄本」は改製原戸籍に記載されている者全員の証明で，「改製原戸籍抄本」は一部の者の証明である。

4　戸籍の編成基準

　戸籍は，市区町村の区域内に本籍を定める一の夫婦およびこれと氏を同じくする子を単位として編成されている（戸6本文）。ただし，日本人でない者（＝外国人）と婚姻をした者または配偶者がいない者について新たに戸籍を編製するときは，その者およびこれと氏を同じくする子ごとに，これを編製する（戸6ただし書）。また，配偶者のいない者（未婚者）が子または養子を有するに至ったときは，その者（親）と子をもって戸籍を編成する（戸17）。

5　「戸籍の附票」とは

戸籍の附票は，住所の移転を記録した書類で，本籍地で戸籍とともに管理されている。附票には，本籍・筆頭者のほか，その戸籍にいる者の住所の異動が記録されている。

なお，住民票の異動があれば住所地から本籍地へ通知がされ，戸籍の附票の記載が変更される。

転籍等で戸籍の記載に変動があれば，附票を通じて住所地に通知がされ，住民票の記載が変更される仕組みになっている。

Column 1

「なぜ」と考える習慣が受任につながる

相談者に「あなたの甥が相続人になります」と告げれば，たいてい「なぜ亡兄の子どもが相続人になるのですか」と理由を聞かれる。その問いに「代襲相続人だから」「民法の第887条で決まっているから」という「結果だけ」の回答では相談者は理解も納得もできない。代襲相続のように「笑う相続人」（叔父の遺産を相続した甥のように，思わぬところから遺産を取得する権利を得た者）が出現したときはなおさらである。

そこで，「そうなる理由」を説明に加えると，相談に「深み」が生まれる。

たとえば「代襲相続は，親である相続人を通じて相続利益を受ける子の利益を保障するために設けられた制度です。だからあなた（＝相談者）の亡くなった兄に代わって甥（＝亡兄の子）が相続人になるのです」と説明する。

すると相談者は「業務に詳しい」「丁寧な対応をしてくれる」と感じて行政書士に信頼を寄せて依頼する。このように，高い受任率を実現するには，「なぜ」と考える習慣が大切である。

1-2. 「情報発信」する

　市民のほとんどは，行政書士が「遺言・相続」の相談に応じていることを認識していない。そこで，受任するには，行政書士が自ら「遺言・相続業務を行う」という情報を市民に発信する必要がある。

　では，だれに向けて情報を発信すればよいだろうか。相談者は「信頼できる者」に依頼をする。したがって，親族，友人，知人，前職の会社関係者等の「互いに顔がわかる人」に情報を発信すると，お互いに人間性がわかっているので，受任の可能性が高くなる。

(1) 「年賀状」「暑中見舞い」を出す

　年賀状と暑中見舞いは，遺言・相続業務をアピールする絶好のツールである。親族が集う正月は相続を考えるきっかけになりやすい。また，祖先の霊をなぐさめるお盆も正月同様に相続を連想する者が大勢いるからだ。

　ハガキに「遺言」「相続」を記載することに対して懸念する者もいるが，書き方次第で相手の心証を害さないで済む（P12「**事例①**」参照）。

【図表4】「キーマン」と依頼者との関係

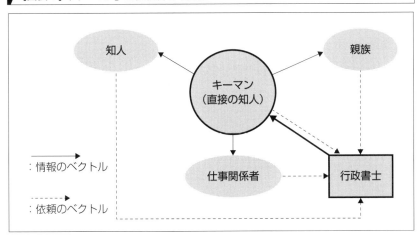

　年賀状や暑中見舞いは「挨拶と相手への気遣い」のために送るものである。この主旨を理解して遺言・相続業務をアピールすれば「知り合いに遺言や相続に詳しい専門家がいて心強い」と感じてもらえる。

　また，受取人である知人等が「キーマン」となって相談者を紹介してくれることもある。具体的にはキーマン（知人）の親族（父・母，義父・義母，兄弟姉妹等），仕事関係者（同僚・上司・部下，取引先等）等である（P11「**図表4**」参照）。

事例 ❶　　遺言・相続業務の紹介文

〈開業前に出す文例〉

- 　行政書士試験に合格しました。円満な相続に欠かせない遺言の勉強をしています。
- 　行政書士試験に合格後，遺言・相続の勉強を始めました。
- 　みなさまのお役に立てるように遺言・相続の勉強をしています。ぜひ成果をお聞きください。

〈開業後に出す文例〉

- 　円満な相続に「街の法律家」行政書士○○をお役立てください。
- 　遺言書作成・相続手続は，○○行政書士事務所にご相談ください。円満相続をサポートします。
- 　「遺言を残そう」「相続手続が大変」と思ったら遺言・相続専門の○○行政書士事務所にお任せください。

(2)　「いつでも・どこでもセミナー」を開催する

　前述のとおり，遺言・相続業務の宣伝で「セミナー」は有効である。しかし，登録前に「行政書士」としてセミナーを開催できない（行書6）。また，開業後でもセミナー開催には告知や資料の用意，会場の手配等の準備で時間とコストがかかる。

　そこでお勧めは，知人との会食など「ちょっとした機会」に遺言・相続業務の情報を発信する「いつでも・どこでもセミナー」（略称「いつ・どこセミナー」）である。

　開業前なら，遺言・相続について「勉強している」ことを次のように話してみる。

> ・ 「将来行政書士を開業しようと思っていて，遺言・相続の勉強を始めたんだ。勉強の成果を聞いてくれる？」
> ・ 「行政書士試験に合格したんだ。遺言の勉強をしているんだけど，あると結構役に立つよ」
> ・ 「相続でもめる話しを聞くけど，遺言があるともめないらしいわよ」

　人として生まれた以上，相続から逃れることはだれもできない。開業後は，許認可等を受任した依頼者にも，「行政書士は遺言・相続業務ができる」ことを機会をとらえて話してみる。「ちょっと聞かせてくれないかな」と尋ねられて直ぐに対応すれば，受任率は高くなる。

　このように，お金や時間をかけなくても，セミナーは「いつでも・どこでも」できるのである。しかも，知識の習得と顧問開拓にもつながる。「いつ・どこセミナー」を実行しない手はないのである。

Column 2
開業挨拶は「会うこと」にこだわる

　「会うこと」は受任につながる有効なコミュニケーション手段である。
　開業挨拶は「会うこと」ができる絶好の機会である。これを逃すとセミナーを開催して参加してもらうなどハードルが高くなってくる。

会うためには，オファーで「余計なことを言わない」ことが肝心である。「このたび行政書士を開業しました。ぜひお会いして名刺をお渡ししたいと思います。ところで今月で都合のよい日時を教えていただけませんか」のように必要最小限の要件を伝えること。「ちょっと忙しいんだよね」と言われてあっさり引き下がってはいけない。「では来月ならいつがよろしいですか」と相手の都合のよい日時を聞き出すことに努める。

会ったら時間を頂いた感謝の言葉と遺言・相続業務を行うことを伝える。そして相手の近況を尋ねる。

ここでのポイントは「相手に語らせる」ことである。実務では相談者に語らせることが円滑な業務遂行のポイントになる。

意気込み過ぎて，自分のことばかり話すと相手は「うっとおしい」と感じる。そうならないために，伝えたいことを3つ選び，5分以内で話せるようにしてから会うとよい。

もし相手が「実はウチも相続を考えないといけないんだよね」と言えば，その場で詳しく聴く。そして次回のアポイントを取り，受任に向けて継続的にアプローチする。

1-3.　「面談」に臨む心得

相談者との最初のコンタクトの場，それが「面談」である。面談は「受任できるか否か（「相談者」を「依頼者」に変えることができるか否か）」「満足行く報酬を得ることができるか否か」「業務を円滑に遂行できるか否か」が決まる重要な場である。

(1)　問合せ時点で「聞く」「話す」「決める」こと

遺言・相続の問合せがあったら，その者に「会う」こと，すなわちアポイン

トを取ることに集中する。問合せの段階では，遺言・相続の質問には個別具体的な回答はできるだけ避けて一般的な答えに止めるのが無難である。電話やメールでは意思の疎通をするのが難しいため「誤解」を招きトラブルを引き起こしやすいからである。

　このように，受任の一歩は会うことから始まる。次のリストに従って対応すれば，会える確立が高くなる。

▶【図表5】問合せ時点で「聞く」「話す」「決める」ことリスト

項　　目	内　　　　容
「聞く」こと	・名前 ・住所 ・連絡をしたきっかけ（ホームページ，紹介等） ・希望する連絡手段（携帯・メールなど） ・相談内容（「遺言作成」「相続手続」「相続人の範囲」程度でよい。詳細は会って聴く）
「話す」こと	・質問の回答（一般論に止める） ・面談料の有無（有の場合は金額）
「決める」こと	・面談日時 ・面談場所（事務所・自宅・その他）
【備考】	

　なお，「面談に何を用意したらよいか」という質問をよく受ける。

　面談希望者に細々と書類の収集を指示すると，収集に手間取り「面倒だ。（相談を）止めてしまおう」となり，面談がキャンセルになるおそれがある。そのため，問合せの時点では「お手元にあれば」と前置きして指示するに止めておくべきである。

⑵ 「面談」の位置付け

　面談は「相談者」を「依頼者」に変え，しかも受任後の業務の進行に影響を及ぼす重要な場である。

　「面談のポジション」を理解して面談に臨めば，面談での集中力が高まる。その結果，受任率が高くなり満足行く報酬を得ることができる。しかも，業務を速やかに遂行することもできる。

▶【図表6】「面談」のポジション

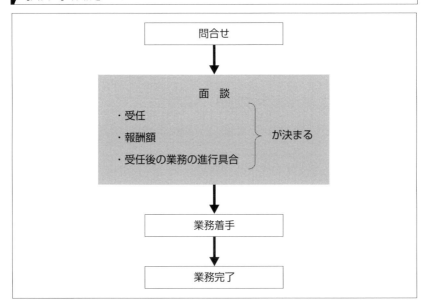

ここが実務の
ポイント❷　　傾聴の効果

　最初に相談者と出会う場が面談である。多くの相談者は面談の場で今に至る事情をとりとめなく話す。中には相談と関係ないことや自分勝手な意見もある。しかし，「これは，ご相談と関係ない話ですよ」「あなたの考え方は間違っていますよ」などと言って話の腰を折るようなことをしてはい

けない。

　面談では「相談者の話をとことん聞く」と腹をくくって臨む。すると，相談者は「この先生は私の話をよく聞いてくれる」と感じて行政書士に信頼を寄せる。また，話の中に問題解決の糸口を見いだすこともよくある。その結果，受任につながり，業務もスムーズに進む。

　ただし，あまりにも話が脱線するようなら「お気持ちはわかります。ところで……」と，やんわりと話の軌道を修正して，要点を聞き出すように努める。

Column 3

事務所以外で打合せを行うときの場所

　事務所以外で打合せを行う場合は，レンタルルームを予約するか，ホテルのラウンジなど落ち着いた雰囲気の場所を選定する。ファミリーレストランなど騒がしい場所では話に集中できず，まとまる話もまとまらなくなる。また，場所の選定は相手への誠意を示すためのひとつの手段である。誠意が伝われば，当然受任率が高くなる。

---

(3)　「面談」で行政書士が行うこと・相談者が判断すること

　面談で行政書士は，相談者から業務遂行に必要な情報を収集する（P74「3-5.(2)」，P151「6-5.(2)」参照）。次に，収集した情報を基に相談者に，依頼「する」「しない」を判断するための次の①から③の「材料」を提供する。

---

①　見積書

②　ロードマップ（着手から業務完了までのスケジュール）

③　相続業務の場合「業際」の説明（P32「2-2.(2)」，P135「6-2.(2)」参照）

【図表7】「面談」で行政書士と相談者が行うこと

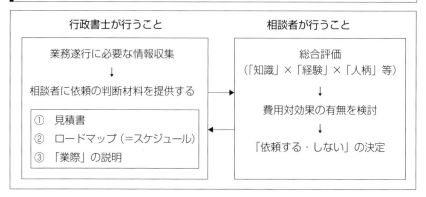

　相談者は行政書士の知識・経験・人柄等を総合的に勘案して，依頼するにふさわしい人物かどうか判断する。

　「ふさわしい」と判断したら，行政書士から提示された上記①から③の判断材料を検討する。そして「費用対効果がある」と判断すれば依頼する。

　なお，受任の有無に関係なく，行政書士が発した言葉には，専門家としての責任が伴うことを認識しておく。したがって，受任するまでは，個別具体的な回答は慎重に行うこと。

　もし，受任前に個別具体的な質問に回答する場合には，「一般論として」と断りを入れた上で答えるべきである。

⑷　「受任できる見積書」の作り方・提示の仕方

　受任できる見積書の条件は，相談者が「自分が支払う金額は妥当である」と判断できる内容が含まれていることである。そのためには見積書に「透明性」と「明確な根拠」の2つが備わっていることが求められる。

①　見積書に「透明性」があること

　「遺言書作成・1式・○万円」といったような内容が不透明な「一括見積」

では，金額の内訳が不透明なので，相談者は，「高い」「安い」「適正」の判断ができない。その結果，依頼を躊躇してしまう。

一方，見積を業務項目別に「分解」すれば，相談者は行政書士が問題を解決するために「何」を行い，それに対して「いくら」かかるのかを明確に把握できる。このように見積書に「透明性」があると，相談者は費用対効果を判断しやすくなる。

さらに行政書士が，相談者に見積の項目を一つひとつ説明すれば，相談者は安心して依頼できる。

事例 ❷ 　透明性が「ない」見積書・「ある」見積書（公正証書遺言の作成の事例）

透明性が「ない」見積書（一括見積）

| ・公正証書遺言　1式 | 〇万円以上 |

透明性が「ある」見積書（分解見積）

(1) **手数料**		
・相談料	〇時間	〇円
・遺言文案作成	1通	〇円
・公証人打合せ	〇時間	〇円
・証人	2名	〇円
・相続関係説明図	1通	〇円
・財産目録	1通	〇円
:		
小計①		〇円
(2) **経費**		
・公証人手数料		〇円
・郵送料		〇円
・交通費		〇円
:		
小計②		〇円
合　計(①＋②)		〇円以上

② 見積書に「明確な根拠」があること

相談者に，提示した金額の根拠を伝える。たとえば「時給」を基に費用を見積もった場合，「当事務所は時給5千円で計算しています。この項目を行うには10時間相当要するので5万円と見積もりました」といった具合である。

一方，算出の根拠が説明できなければ，提示した金額に対して相談者の理解を得るのは難しい。

ここが実務のポイント❸ **「分解見積」の効果**

「遺産分割協議・一式・〇万円」のように，業務を一括りにして金額を出すのが「一括見積」である。一方，想定できる業務をプロセスの順に細分化して，その細分化した業務ごとに金額を算出するのが「分解見積」である。

相談者は，一括見積を見ても，「問題解決のために，行政書士が何にどれだけの労力を費やして，その結果，これだけの費用がかかる」といった，金額算定の根拠が全く見えない。一方，行政書士がロードマップ（面談から業務完了までのスケジュール）と分解見積を提示して内容を説明すれば，金額算出の根拠を知ることができる。その結果，見積金額の妥当性を裏付けやすくなり金額に納得できる。そうなると目の前にいる行政書士に，「依頼したい」という気持ちが一層強くなる。

Column 4
政治とカネの問題と士業の見積

少し前の話になるが，平成28（2016）年7月に東京都知事選が行われた。結果は，小池百合子氏の圧勝に終わった。

争点の一つとして「政治とカネ」の問題があった。小池氏は，選挙期間中に「積算根拠」という言葉を多用した。この言葉は東京オリンピックの膨張する予算に対して向けられたものである。小池氏は「予算額の内訳を精査して，本当に妥当な額なのか明らかにする」と公約して都民に支持されたのである。

「積算根拠」は，士業の見積についても示唆に富む言葉だ。ほとんどの相談者は士業に相談する前にネットを通じて費用を調べる。そして，「（費

用は）このくらいだろう」と金額を想定して面談に臨む。残念ながら，その額は専門家が望むよりたいてい低い。

満足行く報酬を得るには，相談者に面談の場で，相談者から「この行政書士には安心して依頼できる」といった信頼を得ることができるパフォーマンスの提供に加えて，「分解見積」を提示して積算根拠を明らかにする必要がある。もし，「積算根拠」を示さなければ，相談者から提示した金額に対して納得を得られずに，受任できないか値下げを要求されるのが落ちであろう。

【図表8】遺言・相続業務の報酬額統計調査の結果

平成11（1999）年行政書士法改正以前は，行政書士の受ける報酬について行政書士会の会則に，また，行政書士の受ける報酬の基準については日本行政書士会連合会の会則に，それぞれ規定することとされていたが，規制緩和推進3か年計画（平成10（1998）年3月31日閣議決定）の指摘等を踏まえ，同改正において，行政書士の受ける報酬については，それぞれの会則の記載事項から除くこととされた（行書16および18の2参照）。

現在は，行政書士各々が報酬額を自由に定め，事務所の見やすい場所に報酬額を掲示しなければならないと定められている（行書10の2①）。

一方，報酬について何らの情報提供が行われないと，行政書士の提示する報酬額を依頼者が客観的に評価できなくなるおそれもあること等から，平成11年改正において，行政書士会および日本行政書士会連合会が報酬について情報提供を行うよう努めなければならない旨の規定が設けられた（行書10の2②）。この規定に基づき，現在，行政書士会および日本行政書士会連合会においては，5年に1度（平成24（2012）年11月14日改正）全国的な報酬額統計調査を実施し，行政書士の受ける報酬に関する統計を作成し，これを公表している（『詳解』P135）。

次表は，日本行政書士会連合会が公表した「令和2年度報酬額調査の結果」の遺言・相続業務に関するものである。

令和2（2020）年度報酬額調査の結果

遺言書の起案及び作成指導

回答者	2万円未満	2万円～4万円未満	4万円～6万円未満	6万円～8万円未満	8万円～10万円未満	10万円～20万円未満
399人 100.0%	40人 10.0%	81人 20.3%	107人 26.8%	40人 10.0%	33人 8.3%	87人 21.8%

20万円～30万円未満	30万円以上	平　均	最小値	最大値	最頻値
5人 1.3%	6人 1.5%	68,727円	3,000円	500,000円	50,000円 54件

遺産分割協議書の作成

回答者	2万円未満	2万円～4万円未満	4万円～6万円未満	6万円～8万円未満	8万円～10万円未満	10万円～20万円未満
627人 100.0%	79人 12.6%	175人 27.9%	177人 28.2%	42人 6.7%	31人 4.9%	87人 13.9%

20万円～30万円未満	30万円以上	平　均	最小値	最大値	最頻値
17人 2.7%	19人 3.0%	68,325円	3,000円	1,180,000円	50,000円 89件

相続人及び相続財産の調査

回答者	2万円未満	2万円～4万円未満	4万円～6万円未満	6万円～8万円未満	8万円～10万円未満	10万円～20万円未満
401人 100.0%	40人 10.0%	138人 34.4%	117人 29.2%	26人 6.5%	21人 5.2%	38人 9.5%

20万円～30万円未満	30万円以上	平　均	最小値	最大値	最頻値
12人 3.0%	9人 2.2%	63,747円	1,100円	1,630,000円	50,000円 54件

相続分なきことの証明書作成

回答者	1万円未満	1万円～2万円未満	2万円～3万円未満	3万円～4万円未満	4万円～5万円未満	5万円以上
57人	13人	19人	10人	4人	1人	12人
100.0%	22.8%	13.3%	17.5%	7.0%	1.8%	21.1%

平　均	最小値	最大値	最頻値
38,405円	3,850円	632,111円	10,000円 8件

遺言執行手続

回答者	10万円未満	10万円～20万円未満	20万円～30万円未満	30万円～40万円未満	40万円～50万円未満	50万円以上
143人	16人	19人	31人	39人	8人	30人
100.0%	11.2%	13.3%	21.7%	27.3%	5.6%	21.0%

平　均	最小値	最大値	最頻値
384,504円	10,000円	5,000,000円	300,000円 19件

　いずれの業務も最小値と最大値に大きな差がある。同じカテゴリーの業務でも，一つひとつの内容が異なるため当然の結果である。したがって，この表を見ても報酬額を決める参考にほとんどならない。このことからも積算根拠のある見積を相談者に提示することの重要性がおわかりいただけると思う。

(5) 依頼を受けたら行うこと

　面談で相談者から依頼の意思表示があれば受任となる。その場で「委任契約」を締結し「請求書」を交付する（P89「3-5.(4)」，P161「6-5.(4)」参照）。

　また，委任契約締結後直ちに，基礎調査（相続人の範囲を確定するための職務上請求書による戸籍謄本等の請求等）に着手する（契約当日が望ましい）。このことは，早期の業務完了と業務遅滞によるトラブル防止および報酬の早期入金につながる。

Column 5

受任率を上げるには面談でクロージングする

　面談の場で受任しないと受任率は格段に落ちる。そうならないためには，面談の場で「分解見積」を提示する必要がある。その理由は相談者の立場で考えればわかる。もしあなたが，「この専門家に依頼したい」と思っても，費用がいくらかかるかわからない段階で依頼するだろうか。ふつうはしないはずだ。

　相談者が，相談に応じた行政書士に「依頼したい」と思っても，「費用は1週間以内にお知らせします」といった悠長な返事は，「一刻も早く自分が抱えている問題から解放されたい！」と切望している相談者の期待を裏切ることになる。たとえ相談者が，「先生連絡をお待ちしています」と言ってくれても，事務所から一歩出ると「早く解決してくれる先生を探そう」といった具合になってしまうだろう。

　適正な見積を面談の場で提示するには，業務の難易度と量を読み抜く力，すなわち，相談者が抱える問題を解決する業務着手から完了までの過程を，面談の場で俯瞰できる能力が求められる。そのためには，実務脳の習得と面談に臨む前の「周到な準備」が不可欠である。

Column 6

遺言・相続業務を業務の柱のひとつにするメリット

　行政書士が遺言・相続業務に取り組むメリットとして，次の3つを挙げることができる。

(1)　社会貢献できる

　遺言の普及と速やかな相続手続を提供することで，"争族"を防止し，家族の絆を守ることができる。また，相続預貯金の速やかな払戻手続や空き家問題の防止等を通じて，被相続人の遺産を相続人や受遺者に円滑

に継承することで，資産の流通が促進されることによって経済活性化に寄与できる。

(2) 行政書士の業務に馴染む

遺言作成は予防法務の典型的な業務である。また，相続手続は遺産分割協議書をはじめとする書類作成と相続人・金融機関へのきめ細やかな対応が要求される業務である。

いずれも，「書類作成」と「手続き」がメインのため，行政書士の業務に馴染む。

(3) 市民に"街の法律家"を浸透させることができる

相続の問題はだれも避けて通れない。しかし，一般市民が相談しようとしても「だれに相談したらよいのかわからない」「すぐに相談できる専門家がいない」のが現実である。このことは，東京都行政書士会が毎年10月に行政書士制度の普及・浸透を図ることを目的に行っている「街頭無料相談会」において「遺言・相続・贈与等」の相談が全相談件数の7割強を占めている結果にも表れている（P415「13-2.(3)」参照）。

行政書士が"街の法律家"として遺言・相続業務を研鑽し，「遺言作成・相続手続の専門家」を市民にアピールして，受任した業務を丁寧かつ迅速に遂行して依頼者の期待に応え続けていけば，「街の法律家＝行政書士」は自然と市民に根付くと考える。

第2章 トラブルを回避して速やかに業務を遂行するための心得

　業務を速やかに遂行するには，まず，依頼者に対して「3つのない」で臨むこと。次に，業務で待ち受けているトラブルを知ること。そして，トラブルを回避する術を身に付けることの以上3つが肝要である。

　本章では以上の3つを見ることで，トラブルを回避して速やかに業務を遂行するための心得を筆者の実務経験を踏まえて呈示する。

【第2章の俯瞰図】

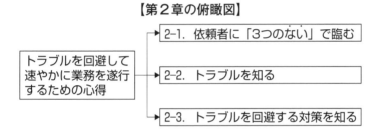

2-1.　依頼者に「3つのない」で臨む

　業務を速やかに遂行するためには，依頼者に対して，次の「3つのない」で臨むことがポイントとなる。

(1)　依頼者を「信じない」

　依頼者自身が気付いていない相続人がいたり，相続財産があることはめずらしくない。したがって，依頼者から面談で聴取した内容を鵜呑みにすると事実が見えにくくなる。その結果，「相続人の範囲」と「相続財産の範囲と評価」を見誤るリスクが高くなる。

　依頼者の話を信じ込まずに，「本当だろうか？」という懐疑的な気持ちで聴いて業務に臨めば，事実関係を見誤ることを回避できる。

⑵　依頼者を「動かさない」

遺言・相続業務では，「遺言の文案」「相続関係説明図」「財産目録」「遺産分割協議書」等の権利義務・事実証明に関する書類を作成する（行書1の2①）。これらの書類の作成には「戸籍謄本」「登記事項証明書」「固定資産税評価証明書」等（以下「基礎資料」という）の資料が必要になる。この基礎資料の取得を依頼者に任せると，たいてい資料の提出が遅くなって業務が停滞してしまう。

そこで，速やかに業務を遂行させるために，依頼者を役所に行かせて書類を取得させるような「動かすこと」は，印鑑登録証明書を除いて原則禁止とし，職務上請求書を活用したり依頼者から委任を受けて，官公署に基礎資料を請求して受領すること。

このように，依頼者を動かさないことで，依頼者は不慣れな書類の取得に悩まないで済み，しかも行政書士は速やかに業務を遂行できる。さらに，代理で請求した分は，報酬として請求すれば，満足行く報酬を得ることにもつながる。

なお，前述のとおり，印鑑登録証明書は依頼者本人が取得することが望ましい。しかし，依頼者が体調不良等の理由で市区町村役場に出向くことが困難な場合は，代理取得を検討する。その場合は，依頼者から印鑑登録証を預かり，市区町村役場に提示すれば代理取得できる。

⑶　依頼者を「放置しない」

業務が長期化（着手から1か月以上が目安）する場合は，業務が順調に進んでいても依頼者に適宜経過を報告すること。

依頼者は，今抱えている切実な悩みを速やかに解決するために行政書士に依頼している。そのため，しばらく連絡がないと依頼者は，「不都合なことが起きているのではないか」「自分の依頼が後回しにされているのではないか」と不安になり，行政書士に不信感を募らせるおそれがある。一方，タイミングよく連絡すると，「見守られている」と感じて行政書士に一層信頼感を強くする。

　受任した行政書士にとっては何人かいる依頼者の１人であっても，依頼者にとっては，行政書士は悩みを解決してくれる「唯一無二の存在」であることを忘れてはならない。

2-2. トラブルを知る

　トラブルを回避するには，実際に起きたトラブルを知ることが有益である。なぜなら，「こうすると失敗する」という"失敗の法則"を知ることで失敗を回避できるからである。

(1) 反面教師に学ぶ

　行政書士名簿に登録されると毎月『月刊日本行政』が届けられる。この冊子は日本行政書士会連合会（以下「日行連」という）(注) が発行している。

　その中に「処分事例等の公表」がある。これは「日本行政書士会連合会事業，財務及び懲戒処分等の情報の公表に関する規則」（平成17［2005］年８月19日施行）に基づき，都道府県知事および単位会長による処分事例について公表されたものである。公表内容は次のとおり。

```
・　氏名（実名）
・　登録番号
・　所属単位会
・　事務所所在地
・　処分年月日
・　処分内容
・　処分理由
```

(注)　行政書士法18条１項に基づいて設立された特別民間法人。各都道府県の行政書士会で構成されている。
　　　行政書士は，都道府県行政書士会を通じて日本行政書士会連合会に備え付けられた行政書士名簿に登録することが義務付けられている（行書６・６の２）。

【図表9】処分事例一覧

処分者が違反した法・規則	法・規則の内容	被処分者の違反事実
行書1の2②	（業務） 行政書士は，他人の依頼を受け報酬を得て，官公署に提出する書類（筆者注：括弧内省略）その他権利義務又は事実証明に関する書類（実地調査に基づく図面等を含む）を作成することを業とする。 2　行政書士は，前項の書類の作成であつても，その業務を行うことが他の法律において制限されているものについては，業務を行うことができない。	・株式会社設立登記申請書を作成した。
行書1の3	（非独占法定業務） 行政書士は，前条（筆者注，独占業務）に規定する業務のほか，他人の依頼を受け報酬を得て，次に掲げる事務を業とすることができる。ただし，他の法律においてその業務を行うことが制限されている事項については，この限りでない（以下1号から3号省略）。	・不動産登記に関する手続きのうち，立会い業務を行った。
行書8①	（事務所） 行政書士（筆者注：括弧内省略）は，その業務を行うための事務所を設けなければならない。	・行政書士名簿に登録していた事務所を閉鎖し，その後も事務所を設置しなかった。
行書9①②	（帳簿の備付及び保存） 行政書士は，その業務に関する帳簿を備え，これに事件の名称，年月日，受けた報酬の額，依頼者の住所氏名その他都道府県知事の定める事項を記載しなければならない。 2　行政書士は，前項の帳簿をその関係書類とともに，帳簿閉鎖の時から2年間保存しなければならない。行政書士でなくなつたときも，また同様とする。	・業務に関する帳簿を備えていなかった。
	（行政書士の責務） 行政書士は，誠実にその業務を行なうとともに，行政書士の信用又は品位を害するような行為をしてはならない。	・職務上請求書を使用して，戸籍謄本を請求したが，当該戸籍請求に関して依頼人の本人確認をせず，依頼につい

行書10		・て記録することもなかったなどの不適切な記載をして使用した。 ・依頼者から報酬を受領したが，依頼を放置したまま依頼者と連絡を絶った。 ・一般建設業の許可更新申請で虚偽の記載をした書類を作成し知事に提出した。 ・第三者の求めに応じ，架空の請求内容等を記入するなど，不正に職務上請求を使用し，戸籍謄本を取得した。 ・在留資格変更許可申請を受任したが，依頼者からの再三の問合せに十分な説明をすることなく，当該申請手続を1年以上も放置した。
行書規10	（領収書） 行政書士は，依頼人から報酬を受けたときは，日本行政書士会連合会の定める様式により正副2通の領収書を作成し，正本は，これに記名し職印を押して当該依頼人に交付し，副本は，作成の日から5年間これを保存しなければならない。	・日本行政書士会連合会の定める様式とは異なる領収書を作成し，使用した。
司法書士法3	（業務） 司法書士は，この法律の定めるところにより，他人の依頼を受けて，次に掲げる事務を行うことを業とする。 1　登記又は供託に関する手続について代理すること。 2　法務局又は地方法務局に提出し，又は提供する書類又は電磁的記録（筆者注：括弧内省略）を作成すること（以下省略）。	・報酬を得て法定後見申立て書類の作成業務を請け負った。

※　違反事実が複数ある事案を「処分者が違反した法・規則」に仕訳した都合上，各事案の懲戒内容は省略した。

　処分事例には「だれが」「どのようなことをして」「どういった処分が下され
たか」について詳細に書かれているので「行政書士が犯しやすい過ち」がわか
る。つまり，公表された行政書士を反面教師とすれば，処分事例は実務で判断
に迷ったときの行動規範となる。

　その他，日行連のホームページの「綱紀事案の公表」でも「都道府県知事及
び単位会長による処分事例，並びに単位会長による都道府県知事への懲戒処分
の措置要求事例」が公表されている。

　なお，行政書士に対する懲戒は行政書士法14条「行政書士に対する懲戒」に
次のように規定されている。

行政書士法第14条（行政書士に対する懲戒）

　行政書士が，この法律若しくはこれに基づく命令，規則その他都道府県知事
の処分に違反したとき又は行政書士たるにふさわしくない重大な非行があつた
ときは，都道府県知事は，当該行政書士に対し，次に掲げる処分をすることが
できる。
　一　戒告
　二　２年以内の業務の停止
　三　業務の禁止

⑵　「業際」を知る

　遺言・相続業務を遂行するにあたり，行政書士の業務範囲と他士業の独占業
務との関係性（「業際」問題）を把握しておく必要がある。実務では，遺産分割
業務における弁護士法72条（非弁護士の法律事務の取扱い等の禁止）との関係が特
に注意が必要である。

　なお，業際問題で迷ったら，所属する行政書士会に問合せをして判断を仰ぐ
のが望ましい（ただし，最終判断は各行政書士に委ねられるであろう）。以下に業際
について言及している文書・判例を紹介するので業際で迷ったときの判断材料
として活用してほしい。

『新11版行政書士法コンメンタール』（兼子P50・51より引用）

　たとえば交通事故示談にあって，加害者側が事故責任を頑なに否認しているのに対して，代理人として責任追及的に交渉し賠償金を一方的に請求することは，裁判所での民事紛争「調停」（民事調停法2条，33条の2）の代理と同質的なので弁護士業務に属しよう。それに対し事故責任を結局自認する加害者と過失割合や賠償金額等の"話合い・協議"を被害者から受任した範囲で代理し，合意の示談書をまとめて自賠責保険支払い請求につなげることは，行政書士の合法的な契約締結代理業務に当たろう。

　また，遺産分割協議においても，相続人間に調停・訴訟の因をなす紛争状態があれば行政書士は代理介入できないが，助言説得をふくめて相続人間の合意形成をリードし，分割協議をまとめる代理行為は合法であって，そうした場合，両当事者や複数当事者の代理を務めて契約書・協議書を作成することも民法108条の双方代理禁止に触れないものとも解されよう。なお，内容証明郵便の代理送付の可否は，文書内容による。

「東京地判平5［1993］・4・22」（判タ829号227頁）

　行政書士がその業務範囲を超えて弁護士法72条違反の所為に及んだ事例

①　相続財産，相続人の調査，相続分なきことの証明書や遺産分割協議書等の書類の作成，以上各書類の内容について他の相続人に説明することは行政書士の業務の範囲内である。

②　行政書士が，紛争の生じている遺産分割で依頼者のため折衝を行なうのは弁護士法72条1項に定める「法律事務」に当たり，行政書士の業務の範囲外である。

③　行政書士は，遺産分割の折衝に関する報酬を請求できない。

Column 7

業際の意義

　各専門士業は法で独占業務を保障されている。たとえば，行政書士法1条の2に「行政書士は他人の依頼を受け報酬を得て，官公署に提出する書類その他権利義務又は事実証明に関する書類を作成することを業とする。」と記されている。

　ここで専門士業の業務独占とは，その士業者の権益保障を主目的とするのではなく，専門資格をベースにした身分・業務の規律制度の一環なのであって，全体として依頼者「国民の利便に資する」しくみであることを肝に銘じなければならない（「ここで」以下『兼子』P22より抜粋）。

　各専門士業の独占業務は国民の利便を図る上で欠かせないものである。当然，その内容は高度な専門性が要求される。ふつう，高度な専門性はいくつも習得できるものではない。だから，各士業は法で付与された範囲で専門性を磨き国民にその専門知識や実務で培った経験知を提供することで報酬を得ているのである。その「付与された範囲」を逸脱すると，脆弱な知識によって国民に不利益を及ぼすおそれがあるため，法は各士業に「業際」という枠を設けて国民を守っているのである。

　つまり，業際は，「国民の利益を図る」ことを目的に設けられ，その目的を達するために各士業に専門性を習得するための環境を提供しているのである。

　以上を踏まえて，行政書士は，法で与えられた範囲で研鑽してより高度な専門性を身に付けることによって，行政書士法第1条が掲げる「行政に関する手続の円滑な実現に寄与するとともに国民の利便に資し，もって国民の権利利益の実現に資すること」に努めることが使命であることを忘れてはならない。

2-3.　トラブルを回避する対策を知る

　トラブルの多くは，「業務遅滞」を起因として発生している。依頼者は自ら
が抱えている切実な問題を速やかに解決するために行政書士に依頼するのだか
ら，ある意味当然である。そこで，ここでは「速やかな業務遂行」という観点
に立ち，トラブルを回避するための対策について述べる。

(1)　スピーディーに業務を行う

　遺言業務の依頼者の大半は高齢のため，体調に留意する必要がある。たとえ
ば，依頼を受けてから認知症が進行してしまって，公証人から「遺言能力」
（民961・963）を有しているとみなされず，公正証書遺言を残すことができな
くなることもある。また，医師から余命を宣告された者から依頼を受けること
もある。

　相続業務では金融機関との書類のやり取りで予想以上に日数を費やすことが
ある。ある程度時間がかかることを見越して早めに動かないと，依頼者の希望
より大幅に相続預貯金の払戻しが遅れて業務遅滞を理由に依頼者との間でトラ
ブルになることがある。
　また，面談のときは相続人間の関係が良好でも，時間が経つと悪化してしま
うこともままある。

　このように，遺言・相続業務は想定外の事態が実際よく起きる。「先手，先
手」で業務を遂行していれば，想定外の事態に遭遇しても大きく時間をロスせ
ずに済む。ミスジャッジをしてしまっても，リカバリーする時間があるので，
トラブルまで発展することを食い止めることができる。また，遺産分割におい
ては，紛争を防止することにもつながる。

⑵　「想像力」を働かせる

　依頼者が遺言を残す目的は，遺言書という文書を残すことではなく，「遺言の内容を実現する」ことである。この考えは，民法1012条1項の遺言執行者の権利義務（＝遺言執行者は，遺言の内容を実現するため，相続財産の管理その他遺言の執行に必要な一切の行為をする権利義務を有する）に通ずる。そこで，遺言業務では，遺言を残す時点での状況だけを踏まえるのではなく，「遺言作成から遺言者が死亡するまでの期間」と「死亡後の遺言執行」を想像して臨む。すると「予備的遺言」の必要性（P77「3-5.⑵③ハ」参照）や，「遺言執行者の指定」を工夫する（P78「3-5.⑵④」参照）など，さまざまなアイディアが浮かんでくる（P80「図表23」参照）。

　相続業務では，依頼者は，速やかな相続手続の実現を望んでいる。そこで，遺産分割業務では，面談前に相続人代表者（＝共同相続人の代表者として行政書士との窓口となる者）から相続人の関係を聴いて，相続人間の立場や感情，状況等を把握して，共同相続人を協議成立というゴールに円滑に導くにはどのように対処したらよいか想像して面談に臨む。そして，面談では，依頼者の状況に応じたロードマップ（＝受任から業務完了までのスケジュール）を相続人代表者に提案する。すると，相続人代表者は問題解決までのスケジュールが明確になるので，行政書士に対して信頼を寄せる。この信頼感が受任後の協力につながり，速やかな業務遂行の推進力の一つとなる。

　また，相続預貯金の払戻手続では，金融機関にどのような情報を提供すれば速やかに手続きが完了するか想像して臨む。すると，金融機関所定の書類の他に「相続関係説明図」の提出や被相続人の戸籍謄本等の余白に「出生から死亡までの順番（通し番号）」「戸籍の期間」を付記するなど，業務を速やかに遂行するためのアイデアが次々と浮かんでくる。

　このように想像力を働かせると，依頼者に充実した法務サービスと速やかな

業務遂行を提供できる。その結果，トラブルも回避できる。

⑶ 「アドバイザー」を持つ

　実務では判断に迷うことがよくある。そして，迷いには２種類ある。ひとつは法的に正しいか・誤りかという「知識」に基づく迷い。もうひとつは取るべき手段として適切か否かという「経験知」に基づく迷いである。

　「法定相続人の範囲はこれで正しいだろうか」といった「知識」に困る迷いは基本書・専門書等で調べれば解決できる。一方，「遺産分割協議をどのように運営したら，相続人を速やかに合意形成に導くことができるか」といった「経験知」に困る迷いは，「知識」と「実務経験」を兼ね備えた行政書士（以下「アドバイザー」という）に助言を求めるのが賢明である。ただし，助言に基づいて行動した結果については，全責任を自らが負うことを忘れてはならない。

　このように，アドバイザーを持つと，業務を正確・円滑に遂行できて，しかも「経験知」を効果的に深めることもできる（P5「1-1.⑵②ハ」参照）。

　判断に迷ったときに一番やってはいけないことは「先延ばし」である。「明日調べればいい」「明後日聞けばいい」という自分に対する甘えが，業務遅滞を引き起こしてしまう。そして依頼者の「早期解決」という期待を裏切り，依頼者とトラブルになってしまうのだ。

ここが実務のポイント❹　依頼者の同意を事前に得る

　行政書士法施行規則４条には「他人による業務取扱の禁止」として次のように書かれている。

> 　行政書士は，その業務を他人に行わせてはならない。ただし，その使用人その他の従業者である行政書士（以下この条において「従業者である行政書士」という。）に行わせる場合又は依頼人の同意を得て，他

> の行政書士（従業者である行政書士を除く。）若しくは行政書士法人に行
> わせる場合は，この限りでない。（下線筆者）

　このように，受任した行政書士自らが業務を行うのが原則である。しか
し，経験知や能力の問題や多忙で時間が取れない等の理由で他の行政書士
に依頼を任せざるを得ない場合がある。そのときは，「他の行政書士若し
くは行政書士法人に」業務を行ってもらうことができるとしたのである。
なお，この場合，「依頼者の同意を得て」と条件を付しているのは，守秘
義務（行書12）の観点に立ったことに因ると考えられる。

　本規則は，「依頼者が抱える問題を速やかに解決すること」（行書倫17
①）を第一に設けられたものと考えられる。したがって，何らかの理由で
業務遅滞を生じるおそれがあると判断したら，依頼者の同意を得た上で，
直ちにアドバイザーを頼るのが賢明である。

ここが実務のポイント❺　アドバイザーに協力を求める際の2つの留意点

　アドバイザーに協力を求める際は，次の2点に留意すること。
①　受任者は自分であることを自覚する
②　アドバイザーと業務の分担を明確にする

　この2点を曖昧に業務に着手してしまうと，責任の所在が不明確になり，
業務遅滞を誘発して依頼者に不利益を与える危険性が高くなる。

　なお，報酬についても最初に決めておくこと。たとえばあなたが
「ちょっと聞いただけだから」とアドバイザーに報酬を支払わなかったと
しよう。一方，アドバイザーは「回答するために本で調べた上で，ズーム

で2時間も説明した。さらに参考資料も提供したのだから報酬は発生して当然」と思っているかもしれない。結局，あなたから報酬について一切話がなかったら，アドバイザーはあなたのことを「気が利かない者」「時間泥棒」と思うだろう。こういうことが積み重なると，ふつう縁は切れる。このことは，パートナーとの付き合いでも同様である。十分気を付けたい。

(4) 「パートナー」を確保する

相続手続や遺言作成業務を完遂するには，他士業であるパートナーの協力が欠かせない。たとえば，相続業務では不動産の登記は司法書士，相続税の申告は税理士の協力が必要である。また，昨今は遺言作成業務で税理士に相続税のシミュレーション（遺言が執行されたらだれにどれだけ相続税が発生するのか）を依頼する案件も増えている。

依頼を受けてからパートナーを探すようでは速やかな業務遂行は困難である。受任する以前から司法書士・税理士等と友好関係を構築して，業務を速やかに遂行できる体制を整えておくこと。

なお，パートナーを確保するには，金融機関や行政書士会が主催したセミナーや研修で講師を務めた者にアプローチしたり，アドバイザーから紹介を得るなどの方法がよいだろう。

(5) 連絡方法を確認する

何らかの事情で家族に依頼したことを知られたくないので，「（家族に気付かれないために）連絡は携帯メールにして欲しい」という依頼者もいる。

受任したら依頼者の事情に十分配慮して希望する連絡手段を確認すること。このことは，守秘義務（行書12）遵守にも通じる。

⑹　未入金が発生したら即時に催促する

　業務は報酬の入金が確認できて完了である。万一，期日まで報酬が入金されなかったら直ちに依頼者に連絡をして確認すること。「その内振り込まれるだろう」と根拠のない期待をして無為に日を過ごしてはならない。たいていこのような期待は裏切られる。

　中には請求書を放置していたり，報酬の支払いを失念している者もいる。この場合は，催促しない限りまず入金されない。また，何らかの理由で入金できないこともある。この場合は，「いつまでにいくら」入金できるのか言質を取ること。もし，はぐらかすようなら要注意である。相手に直接会って支払を催促する等の対処が必要である。

　法人から受任したら，請求の締日と支払日を確認すること。締日に間に合うようにタイミングよく請求すれば，早期入金につながる。一方，タイミングを外してしまうと，大幅に入金が遅くなってしまうおそれがある。

　なお，見積書と請求書には「支払期日」と「支払方法」を明記すること。この表記がないと，依頼者の支払に対する意識が弛緩してしまって，入金が期日より遅れる原因になる。

> **ここが実務のポイント❻**　「携帯ホワイトボード」でトラブルを防ぐ
>
> 　トラブルは依頼者と意思の疎通が不十分なときに起きやすくなる。一方，依頼者と「情報の共有」が十分にできればトラブルを防ぎ，速やかな業務遂行が可能となる。
>
> 　打合せのときにホワイトボードがあれば，要点を書き出してお互い確認しながら話しを進められるので情報を共有しやすい。しかし，打合せ場所

にホワイトボードがあるとは限らない。

そこでお勧めしたいのが「Ａ３用紙」と「クリップボード」をホワイトボード代わりに使用することである。名付けて「携帯ホワイトボード」（持ち運び可能なホワイトボード）である。

たとえば，相談者の話を基に相続関係説明図を書いて，相談者に見せて確認してもらったり，今後のスケジュールを書いて説明するなど，さまざまな利用方法がある。

さらに，打合せ終了後，記入したＡ３用紙をコピーして相談者に渡せば，情報の共有は一層しやすくなる。

遺言・相続業務では高齢の相談者が多く，オンラインやパソコンを通しての打合せに対して拒否反応を示す方も大勢いる。そのような方には特にこの方法はお勧めである。このように，相手に合った打合せ方法を用意することが大事と考える。

【図表10】「携帯ホワイトボード」の紹介

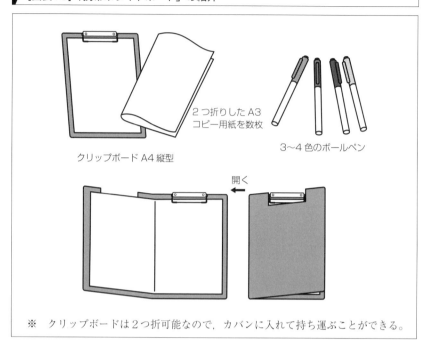

2つ折りした A3
コピー用紙を数枚

3〜4色のボールペン

クリップボード A4 縦型

開く

※　クリップボードは2つ折可能なので，カバンに入れて持ち運ぶことができる。

第3章 遺言業務の手順（「自筆証書遺言」「公正証書遺言」共通）

自筆証書遺言と公正証書遺言に共通する，受任に必要な「心得」と「知識」および「業務の進め方」について詳説する。

【第3章の俯瞰図】

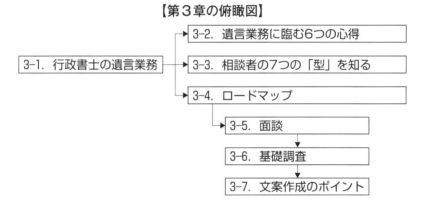

3-1. 行政書士の遺言業務

　行政書士法1条の2第1項の「権利義務又は事実証明に関する書類を作成することを業とする」および同法1条の3第1項第4号「前条（行書1条の2）の規定により行政書士が作成することができる書類の作成について相談に応じること」に基づき，遺言に関する次の業務を行う。

・　相談業務
・　「遺言書の文案」の作成

また，付随する業務として次のものがある

・　「相続関係説明図」の作成

- 「財産目録」の作成
- 相続関係説明図および財産目録の作成に必要な戸籍謄本，不動産の履歴事項全部証明書等の請求・受領

▶【図表11】行政書士の遺言業務

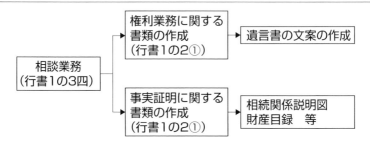

3-2.　遺言業務に臨む6つの心得

　行政書士の遺言に対する考えと相談者への接し方が，相談者の「遺言を残す・残さない」の判断に影響を及ぼす。以下遺言業務に臨む6つの心得について詳述する。

(1)　遺言の目的は内容の実現である

　遺言を残す目的は，「遺言書という文書を残すこと」ではない。「死後に遺言の内容を速やかに実現すること」である。このことは，遺言執行者の権利義務を掲げる民法1012条1項からも明らかである。したがって，遺言者の死後，遺言の内容のとおりに速やかに執行できる遺言を残す必要がある。

　目的を達成するには，まず，遺言執行の場面をイメージすること。すると，依頼に応じた工夫（遺言執行者の複数指定（民1006）や予備的遺言の記載等）が浮かび上がってくる。

(2)　「遺言は相談者のためになる」という信念を持つ

　遺言は遺言者の意思を死後実現し，相続争いを防ぐ（もしくは争いを「遺留分

侵害額請求権の行使」（民1046①）に限定する）ことができる。このように，遺言は遺言者にとってはもちろん，相続人・受遺者にも長期間にわたる無益な争いを回避できる有益なものである。

相談者の中には，面談の場でも遺言を残そうか迷っている者もいる。そのようなときに，相談を受けた行政書士に「遺言は相談者のためになる」という信念があれば，説明の過程で相談者に遺言の必要性が伝わり，相談者の背中を押すことができる。その結果，行政書士は依頼を受任し，相談者は遺言を作成することで，死後の意思の実現と円満相続の保証を手に入れることができるのである。

遺言を残すのを迷っている相談者に，遺言の法的効果を説明するだけでは，相談者は遺言の必要性を確認するに止まり，多くは作成まで至らない。受任には信念に基づく「熱さ」が必要なのである。

(3) 「主役は遺言者」であることを忘れない

子どもや配偶者から頼まれて遺言を残す者もいる。この場合は，「遺言は自分の意思で残すもの」ということを本人（＝遺言者）にまず伝えておくこと。

また，面談に子どもや配偶者が同席していれば，「相続人の欠格事由」（民891四）を説明すること（子どもや配偶者が本人の代理で相談に来た場合も同様）。

これは公証役場の秘書から聞いた話であるが，本人が「（遺言の内容は）自分の本心でない」と，わだかまりを持ちながら業務を進めてしまった結果，公証役場での作成当日に，「実は，この内容は私の考えと違う」と表明して遺言作成が中止になることがままあるようである。

遺言は人の最終の意思表示について，その者の死後に効力を生じさせる制度であり，私的自治の原則を人の死後にまで拡大するものである。したがって，

たとえ遺言の相談に遺言者以外の者が訪れても，主役は遺言者であることを念頭に置いて相談に応じること。

⑷　「誤解」を解く

遺言を誤解して残さない者がいる。「遺言に対する誤解」を面談やセミナーを通じて払拭し，遺言の普及に努めるのが「街の法律家」としての行政書士の務めと考える。以下，遺言に対するよくある誤解とその対処法を述べる。面談やセミナーの参考にしていただきたい。

①　円満なわが家に遺言は必要ない

相談者に「今ご家族が円満なのは，あなたが家族を束ねているからではないですか」と問いかけてみる。そして相続は，死亡によって開始する（民882）ことを告げて，「自分が存在しない家族」を想像するように導いてみる。

その結果，もし自分が亡き後の家族に不安を感じたら，死後も「自分の分身」として家族を束ねてくれる遺言を検討するように勧めてみる。

②　遺言を残すほどの財産がない

本人は「たいした財産でない」と思っていても，承継する側は「たいした財産」ということはよくある。

令和2（2020）年度の「遺産分割事件の財産額」によると，1千万円以下の遺産で家庭裁判所で調停が成立した件数は2,017件であり総数（5,807件）の約35％にも及ぶ（P413「13-2.⑴」参照）。

面談やセミナーで下記の表を掲載して「小額でももめる」という事実を相談者や参加者に認識してもらうこと。

③　遺言は縁起が悪い

遺言は「死」を前提とするので「縁起が悪い」と考えられがちである。しか

【図表12】遺産分割事件の財産額（令和2（2020）年度）

総数	1,000万円以下	5,000万円以下	1億円以下	5億円以下	5億円超	算定不能・不詳
5,807	2,017	2,492	655	369	37	237
100.0%	34.7%	42.9%	11.3%	6.4%	0.6%	4.1%

※　遺産分割事件のうち認容・調停成立件数（全家庭裁判所の集計）
出典：法務省司法統計（出典はP413「13-2.(1)」）

し筆者が業務を通じて知る限り，遺言を残して後悔した者は過去約20年間の業務歴で一人もいない。

　相談者に遺言を残して得られる次の「爽快感」と「達成感」を伝えてみる。すると，相談者は遺言に対してプラス思考になれる。

・　**爽快感が得られる**

　　今まであれやこれやと頭の中で思い悩んでいたことが，遺言書という紙にハッキリと表現されることで解消できる。

・　**達成感が得られる**

　　遺言を残すために法律を学んだり，財産を整理したり，人生を振り返ったり，家族のことを考えたり，公証役場を訪れる等，遺言者はさまざまなことを乗り越えて遺言書を作り上げる。このような過程を経てできた遺言書を見ると，達成感を得ることができる。

④　**遺言を残すにはまだ早い**

　遺言を残すには想像以上に心理的に負担がかかる。よって，遺言は心身の状態がよいときが「残し時」である。

　また遺言能力（民963）(注)を有していなければ遺言を残すことができない。そのため，病気や高齢のときに残した遺言は，遺言によって，承継する遺産

(注)　遺言能力とは，遺言をするために必要な行為の結果を弁職，判断しうるに足る意思能力である（東京地判平4［1992］・6・19家月45巻4号119頁）

を少なくされてしまった相続人等から，「遺言能力に疑いあり」と指摘されて，相続人間における争いの原因となったり無効となってしまう危険が伴う。

　以下遺言能力に関する判例を紹介する。面談やセミナーで「遺言トラブルの事例」として活用してほしい。

事例 ❸　遺言能力を巡る判例　　　　　（P368「12-3.(1)・963条」参照）

---

(1)　**遺言者の年齢や原疾患，発症から遺言の前後に至る症状の変遷などを詳細に検討した判決**

　・　多発性脳梗塞でまだら痴呆の状態を呈し禁治産宣告を受けた者につき，立会い医師や公証人との対話状況などから，全財産を妻に遺贈する旨の遺言をするに足りる知的能力はあったとして，遺言能力を肯定した（名古屋高判平9［1997］・5・28判時1632号38頁）

　・　脳梗塞からのウェルニッケ失語症に陥った遺言者について，ごく簡単な事柄の理解能力すら失っており，遺言書を作成する能力はなかったとした（東京地判平5［1993］・2・25家月46巻5号50頁）

(2)　**遺言内容の複雑度を考慮した判決**

　・　精神分裂病者でも「世話になった叔父に全財産を遺贈する」という比較的単純な内容の遺言をするのに必要な理解力を欠いていたとはいえないとした（大阪高判平2［1990］・6・26判時1368号72頁）

　・　肝硬変による肝不全のため昏睡状態に近い患者が死亡の約20時間前にした遺言について，その内容が複雑な株式の配分計算を含んだかなり詳細で多岐にわたるものであることを考慮すると，遺言者が遺言当時その意味，内容を理解，判断するだけの意識状態にあったとは考えられないとした（大阪地判昭61［1986］・4・24判タ645号221頁）

---

⑤ **遺言を残したら財産が使えなくなる**

　「遺言書に記載した財産を売買等で処分できない」と思い込んでいたり，遺言の内容に抵触する行為に後ろめたさを感じる者がいる。その「思い込み」や「後ろめたさ」が遺言を残す障壁になっていることがある。

　そこで，次の３つを伝えれば思い込みや後ろめたさを払拭し，気兼ねなく遺言書を作成できるようになる。

イ）遺言は「相手方のない単独行為」である

ロ）遺言は，死亡の時からその効力が発生する（民985①）

ハ）遺言の内容と抵触する生前処分の行為は，遺言を撤回したものとみなす（民1023②）

---

⑥ **遺言を残したら子どもに見捨てられてしまう**

　子どもから頼まれて遺言を残す親が，このように心細く感じるようである。そこで，次の３つを伝えれば「子どもが冷たくしたら，遺言を撤回すればいいのだ」と心置きなく遺言を残すことができるようになる。

イ）遺言者は，いつでも，遺言の方式に従って，その遺言の全部または一部を撤回することができる（民1022）。

ロ）遺言者が故意に遺言書を破棄したときは，その破棄した部分については，遺言を撤回したものとみなす。遺言者が故意に遺贈の目的物を破棄したときも，同様とする（民1024）。

ハ）遺言者は，その遺言を撤回する権利を放棄することができない（民1026）。

---

⑦ **遺言の内容が実現されるか不安**

　遺言は，遺言者の死亡の時からその効力が発生する（民985①）。したがって，遺言者が遺言の内容が実現されるのを見届けることは当然できない。

そのため「遺言書を残しても実現されるか疑わしい」と遺言に対して懐疑的な者もいる。

特に，配偶者が認知症だったり子どもが障がい者の者は「自分の死後に気がかりな者をサポートしてもらう目的で，特定の者に財産を多く残したいのだが，どうしたらよいか」という悩みを抱えている。

このような者には「負担付遺言」（民1002）を提案してみる。遺言の実行が担保されやすくなり，安心して遺言の作成に臨むことができるようになる。また，場合によっては遺言信託の検討の余地もある。

(5)　「助言」しても「説得」しない（遺留分）

「すべての財産を二男に残したい」のような，他の相続人の遺留分を侵害する遺言を希望する者がいる（そもそも遺言を作成する目的に「法定相続分を変更する」ことがある。程度はさまざまだが，筆者の経験上，依頼のほとんどが遺留分を侵害する遺言である）。

その場合，遺留分侵害額請求権（民1046）の説明をして「遺留分を侵害する遺言は（遺留分侵害額の算定をめぐり紛争になるおそれがあるため）避けたほうがよい」と「助言」することになる。

それでも相談者が「（他の相続人の遺留分を侵害しても）かまわない」と言うなら，相談者の意思を尊重して意に沿う遺言の文案を作成すべきである。

遺言者は法で「遺言自由の原則」(注)が保障されている。そして法定相続分に反した遺言を残すことも，当然権利として認められている。

遺留分を侵害する遺言も，相続人から遺留分に関する権利の行使によって遺留分侵害額に相当する金銭債権が生ずることに過ぎない（民1046①）。

(注)　人は，満15歳に達して（民961）遺言をする能力があれば（民963）いつでも自由に遺言を残すことができる。また，自由に遺言を変更し（民968③・970②・982），撤回（さらにその撤回も含む）もできる（民1022）。

　このように，人は「遺言をする・しない」「変更・撤回をする・しない」の自由が法律で保障されている。このことを「遺言自由の原則」という。

「遺留分を侵害する遺言書はもめるから作るべきでない」などと相談者の意思を翻意させるような「説得」は慎むこと。

(6) 相談者に語らせる

遺言を作成するときに，遺言者は「過去」を振り返り，「現在」を見つめ，死後を含む「未来」を描く。

「過去」は遺言を作成する動機，「現在」は事実の確認，「未来」は遺言の内容につながる。

面談では相談者から「過去」「現在」「未来」と３つの時を聴くことになるため，話があちこちに飛んだり遺言と関係ない話題が出たりして，面談は通常２時間程要する。しかし話を遮らないこと。

面談では相談者の話に傾聴することに努める。そうすると，相談者は行政書士に「自分を理解してくれている」と信頼を寄せる。その結果，受任につながるのである。

▶【図表13】遺言の面談でのやり取り

「過去」（動機）を振り返り
「現在」（事実の確認）を見つめ
「未来」（遺言の内容）を描く

傾聴

信頼感・依頼

Column 8

背中を押す一言

　筆者の経験上，面談で話しがひと段落したときに，しっかりと相談者の目を見て「今まで遺言を残して後悔した方にお会いしたことはありません」と伝えると，相談者は遺言の作成を決断する。

　相談者は「背中を押す一言」を待っている。そのためには，相談者の話に傾聴し，「遺言を残したほうがよい」と確信できる情報を提供することが必要である。

3-3.　相談者の7つの「型」を知る　〜「"争族"防止型」「過去清算型」「円満型」「子ども思い型」「緊急型」「怨念型」「感謝型」

　筆者の経験上，相談者は次表の7つに分類できる。相談を受けたら，まず，どの型に当てはまるか考えてみる。

　相談者の「型」（特徴）を知れば，面談中に的確な助言ができるようになる。その結果，受任率が高くなる。

【図表14】相談者の「型」一覧

No.	型	特　徴	具体例	備　考
(1)	"争族"防止型	一見平穏だが，死後に紛争の火種がある。	①熟年再婚をした人	配偶者（再婚相手）と実子（＝前婚のときの子）が相続人になる。
			②1人暮らしの人	生涯独身の場合，兄弟姉妹の他に甥・姪が代襲相続人となり相続が複雑になることが多い（民887②）。

				相続人以外の者に遺贈を希望する者が多い。
			③自分が所有している建物に, 同居している配偶者や子がいる人	同居の配偶者や子の住居の確保を希望する。
			④自分より先に死亡した子がいる人	孫が代襲者として相続人になることがある（民887②）。
(2)	過去清算型	離婚・再婚・不倫等で相続関係が複雑になってしまったため, 紛争になる危険が高い。相談者が遺言を残そうか迷っていたら, 遺言を残さないと, 相談者の遺産分割がどうなるか説明して遺言を残すように促す。	①前婚・再婚それぞれに子がいる人	異母（異父）兄弟姉妹が相続人になる。その結果, 見知らぬ者同士が相続人になることが多い。
			②妻に内緒の子がいる人	死後認知（民781②・784）
(3)	円満型	家族や夫婦で話し合った内容を遺言に残す。遺言・相続について学習している。念のため専門家に相談をするといった姿勢。予備的遺言（P77「3-5.(2)③ハ)」参照）を活用するなど, 想定されるリスクを回避できる「より完璧な遺言」を相談者は期待している。	①子と相談して決めた人	
			②夫婦で作る人	共同遺言の禁止（民975）
(4)	子ども思い型	子に相続の苦労をさせたくない。気がかりな子や, 負担をかけている特定の子に財産を多く残してあげたい。	①自分が親の相続で苦労した人	
			②障がい者の子がいる人	負担付遺言（民1002・1003）, 任意後見契約, 法定後見制度の活用を検討する。

			③事業を引き継いでいる子がいる人	財産評価について税理士の助言を検討する。
			④介護をしてくれてる子がいる人	「寄与分」は相続人全員の合意が前提のため，寄与分で自分を介護した者に多く財産を残すことは期待できない（民904の2①②）（P72「3-5.(1)⑦ロ」参照）。
(5)	緊急型	スピードを最優先する。公証人にすぐ連絡して，一日でも早く遺言を完成するように努めること。	①重篤な病におかされている人	公正証書遺言を作成する前に，万一に備えて自筆証書遺言を残しておくこと（P93「Column 11」参照）。
			②認知症の症状が出てきた人	行政書士が「遺言能力がない」と独断しないで公証人に要相談。
(6)	怨念型	縁を切りたい身内がいる。	①親不孝な子がいる人	「付言」に事情や苦情を事細かに残さないこと（P84「3-5.(2)⑧イ」参照）。"逆切れ"されて遺言の無効を主張される危険がある。不満を残す場合は，遺言と別に残すように推める（遺言の信憑性を高める証拠にもなる）。
			②離婚に応じない配偶者がいる人	
(7)	感謝型	相続人以外の者に，感謝の証しとして遺言を遺したい。	①長男の嫁等の「相続人ではない者」に介護を受けている人	被相続人の親族は，相続開始後，相続人に対して，特別寄与料の支払を請求することができる（民1050）が，当事者間で協議が調わないときは，その支払には困難が伴う。また，相続人以外に遺産を承継するには，遺言書を残すことが当然求められる。
			②母校や自治体に寄付をしたい人	

3-4. ロードマップ

　面談から業務完了までの流れは次のとおり。このロードマップを頭に入れてから面談に臨むこと。

▶【図表15】遺言業務のロードマップ

| 面　談 | (1) 説明（P56「**3-5.**(1)」参照）
(2) 聴き取り（P74「**3-5.**(2)」参照）
(3) ロードマップの提示（P89「**3-5.**(3)」参照）
(4) 見積の提示（P89「**3-5.**(4)」参照）
(5) 受任（P91「**3-5.**(5)」参照）
(6) 必要書類の提示・請求（P94「**3-5.**(6)」参照） |

| 基礎調査 | (1) 推定相続人調査（P96「**3-6.**(1)」参照）
(2) 財産調査（P100「**3-6.**(2)」参照） |

| 自筆証書遺言の作成
（P107「**第4章**」参照）
(1) 必要書類の収集
(2) 文案の作成
(3) 文案の提示
(4) 遺言書の作成（自書・押印）
(5) 遺言書のチェック | 公正証書遺言の作成
（P119「**第5章**」参照）
(1) 必要書類の収集
(2) 文案の作成
(3) 公証役場に予約を入れる
(4) 公証人と打合せをする
(5) 公証人から文案・費用が提示される
(6) 依頼者に公証役場の文案を提示する
(7) 公証役場で公正証書遺言を作成する |

納品・費用の清算

アフターフォロー

> ここが実務の
> ポイント❼　　ロードマップを提示する効果
>
> 　相談者が抱えている切実な問題を解決するまでの道筋を示したのが「ロードマップ」である。相談者は「先が見えない」ことに不安を感じている。だから，ロードマップを見ると「（行政書士が）この手順を踏めば，今抱えている問題を解決することができるのだ」とわかるので依頼に前向きになる。その結果，高い受任率と満足行く報酬が実現する。

3-5. 面　　談

　面談は「受任できるか否か」が決まる重要な場である（P16「1-3.(2)」参照）。

　ここでは遺言業務の面談で行われる「説明事項」「聴き取り項目」「ロードマップの提示」「見積の提示」「受任」および「必要書類の提示・請求」について解説する。

(1) 説　明　事　項

　面談に必須の知識は以下のとおりである。もし，不確実な知識があれば，基本書や実務書で補強してから臨むこと。

① 相続の基本原則

イ）相続開始の原因（「いつ」相続が発生するか）

　　　相続は人の死亡を原因として開始する（民882）。明治民法では家督相続の開始原因につき，隠居，国籍喪失，去家，入夫婚などを認めていたが，現行法では死亡のみである。失踪宣告（民30以下）も，その効果として死亡とみなされるので，相続が開始する。水難・火災その他の事変によって死亡し，取り調べをした官庁または公署が死亡したと認定したときは，死

亡として戸籍に記載され（戸89），同じく死亡として扱われる。

　　相続の実際の過程では，被相続人の死亡，死亡届，葬儀，遺産分割協議，相続登記などを経て，遺産のある部分が相続人の個人財産になっていく。しかし，法の論理としては，被相続人が死亡すれば，その瞬間に相続人について相続が開始し，相続人による遺産の共有が始まる扱いとなる。相続人が被相続人の死亡の事実を知っているか否か，死亡届を出したか否かなどを問わない。財産の無主物化を回避するためである（『二宮』P 311）。

ロ）相続人の範囲（「だれが」相続するのか）

　　民法の定める相続人の種類は「血族」と「配偶者」の2類型がある（民887・889・890）。

【第1類型】…血族

血族には順位がついている。先順位の者がいれば，後順位の者は相続人にならない。

順　位	相　　続　　人
第1順位	被相続人の子（民887①）またはその代襲者（887①・②）
第2順位	直系尊属（民889①一）
第3順位	兄弟姉妹（民889①二）またはその代襲者（甥・姪）（民889②）

※　代襲原因は，被相続人の子・兄弟姉妹が，相続開始以前に死亡したときのほか，「相続欠格」（民891，P 71「3-5.(1)⑦イ)」参照）「廃除」（民893）により相続権を失った場合も含まれる。
※　子の場合には「再代襲」があるが，兄弟姉妹には再代襲はない（民889②）。
※　養子が養親より先に死亡したことよる代襲相続の場合，養子縁組前に生まれた養子の子は代襲相続できない（養子縁組後に生まれた養子の子は代襲相続できる）（民887②ただし書・727）。

【第2類型】…配偶者（民890）

配偶者は常に血族の相続人と同順位（つまり第1順位）で相続人となる。

※　内縁および事実婚の関係では相続権は認められない。

ハ）相続財産の範囲（「なにを」相続するか）

a）相続が開始すると，被相続人の財産に属した一切の権利義務は，原則，すべて相続人が承継する（民896）。例外として相続財産に属さない財産・権利として，次のb）～f）がある。

b）被相続人の一身に専属したものは，相続人に承継されない（民896ただし書）。

「一身専属権」とは，個人の人格・才能や地位と密接不可分の関係にあるために，他人による権利行使・義務の履行を認めるのが不適当な次のような権利義務をいう。

> 雇用契約による労働債務，特定のデザイナーによる製作や芸術作品を作る債務，生活保護受給権，恩給受給権，公営住宅の使用権，著作者人格権等

c）祭祀財産（系譜，祭具，墳墓）

系譜，祭具，墳墓等の祖先の祭祀のための財産は，相続とは別のルールで承継される。すなわち，祖先の祭祀を主宰すべき者（祭祀主宰者）が承継するが，祭祀主宰者は，①被相続人の指定（遺言でも可），②指定がない場合には慣習，③慣習が明らかでない場合には家庭裁判所の審判の順で決まる（民897①②）。

なお，香典や弔慰金は，慣習上，喪主あるいは遺族への贈与であって，相続財産とはならないと解されている。

d）死亡退職金(注)

死亡退職金は，公務員や民間企業の従業員の死亡に際して，勤務先から支払われ，法律・内規・就業規則等で，受給権者の範囲や順位が決められている。最高裁は，このように職場の退職手当に関する規程が，受給権者の範囲，順位につき民法の規定する相続人の順位決定の原則と異なる定め方をしている場合には，死亡退職金の受給権は相続財産に属さず，死亡退職金は受給権者が自己固有の権利として取得するものと判じ

た（最判昭55［1980］・11・27民集34巻 6 号815頁）。

e) 遺 族 年 金(注)

遺族年金も死亡退職金と同様に，受給者固有の権利であり，相続財産
に属さない。

f) 生命保険金(注)

受取人が「被保険者自身」である場合（貯蓄型の生命保険）には，相続
財産になる。これに対して，受取人が「相続人中の特定の者」である場
合には，相続財産にならない。また，受取人を「相続人」としている場
合も，保険契約に基づく相続人固有の財産とされる（最判昭40［1965］・
2 ・ 2 民集19巻 1 号 1 頁）。

二) 相続分（「どれだけ」相続するか）（民899・900）

相続分とは，共同相続において，各相続人が相続すべき権利義務の割合，
つまり積極財産・消極財産を含む相続財産全体に対する各相続人の持分を
いう。

被相続人は，遺言によって相続分を指定することができるが（民902），
この指定がないときに，民法の定める相続分（＝法定相続分）の規定が適
用される。

法定相続分は一応の割合に過ぎないことに注意を要する。被相続人から
相続人が生前贈与や遺言による贈与（遺贈）を受けていたり，相続人が被
相続人の財産形成に多大な寄与をしていた場合には，こうした事情を考慮
しながら，「具体的な相続分」が算出され，これを基礎に遺産分割がなさ
れ，最終的に相続人個人の相続財産が確定する。

(注)　死亡退職金，遺族年金，生命保険金は，その額，受給権者である相続人の事情な
どを考慮して，公平性を保つために，「特別受益」（P146「**6-5.**(1)③へ」）参照）
として扱うことがある。

　　しかし，被相続人や相続人の債権者・債務者など第三者は，だれがどの
ような贈与・遺贈を受けていたか，財産形成に寄与したかは不明であり，
具体的事実を知らない場合もある。そこで，法定相続分が基準として採用
される。

　　法定相続分が基準として採用される具体例として，被相続人の債権者が
相続債権につき共同相続人に対して弁済を請求する場合，共同相続人の1
人が債務者に対して，弁済を請求する場合，共同相続人が遺産分割までの
間，相続財産を管理する場合などが挙げられる。

②　遺言の自由とその制限

イ）遺言自由の原則（民961・963・968③・970②・1022）

　　遺贈は，生前自由に処分できた自分の財産を，遺言という最終意思表示
によって処分することである。したがって，どのように処分しようと原則
として自由である。そして人は「遺言をする・しない」「変更・撤回をす
る・しない」の自由が法律で保障されている。このことを「遺言自由の原
則」という（P50「3-2.(5)(注)」参照）。ただし，次の(ロ)(ハ)(ニ)による制限を
受ける。

ロ）遺言能力による制限（民963）

　　遺言を残すには，遺言する時において遺言能力を有していなければなら
ない（P47「3-2.(4)④(注)」参照）。

ハ）遺留分による制限（民1042）

　　遺留分を侵害している遺言であっても法的要件を備えていれば遺言自体
は有効であることに注意を要する（P50「3-2.(5)」参照）。

ニ）公序良俗による制限（民90）

　　遺贈も法律行為である以上，民法90条の公序良俗による制限に服する。

　「婚姻外の愛人に遺贈したい」といったような公序良俗に反すると思われる依頼があった場合は，受任の拒否も検討すること（行書倫14，下記「**事例④**」参照）。

　　　「公序良俗」と「遺言自由の原則」の判例

- ・　遺贈が不倫関係の維持継続を目的とするものではなく，愛人の生活を保持するためになされたものであることを認めたうえで，その内容も相続人らの生活を脅かす程のものではない，という点を理由に挙げて公序良俗に反しないとした（最判昭61 [1986]・11・20民集40巻 7 号1167頁）
- ・　愛人の生活保全目的でも，妻への財産分与を免れるための全遺産の遺贈を無効とした（東京地判昭63 [1988]・11・14判時1318号78頁）
- ・　婚姻関係の破綻後に開始した同棲が10年経過した者への全遺産の遺贈を有効とした（仙台高判平 4 [1992]・9・11判タ813号257頁）

③　遺言の効力発生時

　遺言は，遺言者の死亡の時からその効力を生じる（民985①）。

　「遺言を残したら財産が使えなくなる」（P 49「**3-2.** (4)⑤参照」）などのように「遺言は遺言を記した時から効力を生じる」と勘違いしている者が意外に多い。そこで，「遺言の効力発生時」を面談の冒頭で説明すること。すると，気が楽になって遺言に積極的な気持ちになれる。

④　遺言の撤回

　遺言者は，自らの死亡によって効力が生じるまでいつでも，遺言の方式に従って，その遺言の全部または一部を撤回することができる（民1022）。

　「遺言を残したら（子どもに）見捨てられてしまう」（P 49「**3-2.** (4)⑥」）などのように遺言を残すことに不安を感じる者がいる。前掲「③遺言の効力発生

時」と同様に，面談の冒頭で説明すること。

⑤　遺言の方式

イ）普通の方式による遺言の種類（民967）

　通常，遺言を残す場合は，自筆証書遺言か公正証書遺言のいずれかを選択する。

▶【図表16】遺言の種類

普通方式	自筆証書遺言	特別方式	危急時遺言
	公正証書遺言		
	秘密証書遺言		隔絶地遺言

▶【図表17】「自筆」「公正」「秘密」証書遺言の比較表

	自筆証書遺言 （民968）	公正証書遺言 （民969）	秘密証書遺言 （民970）
特徴	自分で書いて作成する。費用がかからず手軽にできる。しかし，紛失，偽造・変造や隠匿・破棄の危険がある(注1)。	公証人と証人2名以上の立会いのもとに公証役場で作成される。なお，自宅や入院先での作成も可能であるが，出張費（病床執務，日当・旅費）が加算される。作成に手間がかかり手数料が発生するが，遺言の内容がほぼ確実に実現される可能性が極めて高い。	公証人と証人2名の立会いのもとに公証役場で作成される。遺言の存在を明確にして，その内容の秘密が保てる。また，公証されているから偽造・変造のおそれがない。さらに，署名・押印さえできれば，字をかけない者でもできる。しかし，公証役場では遺言書の保管を行わないので，紛失・未発見のおそれがある。
作成方法	遺言者が，自分で「全文」「日付」「氏名」を自書して「押印」する（民968①）。ただし，相続財産の全部または一部の目	証人2名以上の立会いのもと，公証人が読み上げる遺言書の内容を，遺言者が確認して，内容に間違いがなければ遺言者，公証人，証人がそれぞれ署名・押印する。	①　遺言者が，その証書に署名し，印を押す。 ②　遺言者が，その証書を封じ，証書に用いた印章で封印をする。 ③　遺言者が，公証人1人および証人2名以上の前に封書を提出して，自己の遺言書である旨並びにその筆者の氏名お

	録を添付する場合は，その目録については自筆することを要しないが，その目録の各ページ（両面にある場合は，その両面）に署名し押印する（民968②）。		よび住所を申述する。 ④　公証人が，その証書を提出した日付および遺言書の申述を封紙に記載した後，遺言者および証人とともにこれに署名し，印を押す。
作成の費用	ほとんどかからない(注2)。	財産の額や内容に応じて公証役場に手数料を支払う。なお，手数料は公正証書遺言を作成する前に，公証役場から提示される。 （手数料の例） ・１千万円〜３千万円の財産を１人に残す場合，約３万４千円 ・３千万円〜５千万円の財産を１人に残す場合，約４万円 （P89「3-5.(4)」参照）	財産の額や内容に関係なく１万１千円
証人	不要	２人以上必要（通常２名）	２人以上必要（通常２名）
保管方法(注1)	遺言者本人で保管するか，遺言者が死亡したことをすぐに知ることができる立場の者で，信頼の置ける次のような者に保管を委ねる。 ・遺言によって財産を多く取得する者	「原本」（遺言者，公証人および証人が署名・押印したもの）は公証役場に保管され，「正本」「謄本」が遺言者に交付される。 遺言の執行は，正本，謄本のいずれでも可能である。謄本を遺言者が保管し，正本を遺言者が死亡したことをすぐに知ることができる立場の者で，信頼の置ける次のような者に保管を委ねること(注3)。 ・遺言によって財産を多く	秘密証書遺言には，公証人が関与するが遺言書の保管は遺言者に任され，公証人は保管しない。公証役場には，遺言したことが記録されるだけで，遺言の内容は記録されない。 したがって，自筆証書遺言同様，遺言者本人で保管するか，遺言者が死亡したことをすぐに知ることができる立場の者で，信頼の置ける次のような者に保管を委ねる。 ・遺言によって財産を多く取得する者

	・遺言書で遺言執行者に指定した者	取得する者 ・遺言書で遺言執行者に指定した者	・遺言書で遺言執行者に指定した者
家庭裁判所への検認 （民1004①）	遺言書保管所に保管されている遺言書については，検認の規定は適用されない（保管11）。 （P67「**3-5.**(1)⑤ハ」参照）	不　要	必　要

（注1） 令和2（2020）年7月10日施行の遺言書保管法により，法務局での自筆証書遺言の保管が可能となった（P299「**第10章**」参照）。

（注2） 遺言書保管所に遺言書の保管を申請する場合，申請1件（遺言書1通）につき，3,900円の手数料がかかる。

（注3） 公正証書遺言を残すと，遺言者の死後に公証役場から遺言執行者等へ通知が届くと思っている相談者がいるが，そのようなことは決してない。したがって，遺言の内容を実現するには，「遺言の存在」を遺言執行者等に知らせておくか，遺言書を委ねておくことが求められる。

ここが実務のポイント❽　「秘密証書遺言」という選択

　自書は秘密証書遺言の要件でない。そのため判断能力の低下している高齢者に，周囲の者が自己に有利な内容の遺言を押し付けるおそれがある等の理由で廃止論もある。また，実際あまり利用されていない。ただし，次のケースでは秘密証書遺言の選択は有益である。

①　病気等で自書が困難なため自筆証書遺言を残すことができない場合

　　（ただし，署名・押印は必要）

②　毎年書き換えるなど，頻繁に「撤回」する予定がある者が，遺言作成費用を抑えたい場合（財産の額や内容に関係なく公証人への手数料は1万1千円）

ロ)　自筆証書遺言（民968）

自筆証書遺言の長所は，手軽に作成できることである。しかし，遺言者が自分ひとりで作成するため，本人の意思で作成したことを立証するのが困難である。そのため，自筆証書遺言の信憑性は公正証書遺言に比べてかなり低い。

また，相続開始後に家庭裁判所に検認の申立てをしなければならず（民1004①），遺言執行に時間がかかる（申立てから検認まで通常1か月程度）（P67「3-5.(1)⑤ハ」参照）。さらに，保管は自己責任に委ねられるので紛失や偽造・変造・破棄の危険性がある。なお遺言書保管法の施行により，遺言書保管所へ保管された遺言書に関しては，法的要件を満たさないことによる無効や紛失等の危険は排除される。また，遺言書保管所に保管された遺言書は，検認が適用除外となる（保管11）。

> **ここが実務のポイント❾**　　**自筆証書遺言は受遺者に負担をかける**
>
> 自筆証書遺言の説明に，次の「受遺者の負担」を入れること。
> ①　遺言執行をするには，遺言書保管法による遺言書保管所に遺言を保管する手続きをしなければ，家庭裁判所に「検認の申立て」をしなければならない（民1004①，保管11）。
> ②　検認の申立てを行う場合は，執行に時間がかかる
> ほとんどの者は「受遺者（子ども，配偶者等）のため」に遺言書を作成しようと考えているので，「受遺者の負担」を知ると自筆証書遺言を選択しない。
> ③　被相続人が遺言書保管所に遺言書を保管していれば，家庭裁判所に検認の申立ては不要となるが，遺言を執行するには，相続人や遺言執行者等（＝関係相続人等）は，遺言書保管官に対して，遺言書情報証明書の交付を請求しなければならない（保管9）。

Column 9

不可解な筆跡鑑定の世界

　京都の人気カバン店「一澤帆布」では，3代目が残した2通の自筆証書遺言の真贋をめぐって"争族"が起きた。裁判で決着が付いたのは争ってから8年後であった。

　2001年に3代目が死亡した。そして顧問弁護士が被相続人から預かっていた遺言書に従い，被相続人と商売をしてきた三男とその妻が，会社の株を相続してのれんを守っていくことになった。

　しかし，大学卒業後に銀行に勤め，家業にはノータッチだった長男が，被相続人の死後4か月後に「第二の（自筆証書）遺言」を明らかにした。これによって「自筆証書遺言の真贋をめぐる裁判」が展開された。

　三男は「第二の遺言書」の無効確認を求めて提訴したが敗訴する。長男が提出した「第二の遺言」の筆跡鑑定をしたのは，京都府警の科学捜査研究所の現役やOBであった。

　三男夫婦は書道の大家で墨跡や筆跡に詳しい神戸大の魚住和晃教授（文字文化形象論）に筆跡鑑定を依頼した。その鑑定を証拠として，今度は三男の妻が「第二の遺言書」の無効を求めて提訴する。第1審京都地裁は敗訴したが，大阪高裁の控訴審で逆転勝訴した。そして長男が上告するも最高裁は棄却して三男側の勝訴が確定した。

一澤帆布をめぐる「お家騒動」の経緯

1905年		・「一澤帆布」創業
2001年	3月	・「一澤帆布」3代目一澤信夫氏死去 ★顧問弁護士が預かっていた「遺言書」(1997年12月12日付)は 　同社社長の三男と、その妻に同社株の過半を相続させる内容
	7月	★名古屋で銀行勤めしていた長男が「第二の遺言書」(00年3月9日付) 　を明らかに。同社株を長男と四男に相続させる内容
04年	12月	★「第二の遺言書」の無効確認を求めていた三男の敗訴が確定
05年	末	・三男が社長を解任され、長男と四男が代表取締役に ・職人の大半が三男と行動を共にし同社を退社
06年	4月	・三男が新ブランド「信三郎帆布」を立ち上げ、「一澤帆布」の向かいに 　開店（後に一澤帆布の三軒隣に移転）
	10月	・休業していた「一澤帆布」が新たに職人を集め、営業を再開
07年	5月	★三男の妻が「第二の遺言書」の無効確認を求めるが京都地裁は 　棄却、妻は控訴
08年	11月	★大阪高裁の控訴審で「第二の遺言書」の無効と逆転判決、長男が上告
09年	6月	★最高裁が長男の上告を棄却、「第二の遺言書」の無効が確定
	7月	・一澤帆布の代表取締役に復帰した三男が当面休業を決定、 　信三郎帆布のみ営業を継続

★は遺言書にかかわる動き

（引用：「東京新聞」2009年7月27日朝刊）

　このように、筆跡鑑定は万能でない。鑑定者・鑑定機関によって異なる
判断も出る。

　自筆証書遺言を希望する依頼者には「筆跡鑑定は万能でない」ことを伝
えること。それでも相談者が「自筆証書遺言にこだわる」のなら、自筆証
書遺言の信ぴょう性を高める工夫をすべきである（P113「4-2」参照）。
　なお、このお家騒動は『かばん屋の相続』（池井戸潤、文春文庫）として
文庫化されている。興味ある方はご一読を。

（参考：「東京新聞」（2009年7月27日朝刊））

ハ）検　　認

公正証書による遺言書および遺言書保管所に保管されている遺言書を除く遺
言書の保管者またはこれを発見した相続人は、遺言者の死亡を知った後、遅
滞なく遺言書を相続開始地（＝遺言者の最後の住所地）の家庭裁判所に提出して、

その「検認」を請求しなければならない（民1004①②，保管11，家事手続209①）。また，封印のある遺言書は，家庭裁判所で相続人等の立会いの上，開封しなければならない（民1004③）。開封手続に違反した場合には，5万円以下の過料に処せられる（民1005）。

　検認とは，相続人に対し遺言の存在およびその内容を知らせるとともに，遺言書の形状，加除訂正の状態，日付，署名など検認の日現在における遺言書の現状を確認し，証拠を保全する（遺言書の偽造・変造を防止する）手続きである。
　なお，検認は証拠保全の手続きに過ぎず，遺言書の有効・無効を判断する手続きではない。つまり，検認を受けたからといって遺言が有効と裁判所が判断するものではないことに注意を要する（大決大4［1915］・1・16民録21輯8頁）。

▶【図表18】検認の流れ

① 遺言書を保管していた人または遺言書を見つけた相続人が申立人となり，遺言者の最後の住所地の家庭裁判所に検認の申立てを行う（遺言書1通につき収入印紙800円分および連絡用の郵便切手が必要）。
② 家庭裁判所から申立人およびすべての相続人に対して検認の期日の通知が届けられる（家事規115①）。
③ 検認の期日に，申立人および相続人立会いのもとで，家庭裁判所で遺言書が開封される。なお，申立人は必ず出席し，相続人は各自の判断で出欠席を決める。
④ 家庭裁判所書記官は，遺言の形状（遺言書がどのような用紙に，何枚書かれていたか，封はされていたかなど），遺言書の加除訂正の状態，遺言書に書かれた日付け，署名・印など遺言の内容がどうなっていたかについて確認し，この結果を「検認調書」にまとめる（家事手続211，家事規113・114）。

以上で検認は終了する。このあと，申立人または相続人等は家庭裁判所に「検認済証明書」の発行を申請する（遺言書1通につき150円分の収入印紙と申立人の印鑑が必要）。これを金融機関や法務局に提示して，遺言を執行する。

検認の手続きが完了するには，家庭裁判所に検認の申立てをしてから1か月程度を要する。したがって，戸籍謄本の収集等の申立ての準備を含めると，行動を起こしてから2か月程度かかる。

　なお，検認当日に，遺言書を見た相続人から「この文字は死亡した親の字と違う」などの疑義が出ると，遺言書の信ぴょう性が低くなってしまって，紛争に発展することがある。特に，特定の相続人に「すべての財産を相続させる」のような極端に遺留分を侵害する遺言は，遺留分を侵害された相続人から疑義が発せられるおそれがある。したがって，面談の場で自筆証書遺言のリスクと併せて検認のリスクも相談者に説明しておく必要がある。

ニ）公正証書遺言（民969）

　公正証書遺言は公証人と証人2名以上（通常2名）の面前で作成されるので「本人が自分の意思で作成した」という信ぴょう性が高い。そのため，検認なしで相続開始後直ちに遺言を執行できる（民1004②）。しかし，作成に手間と手数料がかかるため遺言者の負担が大きい。また，遺言の内容を公証人と証人に知られることに抵抗感がある者もいる。

ホ）共同遺言の禁止

　2人以上の者が同一の証書で遺言することはできない（民975）。共同遺言を許すと，自由に撤回できなくなり，最終意思の確保という遺言の主旨が阻害されるおそれがあるからである（民1026）。

⑥　遺　言　事　項

　民法では，遺言できる事項を次のように限定している。

【図表19】遺　言　事　項

No.	項　　目	内　　　容
1	法定相続	(1)　推定相続人の廃除（民893）★ (2)　推定相続人の廃除の取消（民894②）★ (3)　相続分の指定（民902） (4)　遺産分割方法の指定および分割の禁止（民908） (5)　遺産分割の際の担保責任に関する別段の定め（民914）

2	財産処分	(1) 包括遺贈・特定遺贈（民964）
		 (2) 以下の事項についての別段の定め
		  ① 受遺者の相続人による遺贈の承認・放棄（民988）
		  ② 遺言の効力発生前の受遺者の死亡（民994②）
		  ③ 受遺者の果実取得権（民992）
		  ④ 遺贈の無効または失効の場合における目的財産の帰属（民995）
		  ⑤ 相続財産に属しない権利の遺贈における遺贈義務者の責任（民997②）
		  ⑥ 受遺者の負担付遺贈の放棄（民1002②）
		  ⑦ 負担付遺贈の受遺者の免責（民1003）

3	遺言の執行・撤回	(1) 遺言執行者の指定（民1006①）
		 (2) 以下の事項についての別段の定め
		  ① 特定財産に関する遺言の執行（民1014④）
		  ② 遺言執行者の復任権（民1016①）
		  ③ 共同遺言執行者（民1017）
		  ④ 遺言執行者の報酬（民1018）
		 (3) 遺言の撤回（民1022）

4	遺留分	目的物の価額による遺贈・贈与の負担に関する別段の定め（民1047①二）
5	家族関係 （身分上の事項）	(1) 遺言認知（民781②，戸64）★ (2) 未成年後見人の指定（民839） (3) 未成年後見監督人の指定（民848）
6	法文に遺言による旨の定めはないが，遺言によってできると解釈されている事項	(1) 祭祀主宰者の指定（民897） (2) 特別受益の持戻しの免除（民903③）
7	民法以外の法律で遺言事項が定められているもの	(1) 一般財団法人設立（一般社団・財団152②）★ (2) 信託の設定（信託3二）★ (3) 保険金受取人の変更（保険44①・73①）(注)

以上参考：『二宮』P427・428

★印：遺言執行者の選任が必要

(注)　保険法44条1項及び73条1項は，「保険金受取人の変更は，遺言によっても，することができる」と規定し，遺言による保険金受取人の変更の問題について保険契約者の意思の尊重および利益保護の観点から法律関係を明確にした。

　　なお，保険法44条，73条の各規定は，いずれも平成22年4月1日の同法の施行日以後に締結された保険契約（新規契約）について適用されるものであり，施行日前に締結された保険契約（既存契約）には適用されないことに注意を要する（保険法附則2条～6条）。

上記以外の事項を遺言に記載しても，法的効果はない。

なお，相談者から相談をよく受ける「遺言事項以外で遺言に記載したい事項」は次のとおり。

- ・　葬儀の方法
- ・　残される配偶者の介護や扶養の依頼
- ・　「兄弟協力し合って仲良くすること」などの遺訓

これらを遺言に記載する場合は，依頼者に「法的効力はない」と断った上で「付言」に記載する（P86「**3-5.**(2)⑧ロ」」参照）。

⑦　そ　の　他

イ）相続人の欠格事由

相続欠格は，相続秩序を侵害する非行をした相続人の相続権を，法律上当然に剥奪する民事上の制裁である。民法は以下の5つの欠格事由を定めている。

【図表20】欠格事由（民891）

①	故意に被相続人または先順位・同順位の相続人を殺害，または殺害しようとしたために刑に処せられた者
②	被相続人の殺害されたことを知って，これを告発・告訴しなかった者（ただし，その者に是非の識別ができないとき，殺害者が自己の配偶者・直系血族であったときを除く）
③	詐欺または強迫によって，被相続人が相続に関する遺言をし，撤回し，取り消し，または変更することを妨げた者
④	詐欺または強迫によって，被相続人に相続に関する遺言をさせ，撤回させ，取り消させ，または変更させた者
⑤	相続に関する被相続人の遺言書を偽造し，変造し，破棄し，または隠匿した者

遺言作成に関する欠格事由は，③④⑤が該当する。

　ここ数年，「親に遺言書を残してもらいたい」という子どもが増えている。子どもには「相続人の欠格事由」を説明し，遺言者である親に対する「行き過ぎた干渉」を未然に防ぎ，遺言者の権利（P60「3-5.⑴②イ」参照）を守るように努めるべきである。

ロ）寄　与　分

　親を介護した子どもが，親の遺産分割で他の共同相続人より多く遺産を取得するのが実情に合っている。しかし，実際は，他の共同相続人が法定相続分を持ち出して「平等な相続権」を主張することが多く，親の介護を配慮する遺産分割は期待できない。そこで法は相続人間の公平を図るために，「相続分の修正」という形で「寄与分」を定めた。

　民法は寄与分を「共同相続人中に，被相続人の事業に関する労務の提供または財産上の給付，被相続人の療養看護その他の方法により被相続人の財産の維持または増加に特別の寄与をした者があるときは，共同相続人の協議でこの者の寄与分を定め，協議が調わないとき，または協議ができないときは，寄与した者の請求により家庭裁判所が寄与分を定める」（民904の2①②）としている。

　このとおり民法は「寄与分」を「相続人」に限り，要件を被相続人の「財産の維持または増加」に「特別の寄与をすること」とし，「共同相続人の協議」でこの者の寄与分を定めることとした。

　したがって，寄与した者が寄与分をすんなりと認められることは考えにくい。そこで，民法は「共同相続人の協議が調わないとき，または協議ができないときは，寄与した者の請求により家庭裁判所が寄与分を定める」としたのである。

　以上のとおり，法は寄与分を定めているが，寄与分が認められるハードルは高いと言わざるを得ない。そこで，遺言を残すことに迷っている相談者に寄与分制度を説明して「介護をしたり事業を手伝っている者に，感謝の証として財産を残したいのなら，遺言を残すこと」と説明すると，相談者の背中を押し，遺言を残すことにつながる。

　なお，相続法改正により，旧法下では，相続人以外の親族が被相続人の療養看護をした場合に十分報いることが困難であったため，実質的公平性を図る観点から，特別の寄与の制度を新設した。しかし，この制度を活用するためには，特別の寄与の該当性の判断や，相続人と特別寄与料の額を協議によって決めなければならないなど，困難を伴うことが予想される。そこで，相続人以外の親族に遺産を残すことを希望する相談者には，相続人以外の者の貢献を考慮するための方策（民1050）を説明した上で，遺言の作成を勧めること（P290「9-6」参照）。

ここが実務の　ポイント❿　相談者が遺言書作成に踏み切れない場合の対応

　遺言の必要性はわかるが，作成に踏み切れないという相談者には，まず遺言書作成の準備として「相続関係説明図」と「財産目録」の作成を提案してみる。

　この2つがあれば「遺言を残そう」と決断したときに，速やかに作成することができる。また「相続関係説明図」と「財産目録」の作成がきっかけで遺言を残す者もいる。

　なお，行政書士は「相続関係説明図」と「財産目録」の作成を権利義務又は事実証明に関する書類として当然に業務として受任できる（行書1の2）。

【図表21】説明事項チェックシート

面談前にひととおり見て，相談者にわかりやすく説明できるか確認すること。

No.	項　目	内　容
①	相続の基本原則	□相続開始の原因（民882） □相続人の範囲（民886～890） □相続財産（民896～899の２） □相続分（民900～905）
②	遺言の自由とその制限	□遺言自由の原則（民961・963・968③・970②・1022） □遺言能力による制限（民963） □遺留分による制限（民1042） □公序良俗による制限（民90）
③	遺言の効力発生時	□遺言の効力発生時（民985①）
④	遺言の撤回及び取消し	□遺言の撤回（民1022） □前の遺言と後の遺言との抵触等（民1023） □遺言書または遺贈の目的物の破棄（民1024） □撤回された遺言の効力（民1025） □遺言の撤回権の放棄の禁止（民1026） □負担付遺贈に係る遺言の取消し（民1027）
⑤	遺言の方式	□普通の方式による遺言の種類（民967） □自筆証書遺言（民968） □検認（民1004・1005） □公正証書遺言（民969） □秘密証書遺言（民970～972） □負担付遺言（民1002） □共同遺言の禁止（民975）
⑥	遺言事項	□遺言事項（P69【図表19】参照）
⑦	遺言執行者	□遺言執行者の指定（民1006）
⑧	その他	□相続欠格（民891） □寄与分（民904の2）

⑵　聴き取り項目

　相談者から聴き取る項目は次のとおり。事情聴取のように，一つひとつ聞き出すと相談者が緊張してしまうので，話しの流れの中で情報をキャッチするよ

うに努めること。

① 遺言を残す理由

遺言を残す理由を質問する。理由を聴く過程で相談者の「遺言能力」（民963）を確かめる。

もし，理由が「愛人にすべての財産を相続させたい」などの公序良俗（民90）に反するおそれがある場合は「公序良俗による制限」（P60「**3-5.**(1)②ニ)」参照）を説明すること。

また，内容によっては「付言」の活用を検討する（P86「**3-5.**(2)⑧ロ)」参照）。

② 「相談者」（遺言者）に関すること

イ）氏　　　名（フリガナ）

自筆証書遺言では，遺言の信ぴょう性を高めるために，戸籍謄本のとおりに書くように指導する。特に旧漢字の有無に注意する。

▶【図表22】氏名によく使用される旧漢字（カッコ内は新漢字）

榮（栄）	會（会）	惠（恵）	廣（広）	國（国）	齋（斉）	櫻（桜）	殘（残）	
實（実）	壽（寿）	將（将）	愼（慎）	眞（真）	靜（静）	齊（斉）	淺（浅）	
壯（壮）	聰（聡）	瀧（滝）	澤（沢）	傳（伝）	濱（浜）	邊（辺）	槇（槙）	
萬（万）	髙（高）	澤（沢）	舩（船）					

公正証書遺言の「遺言検索システム」（P174「**6-6.**(3)」参照）はフリガナで登録する。したがって，相談者から氏名の読み方を正確に聞き取ること。特に，次のような「濁音で読む・読まない」に注意を要する。

高田	タカダ
	タカタ

小原	コハラ
	コバラ
	オハラ
	オバラ

　なお，名について使用できる文字については，常用平易な文字を用いなければならないとして制限しているが（戸50，戸規60），読み方については制限を設けていない。そのため，たとえば「大翔」という名は，「ヒロト」「ハルト」「ヤマト」「ダイト」「タイガ」といった読み方が可能となる。先入観で決め付けないように，氏と同様に注意すること。

ロ）生 年 月 日

ハ）職　　　業

　公正証書遺言では，遺言者の職業を記載する（職を持たない場合は，「無職」とする）。

ニ）住　　　所

　聞き取った住所は「印鑑登録証明書」で確認する。なお，民法は自筆証書遺言に「住所」の記載を要件としていないが，遺言書の信ぴょう性を高めるために住所を自書するように指導すること。

ホ）本　　　籍

　相談者が本籍を覚えていない場合は，受任後に本籍が記載されている「住民票の写し」を取得して確認する。

③　「受遺者」に関すること

イ）推定相続人（氏名，続柄）

　受任後，戸籍謄本（「相続関係説明図」を作成するために取得する）で，依頼者が話した内容が正確であるか事実関係を確認すること。

ロ）受　遺　者（住所，氏名）

　公正証書遺言の場合，公証役場に受遺者の「住民票の写し」を提出する。

ハ)「逆縁」の対策（予備的遺言）

遺贈は，遺言者の死亡以前に受遺者が死亡したときは，その効力を生じない（民994①）。また，「相続させる遺言」の場合も同様である（最判平23［2011］・2・22民集65巻2号699頁，P358「**12-1. 908条**」・P380「**12-3. 994条**」参照）。したがって，相談者の意思をより確実に実現させるために「遺言書に『財産を残す』と記した推定相続人（または「受遺者」）が，あなた（相談者）より先に死亡した場合，その者が受けとるはずだった財産をだれに継承させたいですか」と質問して希望を聴いておくべきである（民994②ただし書）。

ここが実務の ポイント⓫　　「逆縁対策」は程程にすること

　相談者は逆縁対策を考えるとき，自分より先に大切な者（子ども等）が死亡することを想像しなければならない。また，逆縁対策は「長男が先に死亡した場合は長男の長男（孫），その孫も死亡した場合は長男の長女……」といった具合に切がない。

　「万全な遺言書を作ろう」と意気込み，必要以上に逆縁の対策を相談者に強いると，相談者は気が滅入って遺言書の作成を止めてしまうおそれがある。

　逆縁対策を提案して相談者が困惑するようなら，「空気を読んで」逆縁対策を記さない遺言を検討すべきである。

Column 10

遺言者の真意を推し量る

　遺言者の真意を推し量れば，予備的遺言をすべき場面が見えてくる。たとえば，遺言者が「土地・建物を同居している長男に相続させる」と希望しているなら，遺言者は「その土地・建物を代々受継いで欲しい」「その土地・建物を長男一家に住み続けて欲しい」と推察できる。そこで，「では，万一に備えて，ご長男が先にお亡くなりになってしまったら，『孫（長男の子）に相続させる』と予備として記しておきましょうか」と提案してみる。すると，筆者の経験上「ぜひ，そうしてください」とまず同意を得られる。

　このように，遺言者の真意を推し量るように努めると，相談者にさまざまな提案をすることができ，その結果，相談者から信頼を得て，高い受任率と満足行く報酬が実現する。

④　「遺言執行者」に関すること

　遺言の執行とは，被相続人の死後に「遺言の内容を実現する」手続きのことをいう。そして，遺言の内容を実現するため，相続財産の管理その他遺言の執行に必要な一切の行為を有する者が遺言執行者である（民1012①）。つまり，遺言執行者は，遺言の内容を実現する担い手といえる。

　遺言者は，遺言で，1人または数人の遺言執行者を指定できる（民1006①）。なお，未成年者および破産者を除き遺言執行者になることができる（民1009）。

　遺言者が「相続させる」旨の遺言を作成した場合，遺言者死亡のときに直ちに特定の相続人が相続により特定の遺産を承継する（最判平3［1991］・4・19判時1384号24頁）。そのため遺言執行者として執行の余地はないように思われる。

　しかし，「遺言執行者は，遺言の内容を実現するため，相続財産の管理，そ

の他遺言の執行に必要な一切の行為をする権利義務」を有し（民1012①），「遺言執行者がある場合には，相続人は，相続財産の処分その他遺言の執行を妨げるべき行為をすることができない」（民1013①）ので，遺言執行者を遺言で指定することは，円滑に遺言の内容を実現するために重要である。

　銀行実務上も，遺言書に遺言執行者が「指定されている」「指定されていない」で銀行所定の書類（「相続届」「相続に関する依頼書」「相続関係届出書」等）に署名押印する者を区分けしている（当然「指定されている」方が負担は少なく，原則，遺言執行者のみの署名・実印での押印で手続き可能）。

　また，遺言執行者は複数指定しておくことが望ましい（P80「**図表23**」およびP81「**ここが実務のポイント⓬**」参照）。ただし，複数の遺言執行者がある場合は，遺言執行は過半数で決する（民1017①）。たとえば，2名の遺言執行者を指定した場合は，2名で共同して執行しなければならない。そのため，金融機関の書類に執行者2名で署名押印しなければならないなど遺言執行が非効率になり遅滞するおそれがある。
　そこで，このような事態を避けるため，複数の遺言執行を指定する場合は「遺言執行者らに，単独でこの遺言を執行するための権限を授与する」といったように「単独で遺言執行ができる」（遺言執行者の権限）ことを記しておくべきである（民1017①ただし書）。

　なお，公正証書遺言においては，遺言執行者に関する次のイ）からニ）の事項を記載するので，相談者に聴き取ること。

イ）住所
ロ）氏名
ハ）生年月日
ニ）職業

▶ **【図表23】遺言執行を速やかに遂行するための留意点**

遺言執行を速やかに遂行するためは，次の点に留意して遺言を作成する。

場　面	懸念事項	予防のための記載内容
遺言執行者の指定方法	遺言執行者の死亡等 〜遺言執行者として指名された専門家が，遺言者よりも先に死亡もしくは病気等，何らかの事情で遺言の効力発生時（＝遺言者の死亡時）に職務遂行ができないこともあり得る。	遺言執行者の死亡等で就任できない事態を想定して，複数の遺言執行者を指定しておく。
	法人の解散 〜遺言執行者に行政書士法人等の法人を指定する方法が考えられる。しかし，当該法人が解散した場合は，遺言執行者死亡と同様の問題が発生する。	行政書士法人が遺言執行者となる場合は，法人が解散した場合に備えて，担当行政書士個人を予備的に指名しておく。
	任務の執行 〜任務の執行は，過半数で決する（民1017①）。そのため，複数人の遺言執行者を指定した場合，執行業務が遅滞する可能性がある（たとえば，2名指定した場合は，2名が同意しないと執行できない）。	各遺言執行者が単独で執行できるようにするために，各執行者の権限の範囲を明記する。または，第1・第2遺言執行者のように段階的に遺言執行者を指定する等の対策をする（民1017①ただし書）。
金融機関の執行	執行事務の委託	執行者の責任で「履行補助者」を使用することを明記することで，執行事務を速やかに行うことができる（<u>民1016</u>）。
	遺言執行者の権限	多くの金融機関は，遺言書に遺言執行者に職務権限として金融機関の執行事務を付与する規定があれば，遺言執行者のみの署名押印で預金の払戻しや名義書換に速やかに応じる（<u>民1014③</u>）。
相続人とのトラブル	遺言執行の報酬	遺言の執行に対する報酬額は，第一に被相続人の意思によって決まる（民1018①ただし書）。したがって，遺言書に遺言執行者の報酬について記載しておくこと。 なお，被相続人が遺言執行者の報酬を定めていない場合は，被相続人の意思が無報酬で執行されることにあったと推定されない限り，遺言執行者は家庭

		裁判所に報酬付与を申し立てることができる（民1018①本文）。

> **ここが実務の ポイント⓬**　行政書士が遺言執行者に指定される場合の 注意事項
>
> 　遺言は，遺言者の死亡の時からその効力を生ずる。したがって，遺言は，通常，遺言作成時から相当の期間を経た後，執行される（民985①）。
>
> 　そのため，遺言執行者が遺言者より先に死亡してしまう等が原因で執行を行うことができないこともあり得る。行政書士が単独で遺言執行者に指定された場合，そのようなリスクは高くなる。もし，このような状況に陥ってしまうと，遺言の内容の実現が困難になってしまう。
>
> 　そこで，そのような事態を回避するために，遺言執行者を複数選任しておくべきである。
>
> 　著者の経験上，受遺者の中から１名，予備として遺言作成を受任した行政書士を遺言執行者に指定しておき，遺言を執行するときは，受遺者が執行者に就任し，行政書士が執行者から執行事務の委任を受けて執行手続を行うと，受遺者が自ら執行者に就職（民1007①）したことに対して安心できるため，金融機関は払戻手続等に速やかに応じる。

⑤　「証人」に関すること

　相談者が公正証書遺言を希望する場合は，証人を２名以上選定する必要がある（民969一）。なお「２名以上」となっているが，通常２名で足りる。

　証人は，遺言書の作成が本人の意思に基づいて行われたことと，遺言書の内容が本人の真意に合致するものであることを担保する役割を担う者である。このような証人の役割を前にしたとき，遺言の内容に利害関係があるがゆえに遺

言内容に不当な影響を及ぼすおそれのある者や，上記役割を担当するだけの判断能力を備えていない者については，証人としての役割を期待するのが困難である。それゆえ民法は，次の者につき，遺言の証人となることができないものとした（民974）。

> ・　未成年者
> ・　推定相続人および受遺者並びにこれらの配偶者および直系血族
> ・　公証人の配偶者，4 親等内の親族，書記および使用人

　受任した行政書士およびその行政書士のパートナーである法律専門職（司法書士，税理士等）を証人にしておくと，遺言執行時に，そのパートナーが登記や税務申告をすることで，遺言執行をより速やかに行うことができる。

　なお，相談者が自分で証人を手配する場合は，公正証書遺言に記載するために，その者に関する次のイ）からニ）の事項を聴き取ること。

> イ）住所
> ロ）氏名
> ハ）生年月日
> ニ）職業

⑥　「財産」に関すること

　次のイ）～ニ）に関してヒアリングする。面談の段階では，「相談者の記憶の範囲内」でかまわない。受任後にヒアリングした内容に基づき，不動産の履歴事項全部証明書等を取得して事実関係を確認していくことになる。

イ）不　動　産

　土地の「所在」「地番」，家屋の「所在」「家屋番号」を即答できる者はほとんどいない。

面談では，住所を聞く。そして，受任後に住居表示を基に不動産を管轄する法務局に照会して所在等を確認の上，履歴事項全部証明書等を請求する。

ロ）金 融 資 産

口座を開設している金融機関とそれぞれのおおよその額を聴き取る。

ハ）動　　　産

遺贈を希望する乗用車，貴金属，絵画等の有無を確認する。

ニ）祭 祀 財 産

祭祀財産の有無を確認する。そして，ある場合は，承継者の指定の希望の有無を確認する（民897）。

ここが実務のポイント⓭　**財産をどの程度まで具体的に記すか**

　遺言は，遺言者の死亡の時からその効力を生ずる（民985①）。そして，遺言成立から効力の発生の間に遺言に記載した財産を処分（生前処分）した場合は，遺言を撤回したものとみなす（民1023②）。そのため，遺言に記載した財産が生前処分によって遺言者死亡時に存在しないことが原因で，相続人間でトラブルになることがある。

　そこで，どの程度まで具体的に財産を遺言に列挙すべきかが問題となる。遺言の内容にもよるが，メインバンク等の「解約する予定のない口座」は銀行名・支店名・種別・口座番号を記載することが望ましい（ただし，預金額の記入はしないこと）。そうすれば，金融機関に対して遺言が執行し易くなる。同様に，処分する予定のない不動産は地番，家屋番号等を記載しておく。

　なお，遺言書を作成後，遺言者に，遺言書に列挙した財産を処分したことによって，遺言の内容に影響が出る場合は，行政書士に連絡をした上で，

新たに遺言を作成し直すように助言しておくこと。遺言の内容の実現はもちろんのこと，再度の依頼にもつながる。

⑦　遺産分割方法の指定・相続分の指定

以上イ）からニ）を聞いた上で，「だれ」に「なに」を「どれだけ」残したいのか聴き取る（民908）。

また，具体的に「『だれに』『なにを』『どれだけ』相続させる」とせず，「遺言者の有する一切の財産を，長男に３分の２，二男に３分の１の割合により相続させる。」のように相続分を指定することも当然できる（民902）。

なお，「遺産分割方法の方法の指定」と「相続分の指定」を組み合わせることも可能である。

どの方法を選択するのかは，遺言内容の実現の観点に立ち，総合的に判断する。

⑧　そ　の　他

相談者の希望を実現する観点から，以下の内容を提供する。

イ）付　　　言

遺言事項（P 69「3-5.(1)⑥」）以外で遺言書に記した方がよい事項があるか検討する。ある場合は，付言として記載する。付言は法的効果がないが，次の２つのことが期待できる。

---

a）速やかな遺言執行

b）相続人間の紛争防止

---

a）は，「家族への感謝の言葉」のような「愛のメッセージ」的な内容を記した上で，相続人に速やかに遺言の内容が実現することを願う旨を記すことが多い。

　ｂ）の場合は，「遺留分を大きく侵害する遺言」に用いられる。

　遺言が速やかに執行されるために，特定の相続人に他の相続人と比べて多くの財産を与える具体的な理由（「介護をしてくれた」「事業を継いでくれた」「生前贈与した」など）を記すと共に，遺留分権利者に「遺留分侵害額請求権の行使を控えて欲しい」などと記載する。しかし「長男のために散々苦労させられた」のような特定の相続人に対する恨み事などは避けるべきである。なぜなら，たとえ事実であったとしても，書かれた者が「この遺言は無理やり（財産を多くもらう者から）書かされたものだ」など異議を唱えて，遺言の無効や真贋の争いに発展するおそれが否定できないからである。

事例 ❺　　遺言執行を速やかに導く付言の事例

　筆者が実務で関与した付言を紹介する。なお，いずれも遺言者の死亡後，滞りなく遺言は執行され，遺言の内容は実現された。

(1)　**介護をしてくれている長女に多くの財産を残す理由の付言**

　　長女○○○○は私と妻の身の回りの世話を献身的にしてくれています。そこで，感謝の証として金融資産を多目に残すことにしました。また，長女の今後の生活の糧として私が住んでいる土地・建物も残すことにしました。

　　妻の支えと二人の子どもに恵まれてとても幸せな人生を過ごせました。妻と子どもたちに心から感謝しています。

　　私の死後，この遺言が速やかに執行されて，今まで以上に家族が協力し合って皆が幸せな人生を送ることを切に願います。

(2)　**趣味の古典に関する蔵書の処分を託した付言**

　　本は，大切に読んでいただける方にお譲りしたり古物商に売却するなどして，私が死亡した後も活用されることを望みます。できる範囲でかまいません。よろしくお願いします。

ロ）紛争抑止の対策を講じる

「相続人の1人にほとんどの財産を相続させる」という内容の遺言では，遺留分侵害額請求等による紛争が予想される。そこで，紛争を緩和・抑止する手段として，消極財産の処理を明確に記しておくという方法がある。

たとえば，妻に「すべて」もしくは「ほとんど」の財産を相続させる遺言の場合，次のように記載する。

事例 ❻　清算型の遺言の事例〜妻にすべての財産を相続させる内容

第○条　遺言者は，その有する下記の財産を，後記遺言執行者において換価処分し，遺言者の残債務，相続に関する費用，遺言執行に関する費用，遺言者の葬儀費用，納骨費用等をすべて支払った後の残額を，すべて妻に相続させる。

（中　略）

付言事項

　子どもたちにはできる限りの教育を受けさせてきたつもりです。そして，皆立派に成長して仕事に勤しみ生計の糧を持っています。一方，妻○○は，私が亡き後収入の当てが年金以外ほとんどありません。そのため私のすべての財産を妻に相続させることにしました。

　以上のことを皆理解してください。そして，私が亡き後も今までとおり家族仲良く協力して，幸せな人生を送ることを切に願っています。

事例⑥のように，「債務等消極的財産に関する処理がすべて行われた後に，その残額を当該相続人に配分する」といった内容の遺言（清算型の遺言）にすれば，単に「すべての財産を妻に相続させる」と記した遺言と比べて，消極財産

の処理が明確になっているので妻と他の相続人との間で，紛争が生じることを緩和・抑止する可能性を高めることが期待できる。

　その他，付言で遺言の内容に至る経緯・心情を記載するのも効果的である。ただし，前記のとおり他の相続人らを刺激するような内容は入れないことが肝要である（P84「**3-5.(2)⑧イ**」参照）。

　以上が遺言業務における聴き取り項目である。以下に面談での聞き取り項目についてまとめたので，自分なりにカスタマイズして，実務で活用して頂きたい。

▶**【図表24】聴き取り項目チェックシート**

面談年月日・場所：			年 　 月 　 日 （ 　 ） ・ （ 　 　 　 　 　 ）		
1	相談者（遺言者）	氏名（フリガナ）		（ 　 　 　 ）	
		生年月日		年 　 　 月 　 　 日	
		職業			
		住所			
		本籍			
2	遺言能力	□有 　 　 □無			
3	遺言を残す理由				
4	推定相続人	①	氏名（続柄）		（ 　 　 ）
		②	氏名（続柄）		（ 　 　 ）
		③	氏名（続柄）		（ 　 　 ）
		④	氏名（続柄）		（ 　 　 ）
		⑤	氏名（続柄）		（ 　 　 ）
5	受　遺　者	①	住所		
			氏名		
		②	住所		
			氏名		

6	遺言執行者	①	住所	
			氏名	
			生年月日	年　　月　　日
			職業	
		②	住所	
			氏名	
			生年月日	年　　月　　日
			職業	
7	証　　人	①	住所	
			氏名	
			生年月日	年　　月　　日
			職業	
		②	住所	
			氏名	
			生年月日	年　　月　　日
			職業	
8	財　　産	①	不動産	・ ・ ・ ・ ・ ・
		②	金融資産	・ ・ ・ ・ ・
		③	動産	・ ・ ・
		④	祭祀財産	・

9	遺言の内容 □遺産分割方法の指定 □相続分の指定 □予備的遺言　等	
10	そ　の　他 □付言　等	・ ・ ・ ・ ・
【備考】		

(3)　ロードマップの提示

　相談者は「先が見えない不安」を抱えている。そこで，本日（面談日）から業務完了までのスケジュール（＝ロードマップ）を記載して相談者に提示する。ロードマップを見た相談者は，問題解決までの道筋が明確になったことで安心感を覚える。同時に，行政書士は，相談者から信頼を得ることができる。

(4)　見積の提示

　聴き取りの内容を基に，見積を提示する。

　相談者は依頼したら，行政書士が具体的に何を行うのかよくわからない。したがって「自筆証書遺言は〇万円です」と言われても，提示された費用が「高い」「安い」「適正」の判断がつかない。

　相談者が行政書士が提示した金額が妥当か否かを判断するには，見積に「透明性」と「明確な根拠」が備わっていなければならない（P18「1-3.(4)」参照）。

　さらに，見積を提示する際に，ロードマップを横に並べて遺言書完成までの「作成手順」を説明すれば，相談者はより判断しやすくなる（P107「4-1」・P119「5-1」参照）。

　なお，相談者は見積金額ですべての業務を行ってもらえると考える。そこで，見積には戸籍謄本等の資料代，郵送料・交通費等の実費相当額，公正証書遺言の場合は公正役場に支払う手数料（下記【図表25】参照）も記載すること。

▶【図表25】公正証書遺言の手数料

　公正証書作成の手数料は，公正人手数料令に細かく定められている。

　公証役場に支払う公正証書遺言の作成手数料は，まず「相続人（受遺者）ごと」に「目的価額」（その行為によって得られる一方の利益，相手からみれば，その行為により負担する不利益ないし義務を金銭で評価したもの）を算出する。そして，その合計額が手数料の額となる。「財産の総額」で計算しないことに注意する。

　その他，遺言の場合，「遺言加算」(注1)が発生する。また，「祭祀の主宰者の指定」(注2)を記載すると手数料が発生する。その他，交付手数料(注3)も発生する。そして，公証人が公証役場外で公正証書遺言を作成した場合は出張費(注4)がかかる。なお，作成された公正証書遺言の原本の保管料は無料である。

目 的 の 価 額	手　数　料
100万円以下	5,000円
100万円を超え200万円以下	7,000円
200万円を超え500万円以下	1万1,000円
500万円を超え1,000万円以下	1万7,000円

1,000万円を超え3,000万円以下	2万3,000円
3,000万円を超え5,000万円以下	2万9,000円
5,000万円を超え1億円以下	4万3,000円
1億円を超え3億円以下	4万3,000円に超過額5,000万円ごとに1万3,000円を加算
3億円を超え10億円以下	9万5,000円に超過額5,000万円までごとに1万1,000円を加算
10億円を超える場合	24万9,000円に超過額5,000万円までごとに8,000円を加算

出典：日本公証人連合会ホームページ

（注１） 1通の遺言公正証書における目的価額の合計額が1億円までの場合は，1万1,000円が加算される（遺言加算）。

（注２） 祭祀の主宰者の指定をする場合は1万1,000円が加算される。

（注３） 正本・謄本の交付に1枚につき250円の手数料がかかる。

（注４） 遺言者が病気等で公証役場に出向くことができない場合には，公証人が遺言者の入院先や自宅に出張して遺言公正証書を作成することも可能である。この場合の手数料は，遺言加算を除いた目的価額による手数料額の1.5倍が基本手数料となり，これに，遺言加算手数料を加える。この他に，旅費（実費），日当（1日2万円，4時間まで1万円）が加算される。

　　　なお，公証人には勤務の管轄があることに注意する（P124【**ここが実務のポイント⓱**】参照）。

【計算例】

　総額3,000万円の財産を，配偶者に2,000万円，子ども2人にそれぞれ500万円ずつ残す公正証書遺言を公正役場で作成する場合

　2万3,000円（配偶者の手数料）＋1万1,000円（子ども1人分の手数料）×2（名）＋1万1,000円（遺言加算）

　＝5万6,000円（その他交付手数料が1千円程度）

---

(5) 受　　任

　相談者から費用の合意が得られ，「依頼する」の意思表示がされたら，次の①から④を行った後，業務に着手する。

①　遺言の方式の決定

通常，自筆証書遺言か公正証書遺言のいずれかである。なお，筆者の経験上，9割以上の者が公正証書遺言を選択する（P65「**ここが実務のポイント❾**」参照）。

②　委任契約の締結

行政書士法に則り，業務の内容および範囲を明確にする。また，想定できる懸念事項を例示して，対応（業務遂行・中止，費用の支払等）を明記する。おもな事項を例示するので，参考にして頂きたい（P324「**事例㉙**」参照）。

> ・　受任する業務の内容および範囲（相談，遺言書の文案作成，相続関係説明図，財産目録の作成等）（行書1の2・1の3，行書倫15）
> ・　行政書士法に則り，誠実に委任事務の処理に当たること（行書10）
> ・　費用の支払（金額・支払方法・支払期日等）
> ・　依頼者が費用の支払を遅滞したときの対応（費用の支払が遅滞したときは業務に着手せず，またはその処理を中止することができる等）
> ・　委任契約に基づく業務の処理が，解任，辞任または委任事務の継続不能事態の発生等により，中途で終了した場合の報酬の支払について　等

③　委任状の受理

公正証書遺言の手数料算定に役所から届いた不動産の「固定資産税納税通知書」が必要になる。しかし，依頼人の中には納税通知書が「見当たらない」「見つけるのが面倒」という者がいる。このような場合は，依頼者から委任状を受理して「固定資産税評価証明書」を役所に請求した方が早く確実に入手できる（委任状の記載例は，P339「**事例㊳**」参照）。

④　「職務上請求書」の使用の許諾を得る

推定相続人の確認等を行うために，戸籍謄本等を役所に請求する場合に，職務上請求書の内容を説明した上で，職務上請求書の使用の承諾を得る（P99

「Column 12」参照）。

⑤　請求書を発行する

　委任契約の内容に基づいて請求書を発行する。早期の請求は，早期の入金につながる。したがって，請求書を渡すタイミングは，面談の場で発行して手渡すのがベストである。面談時に発行するのが困難な場合は，できるだけ速やかに郵送する。なお，着手してもなかなか請求書を発行しない者がいるが，請求書を発行しなければ，当然入金されないことを肝に銘じておくこと。

Column 11
「『とりあえず』自筆証書遺言」の勧め

　筆者の経験上，相談者に遺言の説明をすると，依頼者のほとんどが公正証書遺言を選択する。「より確実に自分の思いを実現したい」と願って相談しているのだから，当然であろう。

　では，自筆証書遺言を作成する機会がないかといえば，そのようなことはない。公正証書遺言の作成には必要書類の準備，公証人との打合せ等が必要なため，どうしても日数がかかる。その間，依頼者の死亡など「万一の事態」が起きることもあり得る。

　そこで「すべての財産を長男に相続させる」のような短文で書ける内容の場合は，受任したその場で文案を作成して，依頼者に自書してもらうようにする。特に，高齢者は受任から公正証書遺言作成までの「期間のリスク」が高いので，自筆証書遺言の活用を検討する。筆者はこのような遺言書を「『とりあえず』自筆証書遺言」と名付けている。

　なお，この場合，相続開始後に複数の遺言が出てくるとトラブルに発展しかねないので，公正証書遺言の作成が完了した時点で，依頼者に自筆証

書遺言を破棄するように指示すること（P66「Column 9」参照）。

(6)　必要書類の提示・請求

受任したら依頼者に準備する書類を指示し，同時に必要書類を請求する。

①　依頼者が準備する書類

公正証書遺言および自筆証書遺言を作成するにあたり，依頼者に提出してもらう書類は次のとおりである。

▶【図表26】遺言作成で依頼者に提出してもらう書類

No.	書　類	公正証書遺言	自筆証書遺言	備　考
①	依頼者（＝遺言者）の印鑑登録証明書	○	△	公正証書遺言作成時に発行後3か月以内のものが必要。
②	依頼者の補助証明書	○	△	運転免許証，マイナンバーカード等
③	証人の「住所」「氏名」「生年月日」「職業」がわかるメモ	○	×	依頼者が証人を選任する場合。
④	遺言執行者の「住所」「氏名」「生年月日」「職業」がわかるメモ	○	○	依頼者が遺言執行者を選任する場合。ただし，相続人を遺言執行者に指定する場合は不要。
⑤	直近の固定資産税納税通知書（財産に不動産がある場合）	○	△	履歴事項全部証明書の請求と公正証書遺言の手数料計算に使用する。納税通知書が見当たらない場合は「評価証明書」を請求する（P92「3-5.(5)③」参照）。

		公正証書遺言	自筆証書遺言	備　考
⑥	金融資産の資料（メインバンクの通帳の見開きページの写し等）	○	○	遺言書に記載する金融資産に関するもののみで可。
⑦	貸金庫の資料	○	○	銀行名・支店名・番号が分かる資料。
⑧	その他			必要に応じて依頼者に指示する。

○印：必要書類，△印：有ると望ましい書類，×印：不要な書類

② 行政書士が請求する書類

　公正証書遺言および自筆証書遺言を作成するにあたり，行政書士が役所に請求して取得する書類は次のとおりである。

【図表27】遺言作成で行政書士が請求・取得する書類

No.	書　類	公正証書遺言	自筆証書遺言	備　考
①	「相続させる」場合，遺言者と相続人との続柄がわかる戸籍謄本等	○	△	依頼者自身が取得してもよいが，依頼者の負担軽減と速やかな業務遂行のために，行政書士が「職務上請求書」を使用して取得するのが望ましい。
②	「遺贈」する場合，受遺者の住民票	○	△	
③	不動産の履歴事項全部証明書	○	△	依頼者に任せると時間がかかるので，行政書士が取得する。

○印：必要書類，△印：有ると望ましい書類

> **ここが実務のポイント⓮　実印の印影を確認する**
>
> 　公正証書遺言の作成当日に，用意した印鑑が銀行届出印や認印であったというような「印鑑の取り違え」が発生してしまうと遺言者の本人確認ができないため，作成は中止になってしまう。

　依頼者の中には，「いくつか印鑑を持っているけれど，どれが実印なのかわからない」という者もいる。もし，依頼者がこのような不安を抱えていたら，公証役場で遺言を作成する前に，"実印"の印影を取って，どれが印鑑登録証明書に登録している印鑑であるか依頼者と共に確認すること。そうすれば，作成当日の中止という緊急事態を未然に防ぐことができる。

3-6.　基礎調査

　受任したら，速やかに遺言作成に必要な基礎調査を開始する。調査項目は「人」と「財産」の2つである。

(1)　推定相続人調査

　「推定相続人の範囲」を確定するために，戸籍謄本等を取得して「相続関係説明図」を作成する。

①　戸籍の取得

　自筆証書遺言の作成に推定相続人の調査は必要ない（相談者の言うとおりに文案を作成すれば済む）。また，公正証書遺言の場合は「遺言者と相続人との続柄がわかる戸籍謄本」（公証役場に提出する）を用意すれば足りる。

　しかし，「推定相続人を確認して確実な遺言書を作成する」ことと「遺言者死亡後の検認・遺言執行を速やかに遂行する」（収集した戸籍謄本は，年月が経過しても検認および遺言執行に使用することができる）ために，遺言書を作成するときに「遺言者の出生から現在までの戸籍謄本」および「推定相続人の戸籍謄本」を入手して「相続関係説明図」を作成すべきである。

　依頼者に以上のことを説明して了承を得たら，職務上請求書を使用して戸籍謄本等を役所に請求して取得する。なお，職務上請求書を使用する場合は，事

前に依頼者に職務上請求書の使用目的等を説明した上で，使用について承諾を必ず得ること（P99「Column 12」参照）。

② 「相続関係説明図」の作成

収集した戸籍謄本等を基に「相続関係説明図」を作成する。

事例 ❼　相続関係説明図

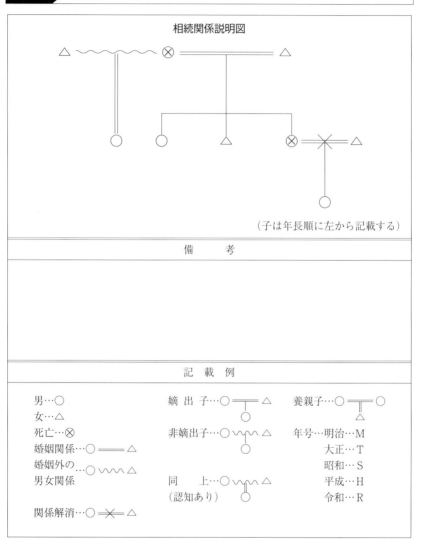

相続関係説明図

（子は年長順に左から記載する）

備　　考

記　　載　　例

男…○　　　　嫡　出　子…○━┳━△　　養親子…○━┳━○

女…△　　　　　　　　　　　○　　　　　　　　　△

死亡…⊗　　　非嫡出子…○〜〜△　　年号…明治…M

婚姻関係…○━━△　　　　　　　○　　　　　　大正…T

婚姻外の…○〜〜〜△　　　　　　　　　　　昭和…S

男女関係　　　同　　上…○〜〜△　　平成…H

　　　　　　　（認知あり）　○　　　　令和…R

関係解消…○━✕━△

Column 12
「職務上請求書」は特別に認められたもの

　行政書士は職務を遂行するために「戸籍謄本・住民票の写し等職務上請求書」（以下「職務上請求書」という）を使用して他人の戸籍・住民票等を市区町村役場に請求して取得できる。これは「戸籍法10条の２第３項」および「住民基本台帳法12条の３」（本人等以外の者の申出による住民票の写等の交付）に基づいて特別に認められた制度である。

　この制度は，国家資格者としての国民の信頼に基づき，迅速な事務処理の実現によって国民の利便性に資するために設けられた。万一，不適切に利用されると重大なプライバシー権の侵害を引き起し，国民の信用を失う（不適切な職務上請求による懲戒処分の事例について，拙著『**行政書士合格者のための開業準備実践講座　第3版**』P７〜19参照）。

　行政書士は，以上のことを十分認識して，職務上請求書を適切に使用しなければならない。

　なお，職務上請求書について詳しくは，日本行政書士会連合会会則第61条の２の規定に基づいて定められた「職務上請求書の適正な使用及び取扱いに関する規則」に規定されている。是非一読頂きたい。

ここが実務の ポイント⑮　「定額小為替」の額で迷ったら３千円分入れる

　推定相続人の範囲を確定を作成するために，依頼者（遺言者）の出生から現在に至るまでの戸籍を本籍の市区町村役場に請求する。郵送で請求する場合は，発行手数料を「定額小為替」（P100「**図表28**」参照）で支払う。そこで迷うのが「いくら分の定額小為替を送ったらよいか」ということである。

　実際に請求してみなければ請求先の市区町村役場に「どの種類の戸籍が何通あるのか」わからない。したがって，事前にいくら分の定額小為替を送ったらよいか当然わからない。請求前に請求先の窓口に照会できばよいのだが，問い合わせても「個人情報」として答えることはない。

　そこで「余分」に入れることになるのだが，３千円分（１千円分の定額小為替を３枚）送れば，筆者の経験上，料金不足はまずない。おつりは定額小為替（まれに切手）で，請求した戸籍とともに返信される。

　なお，料金不足の場合は，請求先の市区町村役場から不足分の定額小為替を送るように電話で連絡が入る。「急いでいるので先に戸籍を送ってください」と言っても応じることはない。そのため，戸籍の収集は少なくても１週間は遅れてしまう。

▶【図表28】「定額小為替」について

購入窓口	全国のゆうちょ銀行または郵便局の貯金窓口
種　　類	50円，100円，150円，200円，250円，300円，350円，400円，450円，500円，750円，1,000円　以上12種類
発行手数料	1枚につき200円（消費税・地方消費税を含む）の発行手数料がかかる（全金種共通）
有効期間	発行日から6か月 ※手元の定額小為替は「日付けの古いもの」から使用すること。なお，有効期間内であれば手元の定額小為替は郵便局で換金することができる。有効期限を過ぎてしまった場合は，為替証書の再発行の請求が必要になる（ただし，定額小為替1枚につき200円の手数料が発生する）。

参考：ゆうちょ銀行ホームページ

(2)　財産調査

　「遺言書に記載する財産」に関する調査で足りる。なお，依頼者の希望があれば，現時点でのすべての財産の調査を行う。以下，入手する主な資料を紹介

する。

① 不 動 産

依頼者（＝遺言者）からの聴き取り，または「固定資産税納税通知書」に基づき，法務局に登記簿謄本（全部事項証明書）を請求する。

② 金 融 資 産

依頼者（＝遺言者）からメインバンクの通帳の銀行名・支店名・口座番号が記載されている「見開」と「直近の残高」が記帳されているページの写しを提出してもらう。なお，直近の残高が記載されているページの写しの入手が困難な場合は，口頭による確認でもよい。

また，「貸金庫」がある場合は，貸金庫が特定できる情報（銀行・支店名・貸金庫の番号のメモまたは契約書の写し）を入手する。

③ 動 産

自動車の「車検証の写し」，貴金属・美術品等の「鑑定書」等。

以上，入手した資料に基づき財産目録を作成する。なお，「遺留分の確認」および「公正証書遺言の手数料の算定」のために，「相続人（受遺者）ごと」に目的価額を算出する（P89「3-5.(4)」参照）。

(3) パートナーのアドバイス（相続税）

2015年1月の相続税の改正後，遺言の相談で次のような質問を受けることが多くなった。

・相続税がかかるのか・かからないのか

・遺言のとおりに財産が承継されたら「だれに」「どれだけ」相続税がかかるのか

　このような相続税に関する質問を受けたら，基礎控除等の基本事項を伝える
に止める。そして，個別具体的な質問には，パートナーの税理士から依頼者に
直接回答するようにすること（その際は，パートナーに報酬の発生の有無等につい
て事前に確認しておく必要がある）。

事例 ❽ 財産目録

作成日：令和　　年　　月　　日

遺言者 ＿＿＿＿＿＿＿ 財産目録

1．不動産（金額：令和　　年度固定資産評価額）

No	土地／家屋	金　　額
(1)	土地：	¥
(2)	家屋：	¥
	小計①	¥

2．金融資産（令和　　年　　月　　日現在）

No	金融機関	普通預金	定期預金	投資信託	合　　計
(1)		¥	¥	¥	¥
(2)		¥	¥	¥	¥
				小計②	¥

3．その他

No	財 産 品 目	金　　額
(1)		¥
(2)		¥
	小計③	¥

総合計	小計①＋小計②＋小計③	¥

4．相続人（受遺者）別取得価額

No	氏名（続柄）	金融資産	不動産	その他	合　計	備　考
(1)	（　　）	¥	¥	¥	¥	
(2)	（　　）	¥	¥	¥	¥	
(3)	（　　）	¥	¥	¥	¥	
(4)	（　　）	¥	¥	¥	¥	
(5)	（　　）	¥	¥	¥	¥	
	合　　計	¥	¥	¥	¥	

3-7.　文案作成のポイント

　面談での聴き取り内容と基礎調査を基に，以下の点に留意して文案を作成する。

▶【図表29】文案作成チェックシート

	チェックポイント	内　　容
☐	依頼者（＝遺言者）の心身の状態に応じた内容にする	・依頼者の心身の状態が優れないときに複雑な内容の遺言書を作成すると，遺言能力に疑義が生じて遺言が無効になることがある（民963）。このような状態のときの遺言は平易な内容にすること（P47「3-2.(4)④」参照）。 ・自筆証書遺言の場合は，依頼者の負担を軽減するために内容を平易にし，文字数を少なくすること。 ・また，合わせて，相続財産の全部または一部の目録の添付を検討する（民968②）。
☐	遺言執行者の指定	・複数指名する（民1006①） ・単独執行できるようにする（民1017①ただし書）（P78「3-5.(2)④」参照）
☐	遺言執行者の権限	金融機関に対する手続きを具体的に記載すると，遺言執行が速やかに遂行できる。
☐	遺言執行者の報酬	行政書士が遺言執行者に指定される場合は，遺言執行の報酬を記載する（民1018①ただし書，P80「図表23」参照）。
☐	予備的遺言の検討	受益相続人や受遺者が遺言者の死亡以前に死亡した場合に備えて，他の相続人や受遺者に相続させるないし遺贈する旨の条項を入れる（民994①・②ただし書，P77「3-5.(2)③ハ」参照）。
☐	祭祀主宰者の記載	「祭祀に関する権利の承継」の記載の必要性を検討する（民897）。
☐	「その他すべての財産」を相続させる者の記載	遺言書に記載されなかった財産は遺産分割の対象となる。「その他すべての財産を相続させまたは遺贈する者」を記載すれば，遺産分割協議を行う必要はない。したがって，その他のすべ

		ての財産の承継者を記載するのが望ましい。ただし，依頼者の中には，「その他すべての財産」の承継について，あえて記載しないことを望む者もいる。この場合は，依頼者の考えを尊重すること。
☐	紛争抑止の対策	清算型の遺言の検討（P86「3-5. (2)⑧ロ)」参照）
☐	付言の活用	付言の記載の有無を検討する（P84「3-5. (2)⑧イ)」参照）

※ 案件の内容に応じて，各チェックポイントを「記載する・しない」を検討する。

Column 13

「ゴール」から考えて文案を作成する効果

　依頼者は，自分の死亡後に，「速やかに遺言書の内容を実現したい」と願って専門家に相談している。したがって，専門家が関与した遺言書が，遺言者（＝依頼者）死亡後に遺言執行が速やかに行われなければ依頼者の期待を裏切ることになる。そこで，遺言の文案を作成する際は「遺言執行」の観点，つまり「ゴール」から考えることが肝要である。

　「どうしたら遺言執行がしやすくなるのか」「依頼者（＝遺言者）の思いをより確実に実現するためにはどうしたらよいか」といったように執行の場面をイメージして考えると，遺言執行者の権限の明記，予備的遺言や付言の活用など，アイデアが次々と浮かんでくる。
　面談の場で遺言執行を速やかに行うためのアイデアを相談者に提案できれば，必然と高い受任率と満足行く報酬の実現につながる。

第4章 自筆証書遺言の作成手順

受任後の，自筆証書遺言の作成から業務完了までの流れを解説する。さらに，自筆証書の「（本人が書いたという）信ぴょう性が低い」という弱点を補う「実務で使える技」について言及する。

【第4章の俯瞰図】

```
第3章  遺言業務の手順 ──→ 4-1. 作成手順 ＋ 4-2. 法的効力を高める工夫
                              │
                              ↓
                        4-3. 業務完了
```

4-1. 作成手順

以下の(1)から(4)の順序で作成する。なお，自筆証書遺言に自書によらない財産目録を添付する場合は，P264「9-3-1. 自筆証書遺言の方式緩和（968条関係）」を，自筆証書遺言を遺言書保管所に保管する場合は，P299「第10章　実務に求められる『遺言書保管法』の知識」を併せて参照のこと。

(1) 必要書類を収集する

P94「3-5.(6)」を参照のこと。

(2) 文案を作成する

自筆証書遺言は遺言者が「全文」「日付」「氏名」をすべて自書しなければならない（民968①）。しかし，字数が多いと依頼者（＝遺言者）の負担になる場合がある。その場合は，できるだけ字数を少なくしてシンプルな内容の文案を作成する。さらに，相続財産の全部または一部の目録を自書によらないで添付する方法の採用も検討してみる（民968②，P264「9-3」参照）。

⑶　文案を依頼者へ提示する

依頼者に文案を提示して，意思を反映しているか確認してもらう。必要があれば修正して再度提示する。

⑷　依頼者が文案を自書して押印する

依頼者が「（文案は）意思と相違ない」と表明したら，自書して押印してもらう。民法では，印の種類を定めていないが，遺言の信ぴょう性を高めるために実印で押印するようにする。

なお，自筆証書遺言（民968②の目録を含む）の加除・変更の方式は厳格に決められている（民968③）。訂正箇所に二重線を引いて，その上に訂正印を押すといった一般に行われている方法でないため，法的要件を満たす訂正は困難である。そこで書き損じたら破棄して書き直すように指導すること。

⑸　依頼者が自書・押印した遺言書をチェックする

「法的要件」「契印」「封筒」の確認を行う。それぞれのチェックポイントは次のとおり。

①　「法的要件」の確認（民968）

▶【図表30】自筆証書遺言のチェックリスト

	項　目	内　　容
☐	「全文」を自書する	全文とは，本文（遺言事項を書き記した部分）のことである。なお，財産目録については自書を要しない。その場合は，財産目録の各頁に署名・押印することを要する（民968②）。 なお，他人が添え手などして補助すると無効となる場合があるので，依頼者（＝遺言者）から，手が震えるなどの理由で「補助して欲しい」と頼まれても応じず，公正証書遺言に変更すること。

☐	「日付」を自書する	「令和4年9月1日」のように「年月日」を正確に記載する。 日付も「自書」が要件だから，日付印等を使用すると無効になる。
☐	「氏名」を自書する	ペンネーム・雅号等の通称でもよいという判例（大阪高判昭60［1985］・12・11判時1185号115頁）があるが，通称だと遺言執行が困難になるので，戸籍のとおりに記載すること。 氏名に旧漢字がある場合も，戸籍のとおりに書くこと（P75「**3-5.(2)②イ**」参照）。
☐	「印」を押す	印は決められていないため，認印でもかまわない。しかし，遺言の信憑性を高めるために「実印」（実印がない場合は，金融機関届出印）で押印すること。
☐	加除・変更の有無の確認	加除・変更の方式は法で厳格に決められている。この方式に反すると無効になるおそれがある（民968③）。 したがって，書き損じたら，原則として，破棄して新たに書き直すこと。
☐	封	封も本人が自書し，本文で使用した印を使用する。なお，遺言書保管所（保管2）に保管を申請する場合は，保管の申請があった際に，遺言書保管官（保管3）が，遺言書が民法968条の定める方式に適合するか否かについての外形的な確認等をするために「無封」とする（保管4②）。

事例 ❾　自筆証書遺言の文例

相続関係説明図（氏名はすべて仮名）

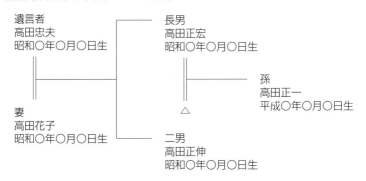

遺　言　書

遺言者　高田忠夫は，次のとおり遺言する。

第1条　遺言者は，遺言者所有の次の不動産を，遺言者の妻高田花子に相続させる。　　　　　　　　　　★相続人には「相続させる」と書く

　　(1)　土地

　　　　所在　　　　　東京都国分寺市〇〇町〇丁目

　　　　地番　　　　　〇番〇〇　★土地は「所在」と「地番」を書く

　　(2)　建物

　　　　所在　　　　　東京都国分寺市〇〇町〇丁目〇番地〇〇

　　　　家屋番号　　　〇番〇〇

　　　　　　　　　　　★建物は「所在」と「家屋番号」を書く

第2条　遺言者は，税経銀行国分寺支店に預託してある預金債権の全部を，遺言者の長男高田正宏に相続させる。

第3条　遺言者は，遺言者の二男高田正伸に遺言者所有のすべての株式を相続させる。

第4条　遺言者は，金弐千万円を遺言者の孫高田正一に遺贈する。

　　　　　　　　　　★相続人以外には「遺贈する」と書く

第5条　遺言者は，第1条乃至第4条を除く，遺言者所有のその他すべての財産を，長男高田正宏に相続させる。

　　　　　　　　　　★その他すべての財産の承継人の指定

第6条　遺言者は，祖先の祭祀を主宰すべき者として，長男高田正宏に指定する。　　　　　　　　　★祭祀主宰者の指定

第7条　遺言者は，本遺言の遺言執行者として，長男高田正宏を指定する。

　　　　　　　　　　★遺言執行者の指定

付言

　家族には感謝している。この遺言書が私の死後，速やかに執行されるこ
とを願う。　　　　　　　　　　　★必要に応じて付言を添える

　　　　　　　　　　　令和○年○月○日
　　　　　　　　　　　東京都国分寺市○○町○丁目○番地の○○

　　　　　　　　遺言者　高田忠夫 ㊞　★実印で押印する
　　　　　　　　　　昭和○年○月○日生
　　（注）　全文，日付，氏名はすべて自書しているものとする

※　この文例は自筆証書遺言のため，文字数を少な目にして内容をシンプルにした。
　　同条件で「予備的遺言」「予備の遺言執行者の指定」「遺言執行者の権限」「遺言
　執行者の報酬」を記載した遺言はP119「5-1.⑵」を参照のこと。
※　財産目録を添付する場合は，P264「9-3」を参照のこと。

②　「契印」の確認

　契印をすることは，法的に要件とされていない。しかし，「本人が自らの意
思で作成した」という信憑性を高めるために，遺言書の用紙が2枚以上になっ
たら，ホチキスで留めて，つなぎ目に「遺言書に押印した同じ印」で印を押す。

> **事例 ⑩** 　契印の押し方

遺　言　書

遺言者　高田忠夫は，次のとおり遺言する。

第1条　・・・・・・・・・・・・

令和〇年〇月〇日

東京都国分寺市〇〇町〇丁目〇番地

の〇〇

遺言者　高田忠夫　

昭和〇年〇月〇日生

③　「封筒」の確認

遺言を入れる封書のポイントは次のとおり。

> イ）封書も遺言者が「すべて自書」する
>
> ロ）「遺言書に押印した同じ印」で封印する[注]
>
> ハ）「遺言書と同じ日付」を書く

事例 ⓫ 封筒の記載例

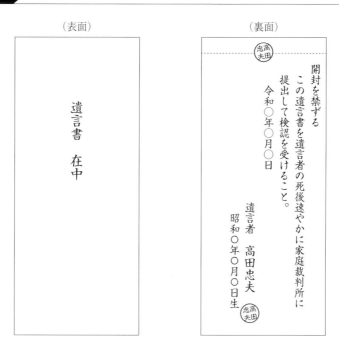

（表面）　　　　　　　　　　　（裏面）

遺言書　在中

開封を禁ずる
この遺言書を遺言者の死後速やかに家庭裁判所に
提出して検認を受けること。
令和○年○月○日
遺言者　高田忠夫
昭和○年○月○日生

（注）　本文と同様に本人が自書すること。また本文で使用した印で押印すること。

4-2. 法的効力を高める工夫

　自筆証書遺言には「本当に本人が書いたのか」と，真贋をめぐる争いが起きる危険がある。したがって，争いを未然に防ぐために法的効力を高める工夫が必要になる。

⑴ 「依頼者の筆跡を対照できる文書」を提出してもらう

　相続発生後，自筆証書遺言の効力に疑義が生じた場合，筆跡鑑定が行われることがある（P66「Column 9」参照）。

　筆跡鑑定に備えて，依頼者（＝遺言者）が書いた「日付と氏名」が記された

文書（過去１年以内が望ましい）を提出してもらい，遺言書といっしょに保管する。

(2)　「印鑑登録証明書」を提出してもらう

遺言書・封書・契印を実印で押印した場合は，印鑑登録証明書を提出してもらい，遺言書といっしょに保管する。

(3)　遺言を書いている状況を録画する

依頼者が遺言を書いている状況を録画する。「氏名」「作成年月日」（遺言書に記載した日付）および「遺言を書いた動機・感想」をインタビューして録画すると，より一層信ぴょう性を高めることができる。

4-3.　業 務 完 了

依頼者（＝遺言者）に遺言書および収集・作成した書類を納品して業務が完了する。なお，納品時に依頼者の状況に応じた「自筆証書遺言の保管方法」を指導すること（P 116「ここが**実務のポイント⓰**」参照）。

事例 ⓬　　自筆証書遺言の納品リスト

No.		書　　類	内　　容
①		自筆証書遺言	封筒に「自筆証書遺言」と「印鑑登録証明書」を入れて封印する。
② 添付書類※案件に応じて	☐	遺言書の写し	自筆証書遺言の写しを２通取り，遺言者と行政書士が１通ずつ保管する。
	☐	印鑑登録証明書の写し	同上
	☐	戸籍謄本等	「相続関係説明図」を作成した場合
	☐	相続関係説明図	「この文書は，行政書士法第１条の２第１項に従って作成し，同法施行規則第９条第２項に基づき，次に記名押印する。」と記した上で，「作成年月日」「作成場所」「行政書士の氏名（または法人名）」を記載して職印を押印する。

提出する	☐	財産目録	・履歴事項全部証明書 ・通帳の写し ・固定資産税評価証明書
	☐	筆跡を証明する文書	・遺言書作成の過去1年以内に作成した「氏名」「年月日」が記載された文書
	☐	行政書士の連絡先(名刺)	・行政書士が遺言執行者に指定された場合
	☐	録画データ	・遺言書作成場面を撮影したデータを依頼者に転送する
	☐	その他	・ ・

事例 ⑬ 納品のイメージ

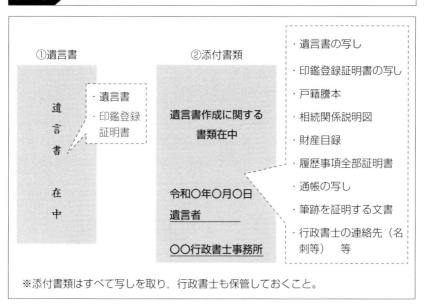

①遺言書

遺言書在中

・遺言書
・印鑑登録証明書

②添付書類

遺言書作成に関する書類在中

令和〇年〇月〇日

遺言者

〇〇行政書士事務所

・遺言書の写し
・印鑑登録証明書の写し
・戸籍謄本
・相続関係説明図
・財産目録
・履歴事項全部証明書
・通帳の写し
・筆跡を証明する文書
・行政書士の連絡先（名刺等）　等

※添付書類はすべて写しを取り，行政書士も保管しておくこと。

ここが実務の ポイント⓰　遺言書の保管方法〜遺言書保管所に保管しても
要注意！（P65「3-5.⑴⑤ロ」参照）

　遺言の効力が発生するのは，遺言者が死亡したときである（民985①）。
つまり，その時遺言者はこの世にいない。相続発生時に遺言書が発見され
なければ，遺産の承継は相続人間の協議（遺産分割協議）に委ねられてし
まう。したがって，遺言の保管方法が重要になる。

　遺言を確実に執行するには，遺言執行者が保管するのがよい。また，公
正証書遺言の場合は，正本を遺言執行者が，謄本を遺言者が保管する。

　いずれにしても，遺言の実現という観点で「だれが保管するのが最良
か」を熟慮して遺言者にアドバイスすること。

　また，遺言書保管所への保管も検討すること。ただし，遺言書を遺言書
保管所に預けても，遺言者の死亡後に，相続人，遺言執行者，受遺者等の
関係相続人等（保管9）に自動的に遺言書が保管されている旨の通知が届
くことはない。したがって，自筆証書遺言を遺言書保管所に預けた場合は，
遺言書が遺言書保管所に保管されていることを遺言執行者等の関係相続人
等に伝えておくことを忘れてはならない（注）。

　なお，貸金庫に預けてしまうと，遺言者死亡後に貸金庫の開扉や内容物
の持ち出しが困難になる場合がある（P130「**ここが実務のポイント⓭**」参
照）。したがって，貸金庫に預けないように伝えることも忘れてはならない。

（注）　平成30（2018）年6月26日に参議院法務委員会で「民法及び家事事件
　　　手続法の一部を改正する法律案」（改正相続法案）および「法務局における遺
　　　言書の保管等に関する法律案」（遺言書保管法案）の両法律案が可決された際
　　　に，「法務局における自筆証書遺言に係る遺言書の保管制度の実効性を確保す
　　　るため，遺言者の死亡届が提出された後，遺言書の存在が相続人，受遺者等
　　　に通知される仕組みを可及的速やかに構築すること。」と附帯決議が付され

た。

Column 14
遺言執行者に指定された場合のアフターフォロー

　行政書士が遺言執行者に指定されたら，遺言を速やかに執行するために遺言者の死亡をすぐに知ることが求められる。

　遺言者の家族など，遺言者が死亡したことをすぐに知る立場の者が遺言書の存在を知っていれば問題ない。しかし，家族に知らせずに作成したなどで，受任した行政書士しか知らない場合は要注意である。

　このような場合，何らかの方法で遺言者と定期的にコンタクトを取り遺言者の状態を把握するなど，アフターフォローが必要になる。

　遺言書は「残す」ことが目的ではない。遺言の内容を実現すること，すなわち「遺言を執行すること」が目的であることを忘れてはならない（P105「Column 13」参照）。

第5章 公正証書遺言の作成手順

受任後の，公正証書遺言の作成から業務完了までの流れを解説する。特に，遺言完成までの公証役場とのやりとりと作成当日に公証役場で行われることについて詳述する。

【第5章の俯瞰図】

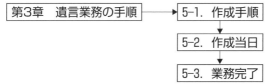

5-1. 作 成 手 順

以下の(1)から(6)の順序で作成する。

(1) 必要書類を収集する

P94「3-5.(6)」を参照のこと。

(2) 文案を作成する

聴き取りした内容と収集した資料を基に文案を作成する。

公正証書遺言は自筆証書遺言と違い，遺言者は遺言の内容を確認して署名・押印すればよい。つまり「自書するのは氏名だけ」である。

自書の負担が無いに等しいため，字数を気にしないで作成できる（P109「**事例⑨**」参照）。したがって，より確実に相談者の意思を実現するために，遺言の内容に応じて次の事項の記載を検討する。ただし，遺言能力に不安がある場合は，自筆証書遺言と同様，平易な内容にすること（P47「**3-2.(4)④**」参照）。

□祭祀主宰者の指定（民897①ただし書）

□予備的遺言（民994①，最判平23［2011］・2・22民集65巻2号699頁）

□予備の遺言執行者の指定（民1006①）

□遺言執行者の権利義務（民1012）

□遺言の執行の妨害行為の禁止（民1013）

□特定財産に関する遺言の執行（民1014）

□遺言執行者の行為の効果（民1015）

□遺言執行事務の復任権（民1016）

□遺言執行者が数人ある場合の任務の執行（民1017①ただし書）

□遺言執行者の報酬（民1018①ただし書）

□付言

事例 ⓮　公正証書遺言の文例

※　相続関係および遺言の主旨はP109「事例⑨」と同じ

令和○年第○号

遺言公正証書

　本公証人は，遺言者高田忠夫の嘱託により，証人竹之内豊，証人北川一彦の立会いのもとに，遺言者の口授した遺言の趣旨を次のとおり筆記して，この証書を作成する。

第1条　遺言者は，遺言者所有の下記不動産を，遺言者の妻高田花子（昭和○年○月○日生）に相続させる。

記

　(1)　土地

　　　　所在　　　　　東京都国分寺市○○町○丁目

　　　　地番　　　　　○番○○

          地目　　　　宅地

          地積　　　　○○○．○○平方メートル

  (2)　建物

          所在　　　　東京都国分寺市○○町○丁目○番地○○

          家屋番号　　○番○○

          種類　　　　居宅

          構造　　　　軽量鉄骨造メッキ鋼板葺2階建

          床面積　1階　○○．○○平方メートル

          　　　　2階　○○．○○平方メートル

第2条　遺言者は，税経銀行国分寺支店に預託してある預金債権の全部を，遺言者の長男高田正宏（昭和○年○月○日生）に相続させる。

第3条　遺言者は，遺言者の二男高田正伸（昭和○年○月○日生）に遺言者所有のすべての株式を相続させる。

第4条　遺言者は，金弐千万円を遺言者の孫高田正一（平成○年○月○日生）に遺贈する。

第5条　遺言者は，第1条乃至第4条を除く遺言者所有のその他すべての財産を，長男高田正宏に相続させる。

第6条　遺言者は，祖先の祭祀を主宰すべき者として，長男高田正宏を指定する。　　★祭祀主宰者の指定（民897①ただし書）

第7条　遺言者は，遺言者の妻高田花子が遺言者より先に死亡した場合は，第1条の不動産を長男高田正宏に相続させる。

　　★予備的遺言（民994）

第8条　遺言者は，本遺言の遺言執行者として，遺言者の長男高田正宏を，同人に差支えあるときは次の者を指定する。

東京都□□市□□町□丁目□番□号

行政書士　　竹之内豊

　　　　　　昭和□□年□月□□日生

　なお，上記遺言執行者らは，それぞれ単独で本遺言を執行すること

ができる。

★**遺言執行者の指定**（民1006①）

★**予備の遺言執行者の指定**（民1006①）

★**遺言執行者が数人ある場合の任務の執行**（民1017①ただし書）

2．遺言執行者は，税経銀行国分寺支店の貸金庫（番号：××－××）を単独で開披・名義変更及び解約，預貯金・投資信託の解約・払戻し・新規口座の設定・相続人への名義変更，動産その他財産の売却等の処分（廃棄を含む），債務・費用の支払いなど，本遺言の内容を実現するため，本遺言の執行に必要な一切の行為をする権利義務を有する。なお，遺言執行者が就職した場合は，相続人は，相続財産の処分その他本遺言の執行を妨げるべき行為をすることができない。

★**遺言執行者の任務の開始**（民1007①）

★**遺言執行者の権利義務**（<u>民1012①</u>）

★**遺言執行の妨害行為の禁止**（<u>民1013</u>）

★**特定財産に関する遺言の執行**（<u>民1014</u>）

★**遺言執行者の職務として貸金庫の開扉を明示する**

3．遺言執行者は，必要がある場合には，第三者に遺言執行事務を委託することができる。委託された第三者は，その委託事務の処理について，遺言執行者と同一の権限を有する。

★**遺言執行者の復任権**（<u>民1016①</u>）

4．竹之内豊が遺言執行者となる場合の報酬は，高田正宏と協議の上，決めるものとする。

★**遺言執行者の報酬**（民1018①ただし書）

付言事項

家族には感謝している。この遺言書が私の死後，速やかに執行されることを願う。

★**必要に応じて付言を添える**（P84「3-5⑵⑧イ」，P85「事例⑤」参照）

本旨外要件

東京都国分寺市○○町○丁目○番地の○

無職

遺言者　高田忠夫

昭和○年○月○日生

上記は，印鑑登録証明書の提出により，人違いでないことを証明させた。

東京都□□市□□町□丁目□番□号

行政書士

証人　竹之内豊

昭和□□年□月□□日生

千葉県△△市△△町△丁目△番△号

税理士　北川一彦

昭和△△年△月△△日生

　★相続税の申告が予則されるため，証人にパートナーの税理士を選定した。

以上，遺言者及び証人に読み聞かせたところ，各自筆記の正確なことを承認して，次に署名押印する。

> 遺言者，証人2名が署名・印を押す。
> 遺言者は「実印」を押すが，証人は認印，職印等でもよい。

高田忠夫　

竹之内豊

北川一彦　

この証書は，民法第969条第1号ないし第4号の方式に従って作成し，同条第5号に基づき，次に署名押印する。

　令和○年○月○日　本職役場において。

東京都○○区○○町○丁目○番○号

東京法務局所属

公証人　　**川村　公人**　㊞

> 公証人が，署名し，職印を押す

※　P109「**事例⑨**」との違いを確認すること。

※　遺言執行については，P203「**第7章**」を参照のこと。

(3)　公証役場に予約を入れる

　予約を入れてから通常1週間程で公証人と打合せができる（ただし，依頼者が病気等で緊急を要する場合は公証人にその旨を伝えて，至急打合せを行うこと）。

　全国どこの公証役場でも作成は可能である。ただし，遺言者の自宅や入院先の病院等に公証人に出張を依頼する場合は，出張先の都道府県の公証役場でなければならない。（下記「**ここが実務のポイント⓱**」参照）。

ここが実務のポイント⓱　　**公証人の「職務の管轄」を知る**

　公証人は原則として開設した事務所内で職務を行うが（公証18②），遺言者が，入院している病院や療養している自宅で公正証書遺言の作成を希望する場合は，公証役場以外で執務を行うことができる（公証18②ただし書）。

　ただし，公証人は，自己が所属する法務局・地方法務局の管轄区域外で職務を行うことはできない（公証17）。

　一方，管轄区域外に居住する嘱託人（＝遺言者）が，自分が居住している以外の管轄地にある公証役場で公正証書を作成することはできる。

　したがって，たとえば，埼玉県に居住する者が東京都内の公証役場に出向いて公正証書遺言を作成することはできるが，東京都内の公証役場の公証人が埼玉県にある遺言者の自宅等に出張して公正証書遺言を作成することはできない。

　このように，公証役場の選定は，公証人の職務の管轄を念頭に入れる必要がある。

⑷　公証人と打合せをする

　作成した「相続関係説明図」「文案」（P 98「**事例⑦**」・P 120「**事例⑭**」参照）「聴き取り項目チェックシート」（P 87「**図表24**」参照）および「収集した書類」（P 94「**3-5.⑹**」参照）を提出する。そして次の事項を公証人に報告して文案を検討する。

公証人への報告事項
□遺言者の心身の状態（遺言能力の程度（民963），出張の有無について）
□遺言を残すに至った経緯・動機
□証人の候補者の有無
□今後のスケジュール（希望する作成の日時等）　等

⑸　公証人から文案・費用が提示される

　打合せ後，1週間程で公証役場から文案と費用の見積が提出される。提出手段はメールまたはファックスである。文案の確認ポイントは次のとおり。

> 【図表31】公証役場の文案チェックポイント

☐遺言者の意思が反映されているか

☐自分の文案との相違点

☐遺言者，相続人，受遺者，遺言執行者，証人の住所・氏名・生年月日

☐土地・建物が履歴事項全部証明書のとおり記載されているか

☐金融機関名・預金の種類・口座番号

☐貸金庫がある銀行名・支店名

※　疑問点は公証人に質問すること。

※　修正がある場合は公証役場に指摘して，修正後の原稿を再確認する。

(6)　依頼者に公証役場の文案を提示する

　公証役場から提出された文案に特段問題がなければ，文案を依頼者に提示して最終的な意思を確認する。

　なお，原則として，直接会うかもしくはオンラインで説明すること。メールやファックスで済ますと，遺言書作成当日に依頼者から疑義が出されて作成が中止になることがある。

　この時点で遺言者の希望が変わったら，文案を作成し直して再度公証人に提示する。

　そして，遺言の内容が最終的に決まったら，次の事項を決め，依頼者に指示する。

> 【図表32】遺言の内容が確定したら決めること・指示すること

☐作成日時を決める

　依頼者，公証人，証人の三者の予定を確認・調整して作成日時を決める

☐作成当日の持ち物を指示する

　依頼者の負担を減らすため，公証人手数料と印鑑登録証明書を作成日前に預かり，当日持参するのは「実印」と「補助証明書」のみにするのが望

> ましい。

なお，依頼者が安心して作成に臨めるようにするために，依頼者に公正証書遺言作成当日の「作成手順」を説明しておくこと（下記「5-2.(1)参照」）。

5-2. 作成当日

依頼者はたいてい待ち合せ時間より早く到着しているので，20～30分前に到着しておくこと。公証役場には，通常，待機できるスペースがあるので，待ち合わせ場所は公証役場がよい。

ただし，依頼者が公証役場に行くのに不安を感じているようなら，依頼者の自宅や最寄り駅等で待ち合わせて，公証役場まで同行するのが望ましい。

作成当日の「作成手順」および「作成後の留意点」は次のとおりである。

(1) 作成手順

作成当日に公証役場で行われる手順を紹介する。

▶【図表33】公正証書遺言の作成手順

> ① 公証人が遺言者に，氏名・生年月日・住所・職業を質問する
>   ～遺言者の本人確認
> ② 公証人が証人2名に，氏名・生年月日・住所・職業を質問する
>   ～証人の本人確認（民969一）
> ③ 公証人が遺言者に，遺言の内容を質問する
>   ～遺言者の遺言能力の有無および自分の意思で遺言を残すかの確認
>   （民963・969二）
> ④ 公証人が遺言者と証人に，事前に用意しておいた遺言書を配布して，
>   読んで聞かせる（民969三，P 373「最判平16［2004］・6・8金法1721号44頁」
>   参照）

⑤　遺言者と証人が，公正証書遺言の内容が正確なことを承認した後，公正証書遺言に各自署名をして印（遺言者は「実印」，証人は「認印」または「職印」でも可）を押す（民969四）(注1)。

⑥　公証人が「この証書は，民法第969条第1号ないし第4号の方式に従って作成し，同条第5号に基づき，次に署名押印する」と付記して，署名し，印を押す（民969五）。

以上で公正証書遺言が完成する。続いて

⑦　公証役場から遺言者に「正本」と「謄本」が交付される(注2)。なお，「原本」（遺言者，証人2名および公証人が署名・押印した証書）は，公証役場に保管される(注3)

⑧　最後に，公証役場に手数料を「現金」で支払う(注4)

（注1）　遺言者が病気等で署名できない場合は，公証人がその事由を公正証書遺言に付記して，署名に代えることができる。その場合は，あらかじめ公証人に伝えておくこと（民969四ただし書，P374「東京高判平12［2000］6・27判時1739号67頁，P374「最判昭37［1962］・6・8民集16巻7号1293頁」参照）。

公証人

証人2名

依頼者（＝遺言者）

※　公正証書遺言の作成現場のイメージ

> **(注2)** 正本と謄本の法的効果に違いはない。
>
> **(注3)** 原本の保存期間は20年間である（公証規27①一）。ただし，遺言や任意後見契約など保存期間の満了した後も保存の必要があるものについては，その事由のある期間保存しなければならないとされている（公証規27③）。そのため，保存期間を遺言者が120歳になるまでとしている公証役場もある。
>
> **(注4)** 手数料はあらかじめ公証役場から提示される。事前に「印鑑登録証明書」とともに遺言者から手数料を預かっておくと，遺言者は作成当日「実印」と運転免許証等の「補助証明書」だけ持参すれば済む。

(2) 作成完了後の留意点

作成が終わったら，その場で行政書士が次の事項を依頼者に説明する。

① 「正本」「謄本」の保管方法

依頼者の実情に合った保管方法を指示する。依頼者の中には，自分が死亡した時点で，公証役場が遺言執行者に公正証書遺言を作成した事実を通知すると思っている者がいるが，そのような制度は現時点では設けられていない（P 116「ここが実務のポイント⓰」参照）。つまり，たとえ公正証書遺言を残しても，その存在が遺言執行者等に知られずに執行されないおそれがある。したがって，公正証書遺言の保管は遺言者以外の者に委ね，なおかつ，その保管者は依頼者の死亡を直ちに知る立場の者でなければならない。一般的には，遺言執行者が「正本」を，遺言者が「謄本」を保管する。

なお，依頼者に「貸金庫に預けるのは避けるように」と助言すること。開披するのには銀行から相続人全員の署名押印を要求されるおそれがあるからである（P 130「ここが実務のポイント⓲」参照）。

② 「撤回」について

依頼者に，遺言者は，いつでも，遺言の方式に従って，その遺言の全部又は一部を撤回することができること（民1022，P 49「3-2. (4)⑥」参照）および遺言者の死後に複数の遺言が出てくるとトラブルになることを伝える（P 66「Column 9」参照）。

　なお，遺言を撤回したいときは，受任した行政書士または作成した公証役場に連絡して，新たに公正証書遺言を作成するように伝える。

事例 ⑮　遺言の撤回の文例

第1条　遺言者は，本日以前に作成した遺言のすべてを撤回する。

（以下省略）

ここが実務の
ポイント⑱　　貸金庫契約の法的性質

　貸金庫契約の法的性質は判例上「当該貸金庫の場所（空間）の賃貸借である」とされている（最判平11［1999］・11・29民集53巻8号1926頁参照）。そのため，貸金庫契約の契約者が死亡しても，その性質上，貸金庫契約は当然には終了しない。貸金庫契約上の地位（貸金庫の賃借権）は被相続人の権利義務の一つとして相続人に承継されるからである。

　したがって，貸金庫の使用権を特定の者に相続させまたは遺贈する場合は，その旨を遺言に記載する必要がある。その場合は，契約書を基に，銀行名・支店名・番号等を明記して特定できるようにしておくこと。

　また，遺言を執行する際に，貸金庫の開扉を円滑に行うために，遺言執行者の職務として「貸金庫の開扉」を明示しておくことも有益である。その際も，貸金庫を特定できるようにしておくことが望ましい（P120「事例⑭」第8条2項参照）。

5-3. 業 務 完 了

　業務が完了したら，公正証書遺言の「正本」「謄本」（行政書士が遺言執行者として「正本」を預かる場合は，「謄本」）および作成・収集した書類を一式封筒に入れて依頼者に納品する。その場合，納品リストを作成し添付すること。

▶【図表34】納品リスト

１．公正証書遺言
　□正本
　□謄本

２．添付種類
　(1) 作成した文書
　□相続関係説明図
　□財産目録
　　※依頼者が提出した「預金通帳の写し」等を添付する。

　(2) 収集した書類
　□戸籍謄本等
　□住民票の写し
　□履歴事項全部証明書
　□固定資産税納税通知書（固定資産税評価証明書）
　□印鑑登録証明書（写し）

３．その他
　□行政書士の連絡先がわかる書類（名刺等）

Column 15

「馴染みの公証役場」を持つ

　公証人によって遺言に対する考え方や遺言書の形式は当然異なる。何回か同じ公証役場で公正証書遺言を作成すると，公証人と阿吽の呼吸で仕事ができるようになり，効率よく業務を遂行できる。また，依頼者は公正証書遺言作成当日に行政書士と公証人が親しく会話する姿を見ると安心する。

　「この公証人とは仕事がやりやすい」と感じたら，依頼者の事情および職務の管轄（P124「**ここが実務のポイント❼**」参照）が許す限り，同じ公証役場の利用をお勧めする。

相続業務の手順　その１・遺産分割業務
（遺産分割協議書の作成から銀行手続まで）

相続業務の受任に必要な「心得」と「面談」「報酬請求」「受任」「実務」の一連の流れを，行政書士が相談を受けることが多い遺産分割協議書の作成とそれに伴う銀行手続を中心に解説する。

相続業務の全体の流れを把握することで，相談者に面談の場で問題解決までの道筋（＝ロードマップ）を提示できるようになる。その結果，受任率を高めて満足行く報酬を得ることができる。

【第6章の俯瞰図】

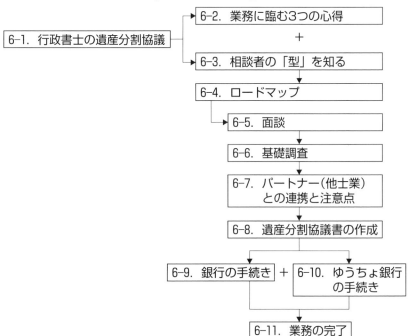

6-1.　行政書士の遺産分割業務

「権利義務に関する書類」として「遺産分割協議書」「遺言執行者就職通知書」等の書類を作成する。また，「事実証明に関する書類」として遺産分割協議書等の作成に必要な「相続関係説明図」「財産目録」等を作成する（行書1の2①）。

なお，これらの書類の作成について相談に応じることも当然業務に含まれる（行書1の3①四）。

▶【図表35】行政書士の遺産分割業務

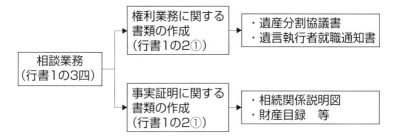

6-2.　業務に臨む3つの心得

⑴　スピードを重視する

相続業務が停滞すると，その間相続人に相続財産が継承されない。また，遺産分割協議の当初は合意形成に意欲的だった相続人が，時間の経過とともに他の相続人に疑心暗鬼を深めて紛争状態に陥る危険が高くなる。

このような事態を未然に防ぐために，相続業務を受任したら，直ちに「基礎調査」（P166「6-6」参照）に着手し，相続人を遺産分割協議の成立に導くように務めなければならない。

ここが実務の
ポイント⓳

依頼者を動かさない

　相続手続はスピードが命である。受任したときは共同相続人間の雰囲気が平穏でも，しばらくすると疑心暗鬼が生じて不穏な空気に変わることがままある。

　そこで，手続きに必要な戸籍謄本等の収集を依頼者に任せず受任者である行政書士が職務上請求書を活用するなどして，業務が短期間で完了するように努めること（職務上請求書の使用についてはP99「Column 12」参照）。

　一方，依頼者を官公署に行かせて戸籍謄本などを請求させるような "依頼者を動かす" ことをしてしまうと，たいてい入手に手間取って業務が滞り，その間に相続人間で紛争状態に陥る危険が高くなる。

　このように，「依頼者を動かさない」ことは相続手続の鉄則である（P28「2-1. (2)」参照）。

(2)　「業際」に注意する

　行政書士法1条の2第2項では「行政書士は，前項（1条の2第1項）の書類の作成であつても，その業務を行うことが他の法律において制限されているものについては，業務を行うことができない」としている。したがって，遺産分割協議において，相続人間に調停・訴訟の因をなす紛争状態があれば，行政書士は介入できない（P32「2-2. (2)」参照）。

　そのため，面談の場で必ず相続人間の状況（現時点での紛争の有無および紛争が起きる懸念材料の有無）を必ず確認すること。

ここが実務のポイント⓴　業際問題を抑止して，しかも「身を守る」一言

　面談の時には「我が家はもめごととは無縁です」と言っていたのに，いざ遺産分割の協議を始めると，相続人の配偶者などのいわゆる"外野"が口を出すなどして紛争状態になることはままある。

　面談で業際を説明した上で，「紛争状態になったら行政書士法により業務を継続することができません。したがって，そのような状況になった場合はやむを得ず辞任します」というように「もめたら辞任する」とハッキリ相談者に宣言しておくこと。

　この一言は，共同相続人に「もめたら，厄介なことになる」と悟らせるので，相続人間の紛争を抑止する。しかも，行政書士に紛争状態になったら速やかに辞任できるという身を守る"出口"も与える。

　反対に，面談で業際の説明を怠ると，業務の途中で相続人間に紛争が発生してしまった場合に，その時点で辞任しようとしても，相続人代表者（＝依頼者）から「今さら見捨てるのですか！」といったような言葉を浴びせられてしまい，辞任する機会を逸してズルズルと紛争に介入して，業際違反を犯してしまうおそれがある。

　このように，遺産分割業務は紛争と背中合わせなので，面談で業際について説明することは重要である。

(3)　依頼者に経過を適宜報告する

　相続関係が複雑，海外に居住している相続人がいる，相続財産が多種あるなどの理由で相続手続が長期化することがある。

　面談での聴き取りや基礎調査で，業務の長期化を予測したら，直ちにその旨を相続人代表者に通知する。そして業務遂行中には進捗状況を適宜報告する。そうすれば，依頼者と信頼関係を維持しながら業務を円滑に遂行できる。

　なお，諸事情により，遺産分割協議の長期化が見込まれる場合は，「遺産分割前における預貯金の払戻制度」の活用（民909の2）も検討すること（P 254「9-2-2」参照）。

　行政書士が業務を滞りなく遂行していても，長期間連絡がないと，依頼者は「仕事が遅い」と行政書士に不満を募らせる。依頼者を「放置しない」ように十分注意すること（P 28「2-1.(3)」参照）。

Column 16

手間をかける

　相続業務では，依頼者と書類のやり取りを頻繁に行う。その中には「委任状」のように依頼者が署名押印して返信する書類もある。そこで，返信が必要な書類を送るときには，送り先（行政書士の事務所）を記入して切手を貼付した「返信用封筒」を同封すること。

　また，依頼者が行政書士から送られてきた書類を確認しやすくするために，「同封した書類のリスト」を記載した「送り状」を添える。さらに，依頼者が返信する書類には「書類の到着希望日」を明記する。そして，到着希望日を経過しても書類が届かなければ直ちに催促する。なお，返信用にレターパックを使用して，その追跡番号を控えておけば，ゆうちょ銀行のホームページで発送状況を確認することができる。

　一日でも早く相続財産を継承させるには依頼者の協力が不可欠である。そのためには，このような「ちょっとした手間」をかけて，依頼者の

負担を軽減するのがポイントである。

6-3.　相談者の「型」を知る

　相談者の「型」（特徴）を知れば，面談中に相談者の対応をイメージできるので，余裕を持って面談に臨める。以下，典型的な相談者像を紹介する。

(1)　時間優先型
①　平日に休みを取得できない人
　仕事等の都合で平日休んで相続手続の窓口（市区町村役場，法務局，銀行等）に行くことができない人。

②　時間を大切にする人
　慣れない手続きで時間を浪費したくない人。

(2)　呆　然　型
　被相続人の前婚のときの子や認知した子など，戸籍を調べて「見知らぬ相続人」が発覚して呆然としている人。

(3)　疲労困ぱい型
①　金融機関の手続きに屈した人
　銀行の窓口で書類の不備を何度も指摘されて，手続きが一向に進まない人。

②　戸籍の取得でつまずいた人
　戸籍の見方や請求先がわからない等で戸籍を集めることを断念した人。

⑷ アドバイザー型

専門家のアドバイスを受けながら，円満に遺産分割協議を進めたい人。

6-4. ロードマップ

面談から業務完了までの進行は次のとおり。

▶【図表36】遺産分割協議のロードマップ

面　談
（P141「**6-5**」
参照）

(1) 説明
(2) 聴き取り
(3) ロードマップの提示
(4) 手数料の説明
(5) 受任
(6) 提出書類の指示

基礎調査
（P166「**6-6**」
参照）

(1) 相続人調査（相続人の範囲の確定）
(2) 相続財産調査（相続財産の範囲と
　　評価の確定）
(3) 遺言調査（遺言の有無）

必要書類の収集
（戸籍謄本，登記簿謄本等）

遺産分割協議書の作成
（P179「**6-8**」参照）

(1) 財産目録の作成
(2) 相続関係説明図の作成
(3) 遺産分割協議書の文案の作成
(4) 調査報告・遺産分割協議書（文案）の説明
(5) 相続人で協議（合意）
(6) 遺産分割協議書の作成
(7) 遺産分割協議書の完成
(8) 相続手続の必要書類を回収

他士業との連携
（P177「**6-7**」参照）
司法書士（相続登記）
税理士（相続税）

銀行の手続き
（P192「**6-9**」参照）

(1) 預金者（被相続人）の死亡を通知する
(2) 第1回銀行訪問（「相続届」を入手して「残高証明書」を請求する）
(3) 遺産分割協議成立後，相続人代表者に「遺産分割協議書」「相続届」を渡す
(4) 相続手続に必要な書類をそろえる
(5) 第2回銀行訪問（銀行に(4)の書類を提出する）
(6) 指定した口座に払戻しされる

業務完了
（P200「**6-11**」参照）

(1) 費用の清算
(2) 書類の納品

6-5. 面　　談

　面談は「受任できるか否か」が決まる重要な場である（P14「1-3」参照）。

　ここでは遺言業務と同様に，面談で行われる「説明事項」「聴き取り項目」「ロードマップの提示」「手数料の説明」「受任」そして「提出書類の提示」について解説する。

　なお，通常相続人の代表者（以下「相続人代表者」という）と打合せを行い，各相続人とは相続人代表者を通じて連絡・書類のやり取りを行なう。

▶【図表37】「行政書士」「相続人代表者」「相続人」　との関係

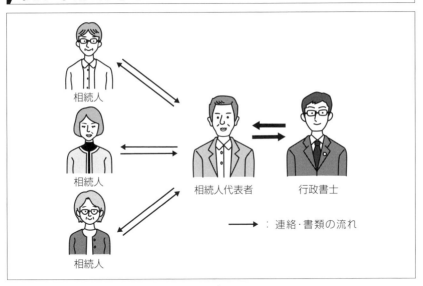

(1) 説明事項

　面談で相談者に説明する事項は以下のとおりである。該当個所を基本書で確認してから面談に臨むこと。

① 相続の基本原則

P 56「**3-5.**(1)①」参照。

ここが実務の
ポイント㉑
香典の扱い

　香典は，死者への弔意，遺族へのなぐさめ，葬祭費用など遺族の経済的負担の軽減などを目的とする，祭祀主宰者や遺族への贈与である。したがって相続財産には含まれないと解される。

　香典は，一般的には，次の順序で用いられる。

① 葬祭費用に充当する

② 余りがあれば，祭祀主宰者が以後の供養・祭祀などに充当する

---

② 相続の選択

　相続者にまず，「相続選択の自由」を説明する。次に「単純承認」「限定承認」「相続放棄」のいずれを選択するか確認する。なお「限定承認」「相続放棄」には「熟慮期間」があることに十分注意すること。

　イ）相続選択の自由

　民法は，相続開始により被相続人の財産は包括的に相続人に承継されるという包括承継主義をとりながら（民896），他方で「単純承認」「限定承認」「相続放棄」のいずれかを選択できるようにして，相続について選択の自由を保障している（『二宮』P 330参照）。

　ロ）熟 慮 期 間

　民法は相続人に，相続の選択をするために，相続財産の状況を調査して損得を考え「単純」「限定」「放棄」のいずれかの選択をする期間を与えている。この期間のことを「熟慮期間」という。

　民法は熟慮期間を「自己のために相続の開始があったことを知ったとき」から起算して３か月以内と定めている（民915①）。

　なお，調査のために熟慮期間の延長（伸長）が必要であれば，その旨を家庭裁判所に申し立てて伸長することができる（民915①ただし書）

【図表38】相続選択の３形態（「単純」「限定」「放棄」）

選択の種類 （条文）	意義・効果	手続き等
単純承認 （民920・921）	相続人は，一身専属的な権利（P58「**3-5.**(1)①ハ」参照）を除いて，被相続人の一切の権利義務を包括的に承継する（民896）。 したがって，被相続人に借金があれば，相続人は自己固有の財産で弁済しなければならない。	申述や届出などの方式はない。次の①～③の一定の事由がある場合に，当然に単純承認をしたものとみなされる。 ①　相続財産の全部または一部の処分 ②　熟慮期間の経過（「自己のために相続の開始があったことを知ったとき」から起算して３か月以内に限定承認や相続放棄をしない） ③　背信的行為（相続人が限定承認や放棄をした後で，相続財産の全部または一部を隠匿し，私にこれを消費し，または悪意でこれを財産目録に記載しない）
限定承認 （民922～937）	相続した財産の範囲内で被相続人の債務を弁済し，余りがあれば，相続できるという合理的な制度。 しかし，手続きが煩雑で，しかも相続人全員で行わなければならないなどの条件のため，ほとんど利用されていない。 限定承認者は，相続財産・相続債務を承継するが，債務については，相続財産の限度で責任を負う。	①　熟慮期間内に財産目録を調整する。 ②　相続人全員で家庭裁判所に限定承認の申述をする。 ③　債権者に債権の申出を催促するなどの手続きを経て，清算手続を行う。

相続放棄 **(注)** （民938～940）	相続人が相続開始による包括承継の効果を全面的に拒否する意思表示である。 相続放棄をした者は「初めから」相続人にならなかったものとみなされる。 したがって，代襲相続原因にならない（P57「**3-5.**(1)①ロ)」・P168「**図表44**」参照）。	熟慮期間内に家庭裁判所にその旨を申述する。 家庭裁判所が相続放棄の申述を受理した場合，申述人は，家庭裁判所が相続放棄の申述を受理した証明書として，「相続放棄申述受理証明書」の交付を受けることができる。

(注)　相続放棄と似て非なるものとして「相続分の放棄」と「相続分の譲渡」があるので注意を要する（P438「**14-2**」参照）。

ここが実務のポイント㉒　　**相続放棄の起算点の"落とし穴"**

　次の2つのケースでは，相続放棄の熟慮期間の起算点に注意する。

	ケース	注　意　点
①	相続人が承認または放棄をしない間に死亡したとき	その者の相続人が前相続人の承認・放棄の権利を承継する。この場合の熟慮期間は，後の相続人が自己のために相続の開始を知ったときから起算する（民916）。
②	相続人が未成年者または成年被後見人である場合	その者の法定代理人がこれらの者のために相続の開始を知ったときから起算する（民917）。なお，この場合，利益相反により特別代理人の選任が求められることもある（民826）。

---

③　遺 産 分 割

イ）遺産分割の意義

　遺産分割は，共同相続における遺産の共有関係を解消し，遺産を構成する個々の財産を各相続人に配分して，それらを各相続人の単独所有に還元するものである。その手続きが遺産分割である。

　民法は，「遺産分割の基準」として，「遺産の分割は，遺産に属する物又は権

利の種類及び性質，各相続人の年齢，職業，心身の状態及び生活の状況その他一切の事情を考慮してこれをする。」としている（民906）。

　また，共同相続人は分割禁止の遺言（民908）のない限り，いつでも協議で遺産の全部または一部の分割ができること（民907①），協議不調のとき，または協議をすることができないときは，各共同相続人は，その全部または一部の分割を家庭裁判所に請求することができることを定めている（民907②）。

ロ）遺産分割の対象

　マイナス財産（借金，債務等）は，遺産分割の対象にはならず，相続開始と同時に当然分割されて，法定相続分により各相続人が負担する。具体的にだれがどれだけ相続するかは，債権者との協議に委ねられる。

ハ）遺産分割の方法（「現物」「換価」「代償」「共有」）

　遺産分割の方法は，以下の４つがある。１つの方法で行うこともあれば，複数の方法を活用して行うこともある。

▶【図表39】遺産分割の４つの方法

方　法	内　　　容
現物分割	現物をそのまま配分する方法。 遺産を共同相続人に現実に分けて分割するものであり，たとえば遺産が土地であれば，分筆するなどして分割する。
換価分割	遺産の中の個々の財産を売却し，その代金を配分する方法。
代償分割	現物を特定の者が取得し，取得者は他の相続人にその具体的相続分に応じた金銭を支払う方法。 分割協議で代償金の支払を約束した相続人が，約束を破って支払をしないこともあり得るので，代償金を受ける相続人はリスクが伴う。したがって，代償分割を選択する前提条件として，現物を取得する相続人にその支払能力があることが必要である（P150「**ここが実務のポイント㉓**」，P356「**最決平12［2000］・９・７家月54巻６号66頁**」参照）。

共　有	共同相続人が，それぞれ共同所有の割合としての持分を有して一つの物を所有する方法。 上記３つの分割方法が困難なときに選択されることが多い。なお，共有は将来の相続を複雑にする原因になるおそれがある。

二）遺産分割自由の原則

「法律行為自由の原則」(注)に基づき，遺産分割の当事者全員の合意があれば，法定相続分や指定相続分に合致しない分割，被相続人の指定する遺産分割方法に反する分割も有効である。

したがって，遺産分割協議は法律や遺言者の意思より優先する（死者の意思は生者の意思を拘束することはできない）。

ホ）遺産分割の時期

遺産分割請求権は，共有物分割請求権と同じで消滅時効にかからない。したがって，共同相続人は，被相続人が遺言で禁じた場合（民908）を除き，いつでも，その協議で，遺産の全部または一部の分割を請求することができる（民907①）。

なお，遺産の分割について，共同相続人間に協議が調わないとき，または協議をすることができないときは，各協同相続人は，その全部または一部の分割を家庭裁判所に請求することができる（民907②）。

ヘ）特別受益・持戻し免除の意思表示の推定

共同相続人中に，被相続人から，遺贈を受け，または婚姻もしくは養子縁組のためもしくは生計の資本として贈与を受けた者があるときには，その遺贈・贈与を持ち戻して相続分を定める（民903①）。ただし，民法改正により，婚姻期間が20年以上の夫婦の一方である被相続人が，他の一方に対し，その居住用建物またはその敷地（居住用不動産）を遺贈または贈与したときは，持戻し免

(注) 法律行為（＝人が法的効果を発生させようとする行為）については，原則として，当事者の意図したとおりの効果が認められるという原則。

除の意思表示があったものと推定し，当該居住用不動産の価額を特別受益として扱わずに計算をすることができる（民903④，P252「**9-2-1**」参照）。

ト）寄与分・特別寄与者

　共同相続人中に，被相続人の事業に関する労務の提供または財産上の給付，被相続人の療養看護その他の方法により被相続人の財産の維持または増加に特別の寄与をした者があるときは，共同相続人の協議でこの者の寄与分を定め，協議が調わないとき，または協議ができないときは，寄与した者の請求により家庭裁判所が寄与分を定める（民904の2①②）。なお，寄与分では次の点に注意が必要である。

・寄与分が認められ得る者は「相続人」に限られる。
・「特別」の寄与であることが要件である。
・特別な寄与があっても，被相続人の財産の「維持」または「増加」がなければ，寄与分に該当しない。

　このように，寄与分は，相続人にのみ認められている（民904の2①）。このため，相続人ではない者，たとえば，「相続人の配偶者」が被相続人の療養看護に努め，被相続人の財産の維持または増加に寄与したとしても，遺産分割手続において寄与分を主張したり，何らかの財産の分配を請求したりすることはできず，不公平であるとの指摘がされていた。そこで，実質的公平を図る観点から，民法改正により，被相続人に対して無償で療養看護その他の労務の提供をしたことにより被相続人の財産の維持または増加について特別の寄与をした被相続人の親族（＝特別寄与者）は，相続の開始後，相続人に対し，特別寄与者の寄与に応じた額の金銭（＝特別寄与料）の支払を請求することができることとした（民1050，P290「**9-6**」参照）。

チ）遺産分割の効果

　現実の遺産分割は，遺産の共有状態が遺産分割によって各共同相続人の単独

所有または特定の共同相続人の共有に帰するというプロセスを経る。しかし，法的には，遺産分割の効果は相続開始に遡り，各相続人の権利義務は被相続人から直接承継されたものとして扱う（民909本文）。

④ 預金の凍結・遺産分割前の払戻制度

預金者の死亡を知った銀行は，死亡の登録を直ちに行う。その結果，被相続人の口座での支払・振込等が一切できなくなる（いわゆる"預金口座の凍結"）。

金融機関が預金口座を凍結する主な目的は，次の2点である。

---
① 相続預金が流出することによる二重払いの被害を防止するため
② 相続人が被相続人の印鑑やキャッシュカードで預金を払い戻すことによる相続預金の無制限の変動を防止するため

実際，預金が凍結されると，次のことができなくなる。

・各種公共料金の引落し
・賃料の振込
・住宅ローンの自動引き落とし　等

以上のようなことが起きると，相続人らに不都合な事態が生じる場合がある。したがって，面談で，預金口座凍結による不都合の有無を確認し，不都合が生じるようなら事前に対策を講じること。

たとえば，公共料金の引落しに関しては，不都合な事態が生じることを未然に防ぐために，一般的に次のような手続きを行う。

> ・被相続人と同居している者がいる場合は，その者が各窓口に連絡をして
> 　同居人の口座に変更する。
> ・被相続人が一人暮らしだった場合は，その不動産を取得する者が明らか
> 　であれば，取得する者の口座に変更する。

　なお，民法改正によって，各共同相続人は，遺産に属する預貯金債権のうち，各口座ごとに以下の計算式で求められる額（ただし，同一の金融機関に対する権利行使は，法務省令第29号で定める150万円を限度とする）までについては，他の共同相続人の同意がなくても単独で払戻しができることとなった。この場合において，当該権利の行使をした預貯金債権については，当該共同相続人が遺産の一部の分割によりこれを取得したものとみなす（民909の2）。

> 単独で払戻しできる金額＝(相続開始時の預貯金債権の額)×(3分の1)×
> (当該払戻しを求める共同相続人の法定相続分)

　葬儀費用，入院費等の支払のために，被相続人の凍結されてしまった口座から払戻しをする必要性が生じた場合は，この制度の活用も検討してみること（P254「**9-2-2**」参照)。

⑤　業　　　際

　紛争状態になった場合は，行政書士法により業務を継続できないことを伝えておくこと（行書1の2②・1の3①本文ただし書，P136「**ここが実務のポイント❷**」参照)。このことが，依頼者に「揉めたら（行政書士に）見放されてしまう」「揉めたら（弁護士に依頼したり裁判になって）時間と金がかかってしまう」と思わせる。そして，「できるだけ円満に話し合おう」と決意させる。

　このように，面談で業際を説明することが，紛争状態になった場合，速やかに辞任できるという"身を守る"ことと，紛争を抑止することにつながる。

ここが実務のポイント❷ 「代償分割」と「共有」のリスクを説明する

　代償分割を行う場合，代償金の支払は，原則として遺産分割協議の成立時に行う（同時履行の原則）。そうしないと，代償金を受け取る側は代償金未払というリスクを背負ってしまう（P356「**最判平12 [2000]・9・7家月54巻6号66頁**」参照）。

　代償分割を採用する場合は，そのリスクを相続人に説明して了承を得ること。それを怠って，代償金の未払が発生してしまったら，不利益を被った相続人から説明責任を問われるおそれがある。

　なお，何らかの事情で代償金の支払を遺産分割協議の成立時に行わない場合は，代償金を「〇年〇月〇日までに支払う」「金融機関の手続きがすべて完了した日から〇日以内に支払う」といったように，代償金の支払期日を遺産分割協議書に明記すること。

　また，遺産分割の方法で共有を選択するケースは，一次相続において「取りあえず」相続人間の共有にしておくといった「問題の先送り」として行われることがよくあるが，共有においては，各共有者は他の共有者の同意がなければ共有物に変更を加えることができない（民251）。さらに，共有者に相続が発生すると，一般的に共有者が増えていくことになる。その結果，二次相続の協議が一層困難になってしまうおそれがある。

　以上のように，代償分割と共有にはリスクが伴う。このことを依頼者に伝えておくことが相続人間および相続人と行政書士の間のトラブル防止につながる。

(2)　聴き取り項目

　相続業務で相談者から聴き取る情報は次のとおり。ここでの聴き取りは，受任後の業務の進行や費用の見積に影響を及ぼす。面談の段階で，必要な情報をもれなく聴き取るように努めたい。

①　遺言書の有無

　遺産分割の相談でも，「遺言は残されていませんか？」と遺言の有無を確認すること（P451「14-8」参照）。

②　被相続人

　P158図表41「聴き取り項目チェックシート」の項目

③　相　続　人

　P158図表41「聴き取り項目チェックシート」の項目

　なお，相続人に以下の者がいる場合は，遺産分割協議を行う前に家庭裁判所への申立て等を行わなければならない。そのため，一般的に遺産分割協議成立までに長期間を要する。したがって，相談者に遺産分割協議が長期化することを面談で伝えること。

イ）判断能力が精神上の障害により不十分な者

　遺産を分けるには，相続人全員で協議して，全員が合意した結果に基づき，遺産分割協議書を作成する。そして合意した証として，遺産分割協議書に全員が署名押印する。

　したがって，相続人の中に認知症等で判断能力が不十分な者がいたら，遺産分割協議を行うことができない。そこで本人に代わって協議に参加する者を選任するために，遺産分割協議を行う前に家庭裁判所に成年後見の申立てが必要になる。

　なお，成年後見人の職務は，遺産分割協議が成立した後も終了せず継続することに注意を要する。

ロ）被後見人

　後見人が被後見人との間でお互いの利益が相反する行為（＝利益相反行為）をするには，被後見人のために「特別代理人」を選任することを家庭裁判所に請求しなければならない（民826①・860）。たとえば，「被相続人の妻の後見人」に「被相続人の長男」が選任されている場合がこれに当たる。

　なお，後見監督人が選任されている場合は，後見監督人が被後見人を代理する。したがって，特別代理人を選任する必要はない（民860ただし書）。

ハ）未成年者

　親権者である父または母が，その子との間でお互いに利益が相反する行為（利益相反行為）をするには，子のために「特別代理人」を選任することを家庭裁判所に請求しなければならない。また，同一の親権に服する子の間で利益が相反する行為や，未成年後見人と未成年者の間の利益相反行為についても同様である（民826）。

　たとえば，被相続人の共同相続人である妻と未成年の子が行う遺産分割協議など，未成年者とその法定代理人の間で利害関係が衝突する行為が利益相反行為に当たる。

ニ）行方不明者

　遺産分割協議の前に「不在者財産管理人の選任」（民25①・103），「権限外行為許可の申立て」（民28），「失踪宣告の申立て」（民30）等を行わなければならない。

ホ）海外に居住している者

　書類の準備・受け渡し等で時間を要してしまう（P164「6-5.⑹②」参照）。

ヘ）見知らぬ相続人

被相続人が前婚で儲けた子と再婚後の妻子のように，相続人間でお互いに面識がないと感情的な問題が絡んで紛争に陥る危険性が高い。

ト）代襲相続人

代襲相続人のように被相続人との関係性が薄いと，相続人双方の間で意思の疎通を欠くなどが原因で，遺産分割の協議が難航する場合がある。

チ）印鑑登録していない者

遺産分割協議書はもちろん，金融機関の手続きもすべて実印で行う。書類に署名押印する段階で，相続人の中に印鑑登録をしていない者が判明すると，その者が印鑑登録証明書を取得するまで手続きが滞ってしまう。

このような事態を回避するために，受任したら，相続人の中に印鑑登録をしていない者がいたら直ちに登録手続を行うように相続人代表者に指示すること。

以上イ）〜チ）のような者が相続人の中にいると，相続人が原因で遺産分割協議の成立までに時間を要してしまうので，面談で共同相続人の中にこのような者がいないか確認すること。面談での確認を怠り，受任後に判明すると，ロードマップの修正等が必要になり，進行が大幅に遅れてしまう。また，面談時の見込みより手間がかかるので追加請求も発生する（同時に，追加請求を拒まれるリスクも発生する）。したがって，このような相続人が存在していたら，適切な対応・対策をした上で遺産分割協議を進めることになる。

次表に各相続人への対応・対策をまとめた。トラブルを未然に防ぐために活用頂きたい。

▶【図表40】遺産分割協議を長期化する相続人と対応・対策

	相　続　人	対応・対策
①	認知症等で精神上の障害により判断能力が不十分な者	成年後見制度を利用する。 判断能力の程度に応じて，「後見」「保佐」「補助」の3つの類型があり，その制度により家庭裁判所から選任された成年後見人，保佐人または補助人がその相続人に代わって，遺産分割協議に参加することになる。 ただし，保佐人や補助人が遺産分割の調停や協議を行うためには，遺産分割の調停や協議をすることについての代理権を与える旨の審判を家庭裁判所に申し立てる必要がある。
②	未成年者	未成年者の法定相続人である親権者が，その子に代わって遺産分割協議に参加することになる。 その親権者も相続人である場合は，子と親権者は利益相反の関係（親権者が多く取得する子との取得分がその分少なくなるという関係）にあることから，その親権者はその子のために，家庭裁判所に対して特別代理人（親権者に代わって未成年者を代理する者）の選任の申立てをする必要がある（民826）。
③	行方不明者	行方不明者のために，家庭裁判所に対して不在者財産管理人の選任の申立てをする（民25）。 そして，選任された不在者財産管理人がその行方不明者に代わって，遺産分割協議に参加する。ただし，不在者財産管理人が遺産分割の調停や協議を行うためには，家庭裁判所の許可が必要となる（民28）。
④	外国に在住している者	海外に居住している者には印鑑登録証明書に代わる証明書として，在外公館が発給する次の2つの書類を提出するように指示する。 ① 在留証明 ② 署名証明

⑤	印鑑登録していない者	遺産分割に係る書類（遺産分割協議書，銀行所定の相続届等）の押印には，実印（＝印鑑登録されている印鑑）で行う。そのため，印鑑登録をしていないと遺産分割協議の成立が遅れてしまう。 面談の際に，印鑑登録をしていない者がいないか相続人代表者に確認する。該当者がいる場合は，印鑑登録手続を直ちに行うように指示すること。 なお，押印された印影と印鑑登録証明書の印影が異なる場合があるので必ず確認すること。

③　相続財産

イ）不　動　産

不動産が所在する住所

ロ）金　融　資　産

通帳，カード，金融機関からの通知書等，被相続人の財産に関連すると思われる資料の有無を確認する。なお，金融機関からメールが着信していることがあるので，被相続人のパソコンやスマートフォンも調べるようにする。

ハ）そ　の　他

民法は，被相続人の一身に専属したものを除き，「相続人は，相続開始の時から，被相続人の財産に属した一切の権利義務を承継する」と定めている（民896）。したがって，所有権をはじめとする物権の他，債権，債務，無体財産権等，財産法上の法的地位といえるものであれば，すべて包括的に相続の対象となる。相続人代表者に質問して，遺産分割の対象と考えられるものを余すことなく聴取すること。

Column 17
相続人は単独で相続財産を調べることができる

　被相続人と同居していた等で，他の相続人と比べて遺産に関する情報
に優位な立場にある相談人代表者から，「相手（＝自分以外の相続人）は情
報が取れないのだから，すべての財産を開示する必要はないのではない
か（そうすれば，自分が取得する財産が増える）」と質問を受けることがある。
しかし，この考えは「甘い」と言わざるを得ない。

　相手（＝相続人）は「自分が相続人である」ことを証明する戸籍謄本と
身分証明書等を被相続人が口座を開設したと思われる金融機関に提出すれ
ば，残高証明書や取引明細書を取得できる。つまり，調べようと思えば単
独で調べることができる（P348「最判平21［2009］・1・22民集63巻1
号228頁」参照）。

　もし，相続人代表者から提出された財産目録と相手が自分で調査した内
容が異なれば，相続人間の信頼関係は崩壊して，一気に紛争状態になるお
それがある。

　したがって，相続人代表者からこのような相談があったら，「相続人は
単独で残高証明書を取得することができます」と助言をして，すべての遺
産を公開するように導くこと。

　なお，行政書士は，他人の依頼を受け報酬を得て，権利義務または事
実証明に関する書類を作成することを業とする（行書1の2）。したがって，
もし，相続人代表者からの要望に則った，事実に反する財産目録等を作成
した場合は，行政書士法10条（行政書士の責務）等により，処分を受ける
こともあり得る。なにより，行政書士は，依頼の趣旨が，目的，内容また
は方法において不正の疑いがある場合には，事件の受任を拒否しなければ
ならないことを忘れてはならない（行書倫15）。

④　遺産分割協議の進捗状況

　今後のスケジュールと業務の内容と範囲を確定するために，現時点での遺産分割協議の進捗状況を聴取する。

　実務では，相続人間で既に協議が調っていて遺産分割協議書を直ちに作成できるケースもあれば，これから協議を行うので，遺産分割協議の運営方法から相談を受けるケースもある。

　なお，この時点で，訴訟も視野に入れている等，相続人間で紛争状態の場合は，業際について説明した上で，相談の段階で業務を中止する，もしくはパートナーの弁護士を紹介するかのいずれかを検討する。

⑤　遺産分割の予定内容

　「どの財産」を「だれが」「どれだけ」取得する予定なのか聴取する。

【図表41】聴き取り項目チェックシート

(1)　被 相 続 人

氏名（フリガナ）	（　　　　　　　　　　　）
生年月日	明・大・昭・平・令　　　年　　　月　　　日
死亡年月日	昭・平・令　　　年　　　月　　　日
最後の住所地	
最後の本籍地	
遺言書	有・無

(2)　相 続 人

No	氏名（フリガナ）	続柄	備考(未成年者,意思能力,海外在住等)
①	（　　　　　）		
②	（　　　　　）		
③	（　　　　　）		
④	（　　　　　）		
⑤	（　　　　　）		

(3)　相続関係説明図 （P98「事例⑦」参照）

⑷　遺産分割案

種別	相続財産（「何を」）	取得者（「だれ」に）	取得分（「どれだけ」）
不動産	・ ・ ・ ・ ・	・ ・ ・ ・ ・	・ ・ ・ ・ ・
金融資産	・ ・ ・ ・ ・	・ ・ ・ ・ ・	・ ・ ・ ・ ・
その他の 財産	・ ・ ・	・ ・ ・	・ ・ ・
以上の他 の一切の 財産	その他一切の財産	・	全て

【備考】（業際問題の有無等）

(3)　ロードマップの提示

　受任から遺産分割協議成立までの道筋（＝ロードマップ）を相談者に提示する。

　ロードマップは，面談を行いながら記して，それを相談者に提示するのが理想的である。ただし自信がない場合は，事前に要点を書き出しておいて，それに面談で得た情報を書き加えて完成させても，もちろんよい。

事例 ⓰　ロードマップ

面談日：令和〇年〇月〇日

ロードマップ

遺産分割協議の成立および相続手続の完了までの道筋はおおよそ次のとおりです。

---

1. 本日（〇月〇日）〜
   ：受任＝「相続人の範囲」および「相続財産の範囲・評価」を確定するために，次の資料を官公署と金融機関に請求して取得します。
   (1)　「相続人の範囲」の調査
   ①　被相続人の出生から死亡までの戸籍謄本等
   ②　相続人の戸籍謄本等
   (2)　「相続財産の範囲と評価」の調査
   ①　不動産〜登記簿謄本，固定資産税評価証明書　等
   ②　預貯金〜残高証明書

---

2. 約1か月後（〇月〇日頃）
   ：次の書類をご提示します。
   (1)　相続関係説明図
   (2)　財産目録
   (3)　遺産分割協議書（案）

> 3. 約1か月半後（〇月〇日頃）
> 　：遺産分割協議の成立
> 　　～相続人全員から署名・押印（実印）を遺産分割協議書に頂き，印鑑登録
> 　　　証明書をご提出頂きます。

> 4. 約3か月後（〇月〇日頃）
> 　：相続手続完了
> 　　～遺産分割協議書の内容に基づいて，金融機関に対して相続預貯金の払戻
> 　　　手続および不動産の登記（司法書士）を完了させます。
>
> 　　　　　　　　　　　　　以上で遺産分割協議および相続手続が完了です。

ここが実務の ポイント㉔　ロードマップに余裕を見込む

　面談時には，遺産分割協議を遅滞させるような問題が見当たらなくて
も，遺産分割の最中に相続人間の関係が悪化したり，想定外の相続人が出
てきたりして，業務完了まで見込み以上に時間を要してしまうことがまま
ある。したがって，相談者には余裕を見込んだロードマップを提示してお
くとよい。そうすれば，順調に進めばロードマップで提示した業務完了日
より早く終わるし，想定外の事態が生じても大幅な業務遅滞を回避するこ
とができる。

---

(4)　手数料の提示

　聴き取りした内容を基に見積を提示する。

　相談者は「依頼する・しない」の判断に費用対効果を考慮する。そのため，
見積には，「透明性」と「明確な根拠」が求められる（P18「1-3.(4)」参照）。

　「透明性」のある見積にするには，次表の項目を見積書に入れること。

> **【図表42】相続業務の見積項目**

(1)　**手数料**
　・相談料
　・相続関係説明図の作成
　・財産目録の作成
　・遺産分割協議書の作成
　・遺産分割協議書作成に必要な戸籍謄本等の収集（1通当り〇円）
　・財産目録作成に必要な履歴事項全部証明書，固定資産税評価証明書等の収集（1通当り〇円）
　・相続手続（1金融機関当り〇円）　等
(2)　**経　費**
　・身分関係の証書（戸籍謄本等）
　・財産関係の証書（履歴事項全部証明書，固定資産税評価証明書等）
　・交通費
　・送料
　・複写代　等

　また「明確な根拠」を示す方法として次のように「業務に要する時間」（時給）に基づく算出がある。

　・相談（1回〇時間×〇回）
　・書類作成（書類作成に必要な調査に要する時間を含む）
　・相続手続（1金融機関当り〇時間×〇か所）

　前記のロードマップと並べて業務内容を列挙した見積を金額の根拠を説明しながら提示すれば，相談者は「依頼する・しない」が判断しやすくなる。

(5)　受　　任

　面談の段階では相続人間で遺産分割協議の成立に向けた合意形成の意思があっても，遺産分割協議の過程で調停・訴訟の因をなす紛争状態になることがある（P135「6-2.(2)」参照）。したがって，面談の冒頭で相談者に「業際」を

説明し，行政書士が「紛争が生じた」と判断した時点で辞任できる事項が明記されている委任契約を締結しておくべきである（P32「2-2.⑵」，P326「事例㉚」参照）。

> ### ここが実務のポイント㉕　受任したら委任状を渡す
>
> 　受任した時点で依頼者（＝相続人代表者）から「包括的委任」（P335「11-2.⑵①」参照），「特定の金融機関」（P336「11-2.⑵②」参照）および「固定資産税評価証明書」（P339「11-2.⑷」参照）に関する委任状を渡す。
>
> 　そして，速やかに署名押印（実印）し（「固定資産税評価証明書」は認印でも可），印鑑登録証明書とともに提出するように指示する。
>
> 　なお，切手が貼ってある返信用封筒もしくはレターパック（差出人および受取人を記載すること）もいっしょに渡すと依頼者の負担を軽減し速やかに委任状を入手できる（P137「Column 16」参照）。

⑹　提出書類の指示

　受任したら提出書類を指示する。銀行の通帳等，業務完了後返却するものは「預り証」を発行すること（P165「事例⑰」参照）。このことにより，「渡した」「預かっていない」のトラブルが防げる。

①　相続財産に関する書類

　手元にある書類を「そのままの状態」で提出するように指示する。依頼者が整理してから提出すると，たいてい入手するまで日数を要してしまうからである。

　提出された書類を，依頼者（＝相続人代表者）の面前で内容を確認しながら整理すれば，速やかな相続手続につながる。

【図表43】相続財産に関する提出書類

区　分	提出してもらう書類
不 動 産	固定資産税納税通知書，登記済権利証　等 ※履歴事項全部証明書等は行政書士が法務局に請求・取得すること
金融資産	通帳，カード，金融機関からの通知書（「ダイレクトメール」「株の配当金計算書の通知書」等）
そ の 他	・被相続人の財産と思われるすべての書類 ・相続人が葬儀費用，入院費等を立て替えた場合は，領収書またはその内容がわかるメモ

②　相続人全員の印鑑登録証明書

　遺産分割協議書をはじめ相続手続に関する書類には，すべて実印を押印する。そのため，相続人代表者に，相続人に「印鑑登録をしていない者」もしくは「海外に居住している者」の有無を確認すること。

　該当する相続人がいる場合は，相続人代表者に「印鑑登録をしていない者には直ちに印鑑登録をするように」，また「海外に居住している者には大使館・領事館で発行する『署名証明』『在留証明』を取得するように」と指示する（P195.「**図表52**」参照）。

　金融機関には発行日より「3か月以内」（金融機関によっては「6か月以内」）のものを提出する。

　早めに取得すると金融機関に提出するときに期限を過ぎてしまうことがある。相続人代表者に調査結果を報告するとき（P186「**6-8.**(4)」参照）に取得を指示すると期限切れを防ぐことができる。

　ただし，金融機関に残高証明書を請求する都合上，相続人代表者には，直ちに印鑑登録証明書を取得し提出するように指示を出すこと。そのため，相続人代表者には，「遺産分割協議の成立が長期化すると，改めて取得してもらうこ

事例 ⓱	預　り　証

預　り　証　　No.

令和　　年　　月　　日

東京都千代田区麹町３−２−１
エキスパートビル　321号

行政書士　竹之内　豊 印

℡03−3333−0123

下記のとおり正にお預かりしました。

適用	
	の件
・	
・	
・	
・	
・	
・	

備考
・返却予定日：

ともある」と事前に通知しておくとよい。

　なお，金融機関や法務局に提出した印鑑登録証明書は還付される。したがっ
て，１通取得すれば足りるが，念のため予備を含めて相続人１人当たり２〜３
通提出するように指示する。

6-6. 基礎調査

　基礎調査では「人」・「物・金」の確定を行う。すなわち，遺産分割協議の参加者である「相続人の範囲」と分割の対象である「相続財産の範囲と評価」の確定である。なお，相続人が希望すれば「遺言書の有無」の調査も行う。

(1)　相続人調査

　相続人代表者の了解を得た上で，職務上請求書で次の①②を役所に請求し，相続人の範囲を確定する。

> ①　被相続人の出生から死亡までの戸籍謄本等
> ②　相続人の戸籍謄本等

　以下に，相続人の範囲の読み間違えを防ぐために，戸籍と民法の注意事項を提示する。

ここが実務のポイント㉖　戸籍の "落とし穴" に要注意

　身分事項の移記（戸規39）は相続人の範囲の判断を誤りやすいので十分注意すること。特に，認知事項と養子縁組事項は以下に解説するとおり見落としやすい。

(1)　認知事項

　結婚外の子については，認知があってはじめて法律上の父子関係が認められる。しかし，認知によって被認知者の戸籍は変動（新戸籍の編成または他の戸籍に入ることなど）しない。

　認知の場合は，認知者の身分事項欄に被認知者の本籍・氏名が記載される。これは，被認知者が他籍にあることを明らかにするためである。一方，被認知者の戸籍にもその身分事項欄に認知者の本籍・氏名が記載される。

　現行戸籍の父の身分事項欄に記載された認知事項は，当初の1回だけ記載される。その後に認知者の戸籍に変動があった場合は，その後の戸籍には移記されない（戸規39①二）。

　したがって，相続が開始した場合，その被相続人に相続開始当時の最終戸籍に認知事項の記載がなくとも，認知した「嫡出でない子がいない」と即断してはならない。この場合は，被相続人が子を儲け得るであろう年齢（少なくとも婚姻適齢）当時以降の戸籍調査において，嫡出子の他に認知した「嫡出でない子」の有無に注意しなければならない。

　なお，被相続人の戸籍に被認知者のある旨が記載されているときは，その被認知者の戸籍を現在戸籍まで調査し生存の有無を確認しなければならない。

(2)　養子縁組事項

　現行戸籍の養親側の縁組事項は，当初の1回だけは記載されるが，その後に養親の戸籍に変動があった場合は，その後の戸籍に移記されない（戸規39①三）。

　したがって，相続が開始した場合，その被相続人の相続開始当時の戸籍に縁組事項の記載がなくとも，「養子はいない」と即断してはいけない。被相続人が養子をすることができる年齢（成年）当時以降の戸籍調査において，実子のほか養子の有無に注意を払わなければならない。

　被相続人に異籍の養子があるとすれば，たとえ被相続人の戸籍が再々転属していても，被相続人たる養子の縁組当時の戸籍の身分事項欄には必ず養子をした旨が記載されているのであるから，被相続人の各戸籍（除籍，原戸籍）の身分事項欄にどのような事項が記載されているかに着目しなければならない。仮にも，同籍内の下部欄（父母欄，養父母欄，名欄）のみを見て養子がないと即断してはならない。

【図表44】「相続人の範囲の確定」の注意事項

注意項目	内　　容
同時死亡の推定	死亡したことが確実である数人の間において，1人が他の者の死亡後なお生存していたことが明らかでないときは，同時に死亡したものと推定する（民32の2）。
二重の親子関係の成立	血族相続人の内，子および尊属については，実子・養子，実親・養親の区別はない。したがって，普通養子の場合には，子は実父母と養父母の双方の相続権がある（民809）。
代襲原因	代襲原因は，被相続人の子の相続開始以前の死亡，相続欠格，相続廃除である（民887②）。なお，相続放棄は含まない。
代襲相続人の要件	代襲相続人となるのは，被代襲者の子である。すなわち，被相続人の子の子（孫），または被代襲者の兄弟姉妹の子（おい，めい）である（民887②・889②）。
被代襲者が養子の場合	被相続人の子の子が代襲相続人となるためには，その子が被相続人の直系卑属でなければならない（民887②ただし書）。したがって，被相続人の子が養子で，その養子に縁組前に出生した子がある場合には，その子は養親との間に法定血族関係がなく，直系卑属にあたらないため，代襲相続権が認められない（民727）。
再代襲	子の場合には再代襲がある。つまり，被相続人の子に代襲相続原因が発生すれば，被相続人の子の子，すなわち孫が代襲相続人になるが，その孫に代襲相続原因が発生すれば，孫の子，つまりひ孫が代襲相続人となる（民887②）。一方，兄弟姉妹には再代襲は認められない（民889②）。
再転相続	相続人が相続の承認も放棄もしないで熟慮期間内（民915）に死亡した場合には，その者の相続人（＝再転相続人）が，第1の相続につき放棄・承認の選択をする地位も含めて死亡した第1の相続人を相続する。これを再転相続という。
胎児の権利能力	相続人は相続開始時に生存していなければならないが，胎児については，既に生れたものとみなして相続権を保障する（民886①）。ただし，死産の場合には，初めから相続人にならなかったものとする（民886②）。通常，被相続人（＝父）の死亡時に，妻（＝母）が懐胎している場合は，妻が出産して安定してから遺産分割をする。

相続人の欠格	被相続人が欠格者に遺贈をしていても，受遺者になれない（民891・965）。 相続欠格は特定の相続人に対する関係にのみ相続権が剥奪されるに止まり，別の相続との関係では相続資格がある。 欠格の効果は一身専属だから，欠格者の子には影響しないので，子が代襲相続することができる。
相続人の廃除	相続人廃除の効果は相対的であり，被廃除者は当該相続についてのみ相続権を失う。 廃除されても受遺者としての地位に影響はない（民965）。 廃除の効果は一身専属だから，被廃除者の子には影響しないので，代襲相続が可能である。
相続放棄	その相続に関しては，初めから相続人にならなかったものとみなされる（民939）。したがって，代襲相続原因にならない。

Column 18
想定外の事実が判明した場合の対処方法

　相続人調査をしたら，面談で相続人代表者からヒアリングしていた以外の相続人（以下「見知らぬ相続人」という）が現れることが稀にある。たとえば，被相続人（＝夫）が離婚歴と前婚で子どもを儲けたことを隠して再婚した場合である（妻は，夫は初婚でもちろん子どもなどいるとは夢にも思っていないで結婚した）。

　見知らぬ相続人が出現した場合は，当然依頼者は深刻な精神的ダメージを負う。冷静になるには相当の時間が必要になることもある。

　速やかな業務遂行ももちろん大切だが，このようなケースでは依頼者の心身のコンディションを最優先して業務を粛々と進めるのが重要と考える。ただし，相続税の申告を予定している場合は，申告は，被相続人が死亡したことを知った日の翌日から10か月以内に行うことになっているので注意を要する（相続税法27条1項）。

(2)　相続財産調査

　不動産および金融資産の下記書類を取得する。固定資産税評価証明書と金融機関の残高証明書は，受任した行政書士が相続人代表者から委任状を取得して請求・受領する（P335「11-2.(2)①②」・P339「11-2.(4)」参照）。

▶【図表45】財産調査の取得書類

種　　別	取　得　書　類
不　動　産	・固定資産税評価証明書（注） ・名寄帳（固定資産課税台帳） ・履歴事項全部証明書
金　融　資　産	・残高証明書，経過利息計算書（相続税が発生する場合）等

（注）　納税通知書を基に，不動産が所在する市町村（東京23区は都税事務所）に「固定資産税評価証明書」を請求する。

　　　　請求書に「請求した土地・建物以外に被相続人の所有している不動産がある場合は当該固定資産税評価証明書も発行のこと」と明記すれば，請求先の市区町村の不動産の物件をカバーできる（P339「11-2.(4)」参照）。

ここが実務のポイント㉗　「相続財産」と「遺産」を区別する

　「相続財産」と「遺産」の用語を区別して考えると，相続法が理解しやすくなる。以下，相続財産と遺産について『口述相続法』（高木多喜男・成文堂）より引用する（「相続財産は，被相続人が相続開始のときに有していた権利義務の総体だといえる」とした上で以下に続いている）。

相続財産と遺産

　相続財産という表現は，民法は，たとえば898条などで用いています。しかし，それ以外に，たとえば民法906条およびそれ以降になりますと遺産という用語を用いています。遺産も相続財産という意味で学説上使われることが多いのであります。民法の起草者が，相続財産と遺産をはっきり区別する意図で使いわけをしているかというと，その辺は必ずしも明確

ではありません。ただ，遺産という表現は，遺産分割の場合に用いています。この場合の遺産というのは，相続財産と少し意味が違います。遺産分割というのは，被相続人から相続人が承継した財産を，共同相続人の間で分配する手続であります。ですから，経済的価値を有しない権利は遺産分割の対象とはならないのでありまして，遺産ではないということになります。たとえば，占有権というような権利があります。これはまたあとで説明しますが，時効取得制度を活用するために相続による占有権の承継を学説は一般に認めていますが，その性質上，遺産分割の対象とはなりません。それから，債務は遺産分割手続で分割されるものではなく，法定相続分ないし指定相続分にしたがって共同相続人間に分割されるのでありまして，これは遺産分割の対象とはなりません。すなわち，遺産分割の対象である遺産とは経済的価値のある積極財産だけであります。ですから，相続財産と遺産分割の対象とは，その範囲が違うことを，一言指摘しておきます。

(引用：『口述相続法』高木多喜男・成文堂)

ここが実務のポイント❷ 遺産評価の基準時

　遺産の評価額の算定基準時は，分割時に現存する対象財産を各相続人の具体的相続分に応じて分配する性格上，分割時を基準とする。したがって，遺産を現物分割し法定相続分による過不足を代償金で調整する必要がある場合，相続人の一部が全遺産を取得し他の相続人に代償金を支払う場合には，当然に，遺産の分割時の評価が必要になる。

　加えて，特別受益・寄与分が問題となる事案では，相続開始時の評価額に基づき，具体的相続分を計算することになるので，相続開始時の評価も求められる（遺産分割時と相続開始時の2時点評価，ただし，当事者全員が相続開始時の評価と遺産分割時の評価は同一であると合意すれば，1時点の評価額の合意をすれば足りる）。

ただし，評価においても，合意の見込みを探ることになるから，評価額の合意の基礎となる資料をまずは準備する必要がある。

ここが実務の
ポイント❷❾　銀行に残高証明書を請求するには，相続人代表者から委任状をもらえば足りる（相続人は単独で銀行に残高証明書を請求できる）

銀行に残高証明書を請求するには，相続人代表者から委任状をもらえば足りる（相続人は単独で銀行に残高証明書を請求できる）。

預金者が死亡し相続が開始すれば，相続人は相続開始の時から，被相続人の一身に専属したものを除いてその財産に属した権利義務一切を継承する（民896）。そして，相続人が数人あるときは，相続財産はその共有に属するものとされている。

したがって，一部の相続人からの預金残高の照会は，共有財産である預金の預金者としての立場からの依頼であるので，銀行はこれに応じなければならない。

以上により，相続人代表者である依頼者から委任状をもらえば，銀行に残高証明書を請求することができる。なお，その際，委任者が被相続人の相続人であることを証する戸籍謄本等を提示する必要がある。

▶【図表46】残高証明書の請求に必要な書類

銀行所定の「残高証明依頼書」に次の書類を添付して請求する。なお，書類はすべて原本を提出する（注1）。

区　分	内　　容
代理人（＝行政書士）に関する書類	・印鑑登録証明書 ・実印（注2） ・身分証明書（運転免許証等の官公署が発行した写真付のものおよび資格者証）
被相続人に関する書類	・戸籍謄本等（被相続人の出生から死亡まで）（注3） ・預金通帳 ⎫ ・カード ⎭（注4）
依頼者（＝相続人代表者）に関する書類	・戸籍謄本 ・委任状 ・印鑑登録証明書 ・身分証明書（写し）（運転免許証等の官公署が発行したもの）
相続人に関する書類（注5）	・相続関係説明図 ・相続人全員の戸籍謄本（ただし，第1回訪問では，相続人代表者の戸籍謄本のみでも可）

（注1）：銀行は当日その場で写しを取り，資料を返却する。

（注2）：残高証明書の発行等に必要な書類への押印は代理人（＝行政書士）の実印で行う。

（注3）：残高証明書の請求時には，被相続人と依頼者（＝相続人代表者）が相続関係にあることを証する戸籍謄本のみでも可能。

（注4）：紛失の場合は，その旨を銀行に報告すれば足りる。

（注5）：残高証明書の請求時には，「相続関係説明図」および「相続人全員の戸籍謄本」がなくても可。ただし，残高証明書の請求時に，相続人の範囲を証明する戸籍謄本等を銀行に提示しておけば，銀行は早期に相続人の範囲を確認できるため，払戻手続が速やかに行われることが期待できる。

ここが実務のポイント❸ 　銀行に「自分の実印」を忘れずに持参する

　相続人から委任を受けた行政書士は，残高証明書の発行請求をはじめとした銀行の相続手続を相続人の代理人として行うことになる。その際に，各書類に「相続人代理人」として自分（受任者）の実印を押印する。したがって，実印がないと手続きが一切できない。実は，筆者は自分の実印を忘れてしまって出直したことがある。筆者の二の舞とならないようにくれぐれも自分の実印を銀行に忘れずに持参すること。

⑶　遺言調査（遺言検索システムの活用，遺言書情報証明書・遺言書保管事実証明書の請求）

　遺言書の有無で相続手続は「遺言執行」または「遺産分割協議」のどちらで進めるのかが決まる。ただし，遺言書がある場合でも，相続人全員が，遺言の存在を知り，その内容も正しく理解した上で，遺言の内容と異なる協議を行えば，その協議の有効性は問題ない（P146「6-5.⑴③ニ」参照）。

　相談を受けたら，相続人代表者に遺言書の有無を確認する。「遺言書がない」場合は，念のため自筆証書遺言を探すように指示する。自筆証書遺言が見つかる場所としてよくあるのは，貸金庫，仏壇，タンス，書斎である。

　さらに，自筆証書遺言を残している可能性が高い場合は，被相続人の友人，懇意にしていた専門家（行政書士，税理士，弁護士，社会保険労務士等）に確認するように指示する。

　公正証書遺言の場合，遺言書の原本は，公証役場で厳重に保管されているので「遺言検索システム」を利用すれば，遺言書の有無を確認できる。

　「遺言検索システム」は日本公証人連合会が管理している。全国のどの公証役場からも公正証書遺言の有無を確認できる。

　ただし，全国単位で一括して検索できるのは，昭和64（1989）年1月1日以降に作成された遺言書に限られる（東京都内の公証役場で作成された遺言書に限り，昭和56（1981）年1月1日以降に作成された遺言書も検索・照会が可能）。

　昭和64（1989）年1月1日以前に作成された遺言書の有無は，遺言書を作成したと思われる公証役場に個別に問合わせるしかない。

★遺言検索システムの利用方法

①　申請窓口：全国どの公証役場でも可。申請する場合は事前に予約を入れること。

②　必要書類：代理人および相続人等利害関係人が遺言検索システムを利用

する場合の必要書類は次表のとおり。なお，請求する公証役場によって，提出する書類が異なる場合もあるので，あらかじめ問い合わせてから公証役場に申請すること。

【図表47】代理人が遺言検索システムを利用する場合の必要書類

対象者	書類等
被相続人（＝調査対象者）	① 死亡が記載された戸籍謄本
委任者（＝相続人代表者等）	① 被相続人との相続関係を証する戸籍謄本 ② 印鑑登録証明書（発行から3か月以内のもの） ③ 委任状（P333「11-2.(1)①」参照）
受任者（＝行政書士）	次のいずれかの書類等 ① 運転免許証等の官公署発行の写真付き身分証明書と資格者証 ② 印鑑登録証明書（発行から3か月以内のもの）と実印

※書類はすべて原本を提出のこと。

【図表48】相続人等利害関係人が遺言検索システムを利用する場合の必要書類

対象者	書類等
相続人等利害関係人	① 被相続人の死亡が記載された戸籍謄本 ② 被相続人との相続関係を証する戸籍謄本または被相続人との利害関係があることを証する資料 ③ 次のいずれかの書類等 　イ）運転免許証等の官公署発行の写真付き身分証明書 　ロ）印鑑登録証明書（発行から3か月以内のもの）と実印

※書類はすべて原本を提出のこと。

なお，令和2（2020年）年7月10日から施行された遺言書保管法により，遺言者が遺言書を遺言書保管所（保管2）に保管している場合もある。したがって，遺言書保管所に遺言書情報証明書の交付または遺言書保管事実証明書の請求を検討する（保管9・10，P309「10-2.(9)」，P312「10-2.(10)」参照）。

事例 ⑱	遺言検索の回答書の事例

遺言検索依頼書並びに回答書

令和　年　月　日

東京法務局所属

○○公証役場　公証人殿

　下記の者の遺言公正証書の存否を確認したく申請いたします。

記

（フリガナ）
遺言者の氏名　_____

生　年　月　日　　　　　　年　　　　月　　　　日

申請人　住所　_____

　　　　氏名　_____

　　　　続柄　_____

代理人　氏名　_____

　前記遺言者が公正証書遺言をしているかどうかについて，日本公証人連合会本部に対し，遺言登録システムによる検索を依頼して照会した結果，次のとおり回答を得ました。

□上記の件，該当あり

作成役場 作成公証人	作成年月日 番号	電話番号
公証役場（　　） 公証人（　　）	昭和・平成・令和　年　月　日 第　　　号	（　　）
公証役場（　　） 公証人（　　）	昭和・平成・令和　年　月　日 第　　　号	（　　）

□上記の件，該当なし

ただし，遺言登録システムは，遺言公正証書を作成した全国の公証人からの報告に基づき，日本公証人連合会がこれをコンピュータに入力して記録したものですが，この記録は平成元年（ただし，東京都内については昭和56年）以降にされた遺言についてのみ行われており，それ以前の分は記録されていません。

令和　年　月　日

東京都○○区○○町１丁目１番１号

○○公証役場

※　この資料は，筆者が遺言検索を申請した公証役場から提示されたものを参考に作成した。遺言照会の結果，該当があった場合は，「上記の件，該当あり」の欄に☑がされ，被相続人が遺言書を作成した公証役場，担当した公証人，作成年月日・登録番号および当該公証役場の電話番号が記されて返却される。そして，その情報を基に，作成した公証役場に公証証書遺言の正本または謄本を請求することになる。
　　一方，該当がない場合は，「上記の件，該当なし」の欄に☑がされて返却される。
※　各公証役場によって回答方法は異なる。照会する前に公証役場に問い合わせること。

6-7.　パートナー（他士業）との連携と注意点

行政書士は「他の法律において制限されているもの」（行書１の２②）および「他の法律においてその業務を行うことが制限されている事項」（行書１の３）について業務を行うことができない（P32「2-2.⑵」参照）。

しかし相続業務では，不動産登記（司法書士）・税務申告（税理士）が必要な場合がある。また，受任当初は遺産分割の合意に向けて積極的だった共同相続人が，紛争状態になってしまう場合もある（弁護士）。

このようなときは，依頼者に承諾を得た上で，信頼できるパートナー（他士業の専門家）に業務を引き継ぐことになる。

【図表49】行政書士とパートナーの関係（相続手続業務の事例）

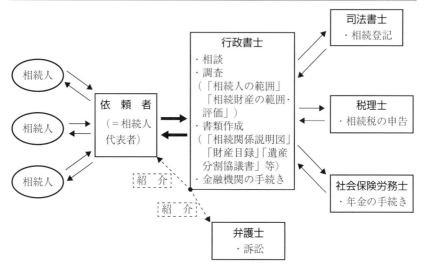

※　行政書士が依頼者の窓口となり，パートナー（司法書士，税理士，社会保険労務士）と連携して相続手続を完遂する。なお，紛争性がある場合は，パートナー弁護士を紹介して，その後は弁護士が直接業務を行う。

※　『行政書士合格者のための開業準備実践講座（第3版）』（竹内豊著・税務経理協会・81頁より引用・加筆）

> **ここが実務のポイント㉛**　パートナーと連携するときの心構えと「3つの段取り」
>
> 　パートナーと連携するときは，自分が受任者であり，なおかつファシリテーター（仕切る人）であると自覚すること。ただ単にパートナーに「仕事を紹介する」という意識ではファシリテーターとしての役目は果たせない。ファシリテーターとしての自覚が足りないと業務の流れをコントロールできなくなって，業務遅滞等を引き起こしてしまう。そのような事態を回避するためにも，次の3つの段取りを必ず行うこと。

(1) 早期の段階でアナウンスする

一般に，優秀なパートナーは多忙である。依頼してすぐに対応できるとは限らない。したがって，パートナーの協力が必要だとわかった時点で協力要請の一報を直ちに入れること。

(2) 段取りを整えてから引継ぐ

パートナーが業務で必要になる戸籍謄本等の資料を，準備・整理してから手渡す。

(3) お金の話を仕切る

お金の話を曖昧にしたまま見切り発車してしまうと，依頼者とパートナー間で報酬をめぐるトラブルになりかねない。そうなってしまうと，パートナーとの信頼関係は損なわれてしまう。

そのような事態を未然に防ぐために，正式に依頼をする前に，パートナーから見積を提出してもらって依頼者に費用に関して承諾を得ておくこと。

6-8. 遺産分割協議書の作成

基礎調査が完了したら，下記の順序で遺産分割協議書を作成する。

(1) 「財産目録」を作成する

書式は決まっていない。案件に応じて依頼者に説明しやすいように作成する。

事例 ⑲ 　財 産 目 録

作成年月日：令和　　年　　月　　日

財 産 目 録

1. 不 動 産

(1) 土 地

No	所　　在	地番	地目	地積	固定資産税評価額	利用状況	備考
					¥		
					¥		
				合計	¥		

(2) 建 物

No	所　　在	家屋番号	種類	構造	床面積	固定資産税評価額	備考
						¥	
						¥	
					合計	¥	

2. 金 融 資 産

(1) 現 金

No	保　管　者	金　　額	備　　考
		¥	
		¥	
		¥	
	合計	¥	

(2) 預貯金

No	金融機関	支店	種類	口座番号	金　額	保管者	備考
					¥		
					¥		
					¥		
				合計	¥		

(3) 有価証券・債券

No	品目・銘柄	種類	数量（金額）	保管者	備考

3．自動車

No	車　名	登録番号又は車両番号	車台番号	保管者	備考

4．その他

No	品　目	数量	単価	金　額	保管者	備考
				¥		
				¥		
				¥		

［備考］

⑵　「相続関係説明図」を作成する

　収集した戸籍謄本等を基に「相続関係説明図」を作成して，相続人の範囲を確定する（P98「**事例⑦**」参照）。「認知」「養子縁組」および「代襲相続」は相続人を見誤りやすいので注意すること（P166「**ここが実務のポイント㉖**」・P168「**図表44**」参照）。

　なお，相続関係が複雑な場合は，法定相続情報証明制度の利用を検討する（P223「**第8章　法定相続情報証明制度の利用方法**」参照）。

⑶　「遺産分割協議書の文案」を作成する

　面談で依頼者（＝相続人代表者）から聴取した遺産分割の希望内容に基づいて，遺産分割協議書の文案を作成する。遺産分割協議書作成の要点は次のとおり。

---

①　「だれが」「どの財産を」「どれだけ」取得するのか明記する。

②　現在判明していない相続財産が今後発見された場合，だれが取得するのか記載する（記載がない場合は，遺産分割協議成立後に発見された相続財産について，再度遺産分割協議を行わなければならない）。ただし，依頼者の中には，あえて記載しないことを望む者もいるので，依頼者の意思を優先すること。

③　住所は印鑑登録証明書のとおりに記載する（誤記を防ぎ，相続人の負担を減らすために，住所はあらかじめ印字しておくのが望ましい）。

④　各相続人が1通ずつ所持できるように，原則として相続人の人数と同じ通数の遺産分割協議書を用意する。

ここが実務のポイント❷ 相続人ごとに「遺産分割協議書」を作成しても構わない

　必ずしも，１通の遺産分割協議書に相続人全員が署名・押印する必要はない。同一内容の遺産分割協議書に相続人各人が単独で署名・押印しても協議は成立する。この場合，共同相続人が３人なら，３通の遺産分割協議書ができることになる（下図を参照）。

　この方法は，次のような事情で１枚の遺産分割協議書を持ち回りして相続人全員が署名・押印することが困難な場合に便利である。

- ・　顔を合わせたくない相続人がいる
- ・　相続人の中に住所を知られたくない者がいる
- ・　相続人の中に海外在住者や遠方に住んでいる者がいる
- ・　多数の相続人がいる

同文書

文書A	=	文書a	+	文書a	+	文書a
相続人　甲 ㊞ 相続人　乙 ㊞ 相続人　丙 ㊞		相続人　甲 ㊞		相続人　乙 ㊞		相続人　丙 ㊞

ここが実務の
ポイント❸ 　**遺産分割協議書が複数枚になる場合の対処方法**

　遺産分割協議書が複数枚になった場合は，その書類が一連のものであ
ることを証明するために紙の継ぎ目（綴じ目）に契印を押印する。しかし，
契印を鮮明に押印するのは意外と難しい。

　そこで，Ａ4用紙2枚の場合は，Ａ3用紙1枚にする。また，3枚以上
になった場合は，袋とじにする。前者は契印が不要になるし後者は表紙ま
たは裏面の袋とじした箇所のみに契印を押印すれば足りる（各頁の継ぎ目
に押印する必要はない）。

　このような「ちょっとしたこと」が相続人の手間を省く。その結果とし
て，速やかな業務遂行に結び付く。

※Ａ4用紙2枚をＡ3用紙1枚にまとめることで契印が不要になる

※3枚以上になった場合は，袋とじした箇所のみに契印をすれば足りる（各頁の
　継ぎ目に押印する必要はない）。

事例 ⑳　　遺産分割協議書（相続人「全員」の署名・「実印」の押印で完成する）

遺産分割協議書

　令和○年○月○日　高田忠夫の死亡により開始した相続につき，共同相続人高田花子，高田正宏，高田正伸は，高田忠夫の遺産を次のとおり分割することに合意する。

1．相続人高田花子は次の遺産を取得する。
　⑴　東京都国分寺市○○町○丁目○番○○　宅地　○○○.○○㎡
　⑵　同所同番地所在　家屋番号　○番○○
　　　軽量鉄骨造亜鉛メッキ鋼板葺2階建　1階　○○.○○㎡
　　　　　　　　　　　　　　　　　　　　2階　○○.○○㎡

2．相続人高田正宏は次の遺産を取得する。
　⑴　税経銀行国分寺支店（普通預金・口座番号23－20111122）に預託してある預金債権の全部
　⑵　普通乗用自動車
　　　車　　名　トヨタプリウス
　　　登録番号　多摩あ11－03
　　　車台番号　ＺＶＷ30－002524

3．相続人高田正伸は次の遺産を取得する。
　　中央電力　株式　5,000株

4．本協議書に記載なき遺産および後日判明した遺産は，相続人高田花子

　がこれを取得する。

　上記のとおり協議が真正に成立したことを証するため，この協議書3通を作成して各自署名押印し，各1通を所持するものとする。

　　　　　　令和○年○月○日

　　　　　　　　　住　　所　東京都国分寺市○○町○丁目○番地の○○
　　　　　　　　　相続人（亡高田忠夫の妻）

　　　　　　　　　　　　　　───────────
　　　　　　　　　　　　　　（昭和○年○月○日生）
　　　　　　　　　住　　所　東京都杉並区上井草○丁目○番地の○
　　　　　　　　　相続人（亡高田忠夫の長男）

　　　　　　　　　　　　　　───────────
　　　　　　　　　　　　　　（昭和○年○月○日生）
　　　　　　　　　住　　所　東京都世田谷区千歳台○丁目○○番○号
　　　　　　　　　相続人（亡高田忠夫の二男）

　　　　　　　　　　　　　　───────────
　　　　　　　　　　　　　　（昭和○年○月○日生）

⑷　相続人代表者に報告（調査結果）・説明する（遺産分割協議）

　相続人代表者に「財産目録」と「相続関係説明図」を提示して調査結果を報告し，「遺産分割協議書の文案」に基づいて遺産分割協議について説明する。

　また，「相続人全員の印鑑登録証明書」を次回の打合せまでに提出するように指示する。

　なお，この段階で遺産分割協議成立の目標日を設定すること。目標日を設定することで，「この日までに遺産分割協議を成立させよう」と依頼者の自覚を促し，速やかな業務完遂につながるからである。

(5) 相続人全員で遺産分割について協議する

　相続人代表者が中心となり，遺産分割協議書の文案に基づき，相続人全員で遺産分割協議を行う。なお，相続人の要望により，行政書士が相続人全員が一堂に会した場所に出向いて遺産分割協議について説明することもある。その場合は，その場で協議が成立することもあるので，協議が成立することを前提とした遺産分割協議書を用意し，全員に印鑑登録証明書と実印を持参してもらうとよい。

　そこで，遺産分割協議の成立目標日が近づいてきたら，相続人代表者に連絡して進捗状況を確認する。成立が予定日より遅れそうなら，再度打合せして予定どおり協議が成立するようにサポートする。このように，「依頼者を放置しない」ことが大切である（P28「2-1.(3)」参照）。

　なお，一部の相続人が相続放棄を行った場合は，当該相続人から家庭裁判所から交付された「相続放棄申述受理証明書」を提出してもらった上で，その者を除いて遺産分割協議を行う（P143「図表38」の相続放棄を参照）。

(6) 相続人代表者から協議内容を聴取して「遺産分割協議書」を作成する

　遺産分割協議が成立したら，相続人代表者から成立した内容を聴取して，速やかに遺産分割協議書を作成する。ここでのポイントは，間を空けないことである。協議成立後に気が変わる者もいるので，成立したからといって安心して悠長に構えていないで一気に合意成立へ導くようにすること。

(7) 相続人代表者に「遺産分割協議書」の内容を確認してもらう

　(6)の聴取に基づいて遺産分割協議書を仕上げる。そして，相続人代表者に遺産分割協議書の最終確認をしてもらう。確認が取れたら，次の事項に留意して納品する。

> ①　署名・押印する個所がわかるように，署名・押印をする箇所を赤文字
> 　で記入した「見本」を付ける
> ②　「捨印」を押印してもらう
> ③　2枚以上になった場合は，「契印」も忘れずに押印してもらう（P
> 　184「ここが実務のポイント㉝」参照）。

ここが実務の　ポイント㉞　**依頼者の負担を減らすちょっとした工夫**

相続人代表者に遺産分割協議書を渡す際に，相続届と委任状（P335「11-2.⑵①②」参照）を渡せば，相続人は遺産分割協議書と金融機関の手続きに関する書類の署名押印を一度に済ますことができる。

さらに，不動産登記や税務申告が必要な場合は，司法書士，税理士に署名押印が必要な書類をあらかじめ用意してもらい，遺産分割協議書といっしょに渡すようにする。

また，依頼者に，署名押印された遺産分割協議書等を依頼者に返信してもらう場合は，返信用のレターパック（受取の証明書が必要なレターパックプラスがよい）も手渡す。レターパックには，返信先はもちろんのこと，送り主（依頼者の氏名・住所）も記載しておく。そうすることで，依頼者の負担は大幅に軽減される。その結果，書類が速やかに返信される。そして，業務が速やかに完了することとなる。

このように，相続人の署名押印が必要な書類は，できるだけ「まとめて」渡すように努めること。相続人の負担が減り，手続きが速やかに遂行し，報酬も早く手に入れることができる。

　なお，返信用のレターパックの「お問い合わせ番号」を控えておくと，依頼者が返信をしたか否かが，ゆうちょ銀行の「郵便追跡サービス」で検索できる。もし，返信される予定日を過ぎても書類が届かないようなら検索してみる。その結果，配達状況が確認できなければ，直ちに依頼者に連絡をして進行状況を確認すること。そして，書類の返信が遅れている何らかの事情があれば助言をする。速やかに業務を完遂する観点からも，依頼者を「放置しない」ことは大切なのである。

(8)　相続人代表者から相続手続の必要書類を回収する

　相続人全員が署名押印（実印）した「遺産分割協議書」と「委任状」を提出してもらう。

　書類の内容を確認し（次頁「**図表50**」参照），不備がなければ速やかに金融機関に対して相続手続を行う。

▶【図表50】遺産分割協議書作成のチェック項目

☑	項　　目	内　　容
☐	原本を何通作成するか	状況に応じて次のいずれかの方法に決める。 (1)　原本を1通だけ作成して他の相続人には写しを交付する（相続人代表者が原本を，他の相続人は写しを所持する）。 (2)　原本を相続人の人数分作成して，各々に相続人全員が署名・押印する（相続人は各々原本を所持する）。 (3)　相続人ごとに作成する（P183「ここが実務のポイント❸」参照）。
☐	相続人全員の署名・押印の欄があるか	認知，養子縁組，代襲相続，子のない相続は特に注意が必要である（P166「ここが実務のポイント㉖」・P168「図表44」参照）。
☐	記載した住所・氏名が印鑑登録証明書と一致しているか	住所はあらかじめ印字しておく方がよい。誤記の防止と相続人（特に筆記が困難な高齢者等）の負担を軽減する。
☐	相続人全員の印鑑登録証明書があるか	海外に在留している相続人からは「署名証明」と「在留証明」を提出してもらう（P195「図表52」参照）。
☐	捺印が印鑑登録証明書の印影と一致しているか	銀行届出印を実印と勘違いしている者がいるので注意する（P154「図表40」参照）。
☐	複数頁の場合，袋とじ・契印があるか	A4用紙2枚の場合は，A3用紙1枚にして袋とじ・契印をしないで済むようにする方法もある（P184「ここが実務のポイント㉝」参照）。
☐	訂正箇所に訂正印が押印されているか	訂正が生じた場合は，作成し直すのが望ましい。それが困難な場合は，実印を訂正印として使用して訂正する。

| ここが実務の ポイント❸ | 遺産分割協議を円満に成立させる条文・民法906条 |

　各相続人の相続分は法定されている（民900）が，遺産分割協議においては相続人全員が合意すれば，法定相続分にこだわらず，自由に相続分を決めることができる（P146「6-5.⑴③ニ」参照）。

　法定相続分を修正する要素として特別受益（民903）と寄与分（民904の2）が設けられているが，遺産分割協議においては，いわばあらゆることを，相続分の修正要素として検討の場に持ち出すことができる。そのため，相続人が自分の主張を譲らないという事態が発生して紛争状態（いわゆる"争族"）に陥ってしまうことがある。

　行政書士が受任した段階では，各相続人は合意形成に向けて積極的なはずである。なぜなら，紛争状態であれば，そもそも受任できないからだ（行書1の3）。

　この平穏な状況を遺産分割協議成立まで維持するには，面談で相談者に「遺産の分割の基準」（民906）の趣旨を説明するとよい。

　以下『新版注釈民法⒄相続⑵相続の効果』（有斐閣）より，民法906条の解説を引用する。各自「法の趣旨」を理解して，依頼者を遺産分割協議の成立というゴールに導いて頂きたい。

　本条は，昭和22年の新設以来「遺産の分割は，遺産に属する物又は権利の種類及び性質，各相続人の職業その他一切の事情を考慮してこれをする」と規定されていたが，昭和55年の民法一部改正によって，「職業」の個所が「年齢，職業，心身の状態及び生活の状況」と改められた。

　その趣旨は次のように説明されている。すなわち，各相続人の『年齢』としては，年少者などへの配慮，『心身の状態』としては，心身障害者などへの配慮，『生活の状況』としては，いままで居住してきた住居の確保

への配慮が念頭におかれている。『生活の状況』が加えられたのは，配偶者の居住権について論議されながら制度としては採用されず，遺産分割の際に配慮すればよいということになったためである。家庭裁判所では，従来も『一切の事情』の中で，これらの事情も考慮してきたはずである。しかし，従来の906条では，遺産の内容については『遺産に属する物又は権利の種類及び性質』とかなりくわしく規定するのに対して，相続人については『各相続人の職業』だけがあげられていたにすぎないので，この際，各相続人の事情をややくわしく，具体的に示すことをしたわけである。家庭裁判所の実務にはあまり違いがでてこないであろうが，共同相続人の協議や調停には，これがある程度の指針を提供することになるであろう。

6-9.　銀行の手続き

　提出書類は，銀行や相続の内容により異なる。以下は一般的な事例であることを理解した上で，案件ごとに各銀行に確認すること。

　なお，銀行の相続手続に関しては，拙著『行政書士のための銀行の相続手続実務家養成講座』で詳説しているのでご参照いただきたい。

(1)　銀行に預金者の死亡を通知する

　被相続人が取引していた銀行に，被相続人の死亡を通知し，行政書士が相続人代表者から相続業務を受任したことを伝える。

　なお，この時点で預金等の引出し・入金の取扱いが停止される（いわゆる「凍結」）。したがって，次の取引はできなくなる。

> ・口座振替
> ・入出金の取扱い

　被相続人の口座から公共料金の口座振替がされていたり，口座に家賃等の継

続的な振込入金がある場合は，凍結後の対応（借主に家賃の振込先の変更を伝える等）を事前に講じるように，相続人代表者に銀行に連絡する前に助言しておくこと。

**ここが実務の
ポイント㊱**　　銀行の窓口と予約

まず，自分の事務所に近い支店または被相続人が口座を開設していた支店に行き手続きをする。そして，その後の窓口は次の３つの内のいずれかになる。

① 最初に手続きを行った支店

② 被相続人が口座を開設した支店

③ 相続センター（銀行の相続手続を統括している部門）

上記のいずれになるかは銀行によって異なるので，最初に訪問した窓口で確認すること。ただし，一部の信用金庫等では被相続人が預金を開設していた本・支店のみしか相続手続を行わないので注意を要する。

また，事前に予約を入れておかないと相続手続に応じない金融機関が増えているので，予約を入れた上で，銀行に出向いた方がよいであろう。

なお，銀行での滞在時間は１〜２時間を要する。この点を頭に入れて当日のスケジュールを立てることも肝要である。

Column 19

行政書士が金融機関の相続手続を行う意義

行政書士の中には，遺産分割の業務を「遺産分割協議書の作成まで」と限定的に捉えている者がいるが，筆者は，それでは依頼者である相続人の悩みや不安を解消できないと考える。なぜなら，遺産分割協議が成立した後の金融機関に対する手続きに難航する者が多いからである。

　　金融機関の相続手続のポイントは，まず，戸籍謄本等の必要書類を迅速・正確に整えることである。その上で，金融機関と折衝することである（そのためには相続法の知識が必要不可欠）。

　　まさに，金融機関の相続手続は，「手続の専門家」としての行政書士にふさわしい業務である。

　　是非，遺産分割協議書の作成までに止まらず，金融機関に対する手続きまで業務の幅を広げていただきたい。そうすることによって，手続きが速やかに完了するので，依頼者はもちろんのこと，金融機関からも喜ばれる。その成果として，行政書士は相続預貯金の払戻しの報酬を受け取ることができることとなる。

(2)　第1回銀行訪問〜「相続届」を入手して「残高証明書」を請求する

　　被相続人が口座を開設していた銀行に行き，銀行所定の相続手続に関する書類（以下「相続届」という）を入手する。その際に提示する書類は次のとおり。

▶【図表51】第1回銀行訪問時に銀行に提出する書類

区　　分	内　　　容
代理人（＝行政書士）に関する書類	・印鑑登録証明書※ ・実印 ・身分証明書（運転免許証等の官公署が発行した写真付のものおよび資格者証）※
被相続人に関する書類	・被相続人の死亡が確認できる戸籍（除籍）謄本※ ・預金通帳　｝見当たらない場合は，その旨を ・カード　　｝伝えれば済む。
依頼者（＝相続人代表者）に関する書類	・被相続人と相続関係を証する戸籍謄本※ ・委任状（P335「**事例㉞**」・P336「**事例㉟**」参照）※ ・印鑑登録証明書※

※銀行がその場で写しを取って還付される。なお印鑑登録証明書の有効期限は，銀行によって3月または6月である。

その際，財産目録を作成するために残高証明書を請求する。

(3) 遺産分割協議が成立したら相続人代表者に「遺産分割協議書」を渡す

相続人間で遺産分割協議が成立したら，成立内容に基づいて遺産分割協議書を作成する。この遺産分割協議書を相続人代表者に渡し相続人代表者を通じて各相続人に署名押印してもらう。その際，遺産分割協議書の「記載例」も渡しておくと誤記等なく速やかに署名押印された遺産分割協議書を回収できる。

なお，被相続人の同一口座の預金を複数の相続人が取得する場合，一般的に，相続人代表者の口座に一括で全額振り込んだ後，相続人代表者が遺産分割協議書に基づいて各相続人に振り替えることとなる。

(4) 相続手続に必要な書類をそろえる

銀行に提出する遺産分割協議に伴う書類は次のとおり。

▶【図表52】銀行に提出する相続手続の書類

区　分	内　容
代理人（＝行政書士）に関する書類	・印鑑登録証明書 ・実印 ・身分証明書（運転免許証等の官公署が発行した写真付のものおよび資格者証）
被相続人に関する書類	・戸籍謄本（被相続人の出生から死亡まで）※ ・預金通帳 ⎤ ・カード ⎦ (注1)

| 相続人全員に関する書類 | ・遺産分割協議書※
・相続関係説明図※
・戸籍謄本※
・委任状※
・印鑑登録証明書※
〔海外に在住している相続人は、印鑑登録証明書に代わり、在外公館が発給する「在留証明」（注2）および「署名証明」（注3）を提出する。〕 |

※印：銀行がその場で写しを取って還付される。
（注1） 　紛失の場合は、その旨を銀行に報告すれば済む。
（注2） 　在留証明：外国に居住している日本国籍を有している者が当該国のどこに住所（生活の本拠）を有しているか、あるいは当該国内での転居歴（過去、どこに住んでいたか）を証明するもの。手数料は1通につき邦貨1,200円相当。
（注3） 　署名証明：日本に住民登録をしていない海外に在留している日本国籍を有している者に対し、日本の印鑑登録証明書に代わるものとして日本での手続きのために発給されるもので、申請者の署名（および拇印）が確かに領事の面前でなされたことを証明するもの。手数料は1通につき邦貨1,700円相当。

(5)　銀行に(4)の書類を提出する

　ほとんどの銀行が事前予約制としているので、訪問前に電話で予約を入れること。

　当日は、まず書類の確認が行われ、問題がなければ、銀行所定の「相続届」に代理人が記載した上で署名押印する。なお、相続届の記入方法は銀行の指示とおり行えば足りる。

(6)　指定した口座に払戻しされる

　通常書類を提出してから5日前後に「相続届」で指定した口座に遺産が振り込まれる。そして、手続きが完了すると銀行から次の書類が代理人（＝行政書士）に書留で送られてくる。以上で銀行の相続手続が完了する。

> ・完了通知書
> ・支払済みの通帳
> ・名義変更後の通帳（名義変更をした場合）
> ・計算書・振込受付書　等

ここが実務の ポイント㊲　　担当者を決める

　銀行とのやり取りは，被相続人の死亡を通知してから手続きが完了するまで2か月から半年程度を要する。依頼内容によっては連絡や打合せも複数回行われる。そのたびに窓口の問合せや打合せの相手が代わると非効率である。

　そこで，銀行に，窓口になる担当者を決めてもらうことをお勧めする。そうすると，お互いに事情や進捗状況が即座に把握できるので，効率よく手続きを進めることができる。

Column 20

銀行の相続手続の心得～複眼目線で業務を行う

　依頼者目線で業務を遂行することは当然だが，「どの書類を用意すれば銀行が業務を処理しやすいか」といったように，銀行を「依頼者の希望を叶えるパートナー（協力者）」と捉えて，銀行目線で物事を考えて行動することも大切である。

　銀行に相続手続に行くと，専門家らしき者が「どうして預金（遺産）を（相続人に）払込んでくれないのか！」「なんでこんなに書類が必要なの

か！」と行員を相手に不満をぶつけている光景を見ることがある。

　実際のところ，銀行は「二重払い」を警戒する余り，遺言執行にもかかわらず，遺言執行者に対して銀行所定の「相続届」に相続人全員の署名押印を求めてくるなど，法律的に不可解な要求を行うことがある。このような“譲れない要求”に対しては，その要求が不条理であることを論理的に説明する。すると，たいてい専門家の意見が通る。一方，戸籍謄本の収集のように専門家が動いて済む“譲れる範囲”の要求であれば，速やかに対応する。

　このように「依頼者」と「銀行」の２つの目線（複眼目線）で業務を遂行すると，結果として速やかに手続きが完了する。

　相続手続における専門家の使命は，「速やかな遺産承継の実現」であって銀行と対立することではない。そのことを肝に銘じて行動すれば，自ずと銀行と「良好な関係」を構築・維持できる。その結果，銀行から協力を得ることができ，速やかな相続手続を実現できる。

6-10.　ゆうちょ銀行の手続き

　ゆうちょ銀行の場合，「委任状」がゆうちょ銀行所定のものになるので注意する。

　なお，書類の提出先は事務所の最寄りなど，全国どこのゆうちょ銀行でもよい。ゆうちょ銀行に提出した書類は，ゆうちょ銀行事務センター（以下「事務センター」という）に送られて審査される。

　通常，ゆうちょ銀行に書類を提出してから払戻しが完了するまで１か月程度を要する。以下にゆうちょ銀行の相続手続の一般的な流れを示す。

【図表53】ゆうちょ銀行の相続手続の流れ（払戻し）

(1) ゆうちょ銀行に相続手続の関係書類を請求・入手する（その場で入手できる）
※「委任状」も入れるように伝えること。

(2) ゆうちょ銀行に次の書類（すべてゆうちょ銀行所定の様式）を提出する
① 委任状（相続人代表者からの委任状）
② 貯金等照会書
③ 相続確認表（相続関係を証する戸籍謄本等を添付する）
※戸籍謄本等の写しを提出すると，滞在時間を短縮できる（Ｐ200「**ここが実務のポイント❸❽**」参照）。

(3) 事務センターから代理人（＝行政書士）に次の書類が届く
① 「調査結果のお知らせ」～「預金等照会書」に対する回答書で，残高証明書に相当するもの
② 必要書類一覧表～払戻手続に必要な書類が列挙されている

(4) ゆうちょ銀行に「(3)②『必要書類一覧表』」の書類（「貯金証書払等請求書」「相続貯金等の全部払戻し等に関する委任状」「遺産分割協議書」他）を提出する

(5) 事務センターから受任者へ「相続手続完了のお知らせ」（「貯金払戻証書」他）が届く

(6) ゆうちょ銀行に「貯金払戻証書」を提出し払戻手続を実行する

> **ここが実務の ポイント❸**　**ゆうちょ銀行には戸籍と印鑑証明書の「写し」を 提出する**
>
> 　ゆうちょ銀行は戸籍謄本や印鑑登録証明書の写しを受け取る（他の金融 機関は自社で写しを取る）。そして，原本と写しを窓口で比較した後，原本 還付する。このように，写しを持参すると窓口での待機時間を大幅に短縮 できる。

6-11.　業務の完了

　業務が完了したら，まず，書類を整理して次頁の「業務完了報告書」を作 成する。次に，相続人代表者に引き渡して費用を精算する。なお「預り証」 （P 165「**事例⑰**」参照）は預かっていた書類等を返却後回収する。

事例 ㉑ 業務完了報告書

令和○年○月○日

被相続人　高田　忠夫様

相続人代表者　高田　正宏様

〒102－0083

東京都千代田区麹町３丁目２番１号

エキスパートビル　321号

電話　03（3210）0123

行政書士　竹之内　豊 [印]

業務完了報告書

　被相続人　高田忠夫様の相続手続に関する下記業務が完了したことを報告いたします。また，下記書類を納品いたします。ご査収の程，よろしくお願いいたします。

記

１．完了した業務内容

（1）　相続人の範囲の確定

　①　戸籍謄本等の請求・受領

　②　相続関係説明図の作成

（2）　相続財産の範囲および評価の確定

　①　固定資産税評価証明書の請求・受領

　②　不動産の全部事項証明書の請求・受領

　③　財産目録の作成

（3）　遺産分割協議に関する業務

　①相談

　②遺産分割協議書の作成

⑷　金融機関の手続に関する業務

①　税経銀行国分寺支店の普通預金の払戻請求

②　中央電力の株式の名義書換

2．納品する書類

⑴　相続人の範囲を証する書面および資料

①　相続関係説明図

②　被相続人の出生から死亡までの戸籍謄本等　　○通

③　相続人の戸籍謄本　　○通

⑵　遺産分割協議に関する書類

①　遺産分割協議書（原本）　　3通

②　印鑑登録証明書（原本）　　3通（相続人3名様分）

③　登記事項証明書（原本）　　1通

④　固定資産課税台帳記載事項証明書（原本）

　　土地・家屋各1通

⑤　自動車車検証（原本）　1通

⑶　金融機関に関する文書

①　税経銀行に関する資料

　　イ）相続届（写し）　　1通

　　ロ）総合口座通帳　　1通

②　中央電力の株式名義書換に関する書類…一式

⑷　東京都国分寺市○○町○丁目○番○○の土地および同所同番地所在　家屋番号○番○○の建物に関する所有権移転の登記に関する書類（司法書士依頼分）

①　登記識別情報通知　　　1通

②　登記完了証（所有権移転）　1通

③　全部事項証明書　　　　土地・建物各1通

以上

第7章　相続業務の手順　その2・遺言執行業務
（遺言執行者の就職から執行完了まで）

　この章では，まず，遺言を執行するのに重要な知識である遺言執行者の「権利」「義務」「復任権」を理解する。次に，面談の場で相談者にロードマップを提示できるようにするために遺言執行業務を俯瞰する。そして，遺言書で遺言執行者に指定されてから遺言執行者に就職するまでと，就職から執行完了までのポイントを「銀行への執行手続」を基に解説する。

【第7章の俯瞰図】

```
7-1. 遺言執行者の「権利」「義務」「復任権」
                  ＋
7-2. 遺言執行者の就職から任務完了までのロードマップ
     ┌─▶ 7-3. 遺言執行者に指定された場合のアフターフォロー
     │        7-4. 遺言執行者の就職
     │        7-5. 調査・管理
     │        7-6. 銀行への遺言執行
     │        7-7. 執行の完了
```

▎7-1.　遺言執行者の「権利」「義務」「復任権」

　遺言執行者は，遺言の内容を実現するため，相続財産の管理その他遺言の執行に必要な一切の行為をする権利義務を有する（民1012①，民法改正により，「遺言の内容を実現するため，」が加筆された）。そして，遺言執行者がある場合には，遺贈の履行は，遺言執行者のみが行うことができる（民1012②）。

　また，遺言執行者がその権限内において遺言執行者であることを示してした

行為の効果は，相続人に対して直接にその効果を生ずる（民1015，民法改正により「遺言執行者は，相続人の代理人とみなす。」から文言修正）。

このように，遺言執行者は遺言の内容を実現するために重要な責務を負う。そこで，トラブルを回避して円滑に遺言を執行するために，以下に提示する遺言執行者の「権利」「義務」を押えた上で，遺言執行者に就職することが重要である。

(1)　遺言執行者の「権利」

遺言執行者には「費用償還請求権」と「報酬請求権」がある。なお，遺言執行にあたっては，委任の規定が一部準用される（民1012③・1018②・1020）。

▶【図表54】遺言執行者の「権利」

No	権　利	内　　容	備　　考
1	費用償還請求権	(1)　遺言執行者が「遺言を執行するために必要な費用」を支出した場合，相続人に対して，その費用の償還を請求できる（民1012③・650①）。 (2)　遺言執行者が遺言執行事務を処理するのに必要な債務を負担したときは，相続人に対し，自己に代わって弁済することを請求できる（民650②）。 (3)　遺言執行者が，遺言執行のために過失なくして損害を受けた場合には，相続人に対して，その損害を請求することができる（民650③）。	「遺言を執行するために必要な費用」とは ・遺言書の検認手続に要した費用 ・相続財産目録の作成費用 ・不動産の分筆に必要な費用 ・訴訟提起のための訴訟費用 などをいう。 なお，遺言執行に関する費用は，「相続財産の負担」とされているため相続人の固有の財産に対して請求することはできないとされている（民1021）。

| 2 | 報酬請求権 | (1) 遺言執行者は，遺言執行の報酬を請求することができる（民1018①・648②③）。
(2) 家庭裁判所は，相続財産の状況その他の事情によって遺言執行者の報酬を定めることができる（民1018①）。
(3) 遺言に報酬の定めがある場合には，それによることになる（民1018①ただし書）。 | 報酬付与の審判は，遺言執行者の報酬額を決定するだけであり，執行力はない。相続人が任意に支払わない時は，給付訴訟をするほかない。 |

(2) 遺言執行者の「義務」

遺言執行者は，以下の義務を負う。このことを十分理解した上で就職すること。

【図表55】遺言執行者の「義務」

No	義　　務	内　　　容
1	任務の開始義務・通知義務	・就職を承諾したときは，直ちに任務を行わなければならない（民1007①）。 ・任務を開始したときは，遅滞なく，遺言の内容を相続人に通知しなければならない（民1007②）。
2	財産目録の作成・交付義務	遅滞なく相続財産の目録を作成し，相続人に交付しなければならない（民1011①）。
3	受取物引渡し等の義務（遺贈の履行）	遺言執行にあたって受領した金銭やその他の物，収受した果実等を相続人に引き渡さなければならない（民1012②・646）。
4	報告義務	相続人の請求があるときは，いつでも遺言執行の状況等について報告する義務があり，この義務を怠った場合には，債務不履行責任を負う（民1012③・645）。
5	補償義務	相続人に引き渡すべき金銭またはその利益のために用いるべき金銭を自己のために消費したときは，その消費した日以後の利息を支払わなければならない。さらに損害があるときは相続人に対し，その損害を賠償する責任を負う（民1012③・647）。

(3)　遺言執行者の「復任権」

　民法改正により，遺言執行者の復任権が広く認められた。改正前は，「やむを得ない事由」がなければ，第三者にその任務を行わせることはできなかった（改正前民1016①）。しかし，遺言内容によっては，遺言執行者の職務が広範におよぶ場合や，相応の法律知識が必要であり，法律専門職に任せた方が適切な処理が期待できる場合もある。そこで，復任権の範囲を「自己の責任で第三者にその任務を行わせることができる」と広げた（民1016①）。

　そして，第三者に任務を行わせることについてやむを得ない事由があるときには，遺言執行者は，相続人に対してその選任および監督についての責任のみを負う（民1016②）。ただし，遺言者が復任権について別段の意思を表示したときは，その意思に従う（民1016①ただし書）。

7-2.　遺言執行者の就職から任務完了までのロードマップ

　遺言書で遺言執行者に指定されてから遺言執行者に就職して執行が完了するまでの一般的な流れは以下のとおりである。

▶【図表56】「遺言執行者の就職から任務完了まで」のロードマップ

> **遺言作成の受任**
> 遺言書で遺言執行者に指定される（民1006①）

> **アフターフォロー**（P208「7-3」参照）
> 必要に応じて遺言者とコンタクトをとる

> **遺言者の死亡**
> 相続の開始（民882）

遺言執行者に就職し，遺言内容を通知する（P 208「**7-4**」参照）
就職を承諾したときは，直ちに任務を開始し（民1007①），遅滞なく，
遺言の内容を相続人に通知する（民1007②）。

自筆証書遺言の場合

遺言書保管所に遺言書が保管されていない場合

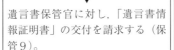

遺言書保管所に遺言書が保管されている場合

家庭裁判所に遺言書を提出して，検認を請求する（民1004①）。

遺言書保管官に対し，「遺言書情報証明書」の交付を請求する（保管9）。
※遺言書保管所に保管されている遺言書については検認（民1004①）が不要（保管11）。

公正証書遺言の場合
・検認不要
　（民1004②）。

調査・管理（P 212「**7-5**」参照）
　・相続人調査
　・財産調査

具体的遺言内容の実現（P 215「**7-6**」参照）

執行の完了（P 218「**7-7**」参照）
　・任務完了の通知（民1020・655）
　・保管・管理物の引渡し（民1012②③・646）
　・執行の顛末報告（民1012③・645）

　遺言の相談の面談のときに，遺言執行者の役割と執行の流れを説明すると，相談者は遺言執行者の重要性を認識し，なおかつ遺言内容の実現がイメージできる。その結果，高い受任率と満足行く報酬が実現する。

7-3.　遺言執行者に指定された場合のアフターフォロー

遺言で遺言執行者に指定されたら，遺言者の死亡を直ちに知ることが求められる。遺言者の同居の家族などが遺言書の存在を知っていれば問題ない。しかし，遺言者が諸事情によって，家族に知らせずに作成したなどで，遺言書の作成を受任した専門家しか知らない場合は注意が必要である。

その場合，何らかの方法で遺言者と定期的にコンタクトを取り遺言者の状態を把握するなど，アフターフォローが必要になる。どのような方法で行うかは，遺言書を作成した時点で依頼者と決めておくこと。

遺言の目的は，「残す」ことではなく遺言の内容を「実現」すること，すなわち「遺言を執行すること」であることを忘れてはならない（P105「Column 13」参照）。

7-4.　遺言執行者の就職

行政書士が遺言書で遺言執行者に指定され，遺言者が死亡後に遺言執行者に就職する典型的なパターンは，「発見型」「確認型」「円満型」の以上3つに分けることができる。

そして，遺言執行を円滑に行うポイントは，「報酬の取決め」（P209「7-4.(2)」参照）と「就職の通知」（P210「7-4.(3)」参照）の2つである。

(1)　遺言執行者の就職パターン

行政書士が遺言執行者に就職するパターンは，主に次の3つである。

【図表57】遺言執行者の就職パターン

No	型	特 徴	具 体 例
1	発見型	遺族が遺品整理をしていたら「遺言書」が出てきた	・仏壇から遺言書が出てきた。 ・貸金庫を開けたら遺言書が出てきた。
2	確認型	遺族が遺品整理をしていたら「痕跡」が出てきた	・財布に行政書士の「名刺」が入っていた。 ・行政書士から「年賀状」が届いていた。 ・「パソコン」に行政書士とのやり取りが記録されていた。
3	円満型	相続人（または受遺者）に遺言書を託していた	・遺言者が相続人（または受遺者）に行政書士の連絡先を伝えていた。 ・遺言書を作成するときに，相続人（または受遺者）と行政書士が会っていた（親子で遺言の相談に訪れた場合等）。

遺言書で「遺言執行者に指定されていた行政書士」に連絡が入る

相続人（または受遺者）と打合せ
・遺言執行者就職の条件の確認（報酬等）（P 329「事例㉛」参照）
・遺言執行者就職の通知の方法の確認
・執行完了までのスケジュール（＝ロードマップ）の提示

(2) 遺言執行者の報酬の決め方

遺言執行の報酬額は，第一に「被相続人（＝遺言者）の意思」によって決まる（民1018①ただし書）。

なお，相続人と遺言執行者の合意によって，被相続人の定めた報酬額と異なった報酬額を決めることは差支えない。また，相続人と受遺者が共同して負担するという合意も有効である。

被相続人が遺言執行者の報酬を定めていない場合は，遺言執行者は家庭裁判所に報酬の付与を申し立てることができる（民1018①本文）。

　遺言執行が完了後に報酬請求をすると，報酬額をめぐり受遺者等とトラブルになりやすい。また，そのような状況を招いてしまうと，どうしても執行者は不利になってしまう。したがって，遺言執行者に就職する前に，相続人，受遺者等の利害関係人と，報酬額と報酬の受領方法および受領の期日について取り決めておくことが望ましい。

　もし，遺言執行者に就職する前の打合せで，報酬額について受遺者等と折り合いが付かない場合は，遺言執行者の就職を拒むことも検討に入れる（民1007①）。

　なお，遺言執行者の就職を承諾した後に，辞任する場合は，正当な事由があり，なおかつ，家庭裁判所の許可が必要となる（民1019②）。

(3)　遺言執行者就職の通知

　旧法では，遺言執行者には，相続財産の目録を作成してこれを相続人に交付すべき義務はあった（民1011①）が，「遺言の内容」を相続人に通知する義務についての規定は存在しなかった。

　改正法では，遺言執行者が就職した場合には，遅滞なく，遺言の内容を相続人に通知しなければならないこととしているので，注意を要する（民1007②）。

①　通知の意義

　遺言執行者に就職した旨を相続人その他の利害関係人に通知することは次の効果と機能がある。

> ・相続人による遺産の処分行為等を防止する効果
> ・金融機関に通知することで，遺言者名義の預金の払戻しを防止する機能

②　通知の方法

　一般的に，次のイ）またはロ）のいずれかの方法で行われている。どちらの方法を選択するかは，相続人代表者等と協議して決める。

イ）通知書を郵送する

事例 ㉒ 　遺言執行者就職の通知（対象：相続人）　　（P 115「**事例⑬**」参照）

令和□年□月□日

遺言者　亡高田忠夫相続人 各位

東京都千代田区麹町３丁目２番１号

エキスパートビル　321号

電話　03（3210）0123

遺言者　亡高田忠夫　遺言執行者

行政書士　竹之内　豊　[印]

遺言執行者就職の通知

拝啓

　当職は，遺言者高田忠夫殿（最後の住所　東京都国分寺市○○町○丁目○番地の○　死亡年月日　令和△年△月△日死亡）より，令和○年○月○日付公正証書遺言（東京法務局所属公証人川村公人，令和○年第○号）により遺言執行者として指定を受けました。

　この遺言は，高田忠夫殿が死亡した令和△年△月△日より，その効力が生じました。

　当職は，民法の規定に基づき，令和□年□月□日をもって，遺言執行者の就任を承諾し，今後，遺言執行者の任に当たることを，ここに通知致します。

　なお，当職は，遺言の内容を実現するため，法律上，相続財産の管理その他遺言の執行に必要な一切の行為をする権利義務を有します。

　これに伴い，相続人のみなさまは，故人の預金の払戻し等の相続財産の

処分その他遺言の執行を妨げる行為をすることができません。この点ご理解ご協力のほど，お願いいたします。

　今後は，当職が相続財産を管理し，相続財産の目録（以下「財産目録」といいます）を作成し，遺言の内容に従って遺言の執行を行います。財産目録は，作成出来次第お届けいたします。

　なお，遺言公正証書の写しを同封いたしました。遺言事項及び遺言執行事務についてご不明の点がございましたら，当職までご連絡ください。ご説明差し上げます。

敬具

ロ）相続人が集まる場で報告する

四十九日の法要等，相続人が一堂に会する場で報告する。

③　通知の対象者

　相続人，受遺者のほか，遺言の執行手続の対象機関となる金融機関などである。

7-5.　調査・管理

(1)　相続人の調査

　就任後遅滞なく，相続人らに遺言執行者に就職したことを通知するために，職務上請求書を使用して，遺言者の出生から死亡までの戸籍および相続人の戸籍と住民票の写し（または戸籍の附票）を役所に請求して確認する。

　通常，相続人の調査には，業務開始から完了まで1か月から2か月程度を要する。遺言作成時に，推定相続人の調査をするために，戸籍謄本等を収集して

おけば，相続人調査に要する時間は大幅に短縮できる。この点からも，遺言書作成の依頼を受任した際に，推定相続人の調査を行うことは，大きな意味がある（P 96「**3-6**(1)」参照）。

(2)　相続財産の調査・管理

遺言執行者が遺言書の作成に関わっていた場合は，まず遺言書に記載されている財産の存否・変動を調査する。次に相続人代表者等利害関係人に遺言書に記載されている財産の他に財産があるか聴き取りを行い，必要に応じて調査する。そして，調査の結果判明した相続財産を適切に管理する（民1012①）。

(3)　財産目録の作成

遺言執行者は，遅滞なく相続財産の目録を作成し，相続人に交付しなければならない（民1011①）。

①　財産目録作成の意義

相続財産目録の調製義務は，次の2点を目的として遺言執行者に課されている。

イ）　相続財産の状態を明らかにして，相続財産に対する遺言執行者の管理
　　　処分権の対象を明確にする（民1012①）。

ロ）　遺言執行者の「相続財産引渡義務」（民1012③・646）「報告義務」（民
　　　1012③・645）および「補償義務」（民1012③・647）の基礎を明確にする。

②　財産目録の内容

財産目録の具体的な記載内容について，法律上特別の定めはない。

財産目録の内容は法定されていないが，遺言執行者の管理に付される相続財産の状態を具体的に明らかにすればよく，個々の価額を調査する義務はない。

事例㉓　財産目録　　　　　　　　　　　（P 115「**事例⑬**」参照）

令和○年○月○日

遺言者　亡高田忠夫相続人　各位

財 産 目 録

作成者

東京都千代田区麹町3丁目2番1号

エキスパートビル　321号

電話　03（3210）0123

遺言者　亡高田忠夫　遺言執行者

行政書士　竹之内　豊

　遺言者亡高田忠夫殿の死亡時（令和△年△月△日）の相続財産について，下記のとおりご報告いたします。

記

1．不動産

(1)　土　　地

所　在　　　東京都国分寺市○○町○丁目○番○○

地　目　　　宅地

地　積　　　○○○．○○平方メートル

(2)　建　　物

所　在　　　東京都国分寺市○○町○丁目○番地○○

家屋番号　　○番○○

種　類　　　居宅

構　造　　　軽量鉄骨造亜鉛メッキ鋼板葺2階建

床面積　　　1階○○．○○平方メートル

2階○○．○○平方メートル

２．現金，預貯金

税経銀行国分寺支店

普通預金　番号：23-0111122　金87,654,321円

３．有価証券　中央電力　株式　5,000株

４．動産その他家具一式

(1)　上記建物に所在する動産他家具一式

(2)　普通自動車

車　　　名　トヨタプリウス

登録番号　多摩あ11－03

車台番号　ＺＶＷ30－002524

以上

7-6.　銀行への遺言執行

銀行に対する執行手続の手順は次のとおりである。

(1)　銀行に通知する（預金口座の凍結開始）

被相続人が口座を開設していた銀行に，被相続人の死亡を通知し（電話で可），遺言執行者に就職したことを伝える。その際に，銀行を訪問する日時の予約を取る。

なお，この時点で預金等の引出し・入金の取扱い等一切の取引が停止される（いわゆる「凍結」）（P192「6-9.(1)」参照）。

(2)　銀行に行く（残高証明書の請求および相続届の入手）

予約した日時に銀行に行き，残高証明書を請求し，銀行所定の書類（以下

「相続届」という）を入手する。その際に提示する書類は次表のとおり。

【図表58】銀行に提出する遺言執行手続の書類

対 象 者	書　　　類
遺言執行者に関する書類	①　印鑑登録証明書 　（銀行によって，発行から3か月または6か月以内のもの） ②　実印 ③　身分証明書 　イ）官公署が発行した写真付きの証明書（運転免許証，マイナンバーカード等） 　ロ）資格者証
被相続人（＝遺言者）に関する書類	①　遺言書 　イ）公正証書遺言の場合・・・正本または謄本 　ロ）自筆証書遺言の場合（注1）・・・自筆証書遺言，検認済証明書 ②　出生から死亡までの戸籍謄本 ③　通帳・カード等（見当たらない場合は不要）
相続人に関する書類	①　戸籍謄本

※すべて原本を提出する。なお，銀行はその場で原本の写しを取って還付する。
（注1）遺言書が遺言書保管所に保管されていた場合は，遺言書情報証明書を提出する。なお，この場合，検認済証明書を提出する必要はない（保管11）

ここが実務のポイント❸　銀行の相続手続の所要時間と見積

　銀行には「残高証明書の請求」と「相続届の提出」の最低2回出向く。1回の所要時間は2時間程度かかる（待ち時間含む）。それに事務所と銀行までの往復の所要時間および銀行指定の書類作成時間を加えると1行当り10時間程度かかる。さらに，相続人代表者との打合せ（3回程度），調査（相続人，相続財産），書類作成（「相続関係説明図」「遺産分割協議書」「財産目録」「相続届」等）に要する時間が加わる。

以上に要する時間を考慮して見積することが肝要である。

ここが実務のポイント❹ 「遺言執行者のみの署名・押印」で手続きできるように交渉する

遺言書に遺言執行者が指定されていて，その者が遺言執行者に就職したら，「遺言執行者のみの署名・押印」で金融機関の執行業務は行われるべきである。しかし，金融機関から，遺言執行者からの払戻請求に対し，「遺言執行者以外」の相続人や受遺者等の「払戻しに関する同意書」「相続届」への署名・押印および印鑑登録証明書の提出を求められることがある。要求のとおりにすると，相当の時間を要してしまうことがある。また，手続きに非協力的な相続人によって，遺言の執行に支障が生じることもある。

万一，銀行からそのような要求をされた場合は，遺言執行者として，金融機関に対して，「預貯金の払戻しの請求は遺言執行者の職務権限」であり（民1014③），「遺言執行者の署名・押印」のみで執行業務ができることを毅然たる態度で説明し，遺言執行が速やかに完了するように努めるべきである。

---

(3) 受取の方法を決める

「払戻し」または「名義変更」のいずれかを選択する。払戻しの方が手続きが簡易なため利用されることが多い。

① 払 戻 し

次のいずれかを選択する。

イ）遺言執行者の口座に一括で振込む

「被相続人○○○○　遺言執行者□□□□」という名義の口座を開設する。

ロ）受遺者の口座に金融機関から直接振込む

② **名 義 変 更**

名義人の「新印鑑」が必要になる。

(4)　銀行に「相続届」を提出する

事前に予約を入れて，(2)で訪問した支店に相続届を提出し，払戻手続を行う。

(5)　指定口座に振込まれる

通常，書類を提出してから1週間以内に，「相続届」で指定した口座に遺産が振込まれる。手続きが完了すると銀行から次の書類が遺言執行者に書留で送られてくる。以上で銀行の相続手続が完了する。

> ・完了報告書
> ・支払済みの通帳
> ・名義変更後の通帳（名義変更をした場合）
> ・計算書，振込受付書　等

7-7.　執行の完了

遺言書に示された内容の権利義務の履行手続の全部が終了したとき，遺言の執行は完了する。

遺言執行の職務については，委任に関する規定が準用されている（民1012③・644～647・650）。そのため，任務終了後の手続きも委任の場合と同様となる。

(1) 任務完了の通知

　遺言執行者は，相続人や受遺者に対し，任務完了の通知をしなければ，これらの者に対し任務の完了を対抗できない（民1020・655）。

(2) 保管・管理物の引渡し

　遺言執行者は，任務完了後直ちに，その執行者に関し，受け取った金銭その他の物を相続人に引き渡さなければならない（民1012③・646）。

(3) 執行の顛末報告

　遺言執行者は，相続人および受遺者に対し，その任務完了後，遅滞なくその履行の顛末について報告しなければならない（民1012③・645）。

　顛末報告は，口頭でもよいとされているが，後日の紛争を回避する意味からも書面で行うこと。なお，金銭出納がある場合は，収支計算書を作成し添付する（P220「**事例㉔**」参照）。

事例 ㉔　「遺言執行事務終了通知」並びに「顛末報告書」（P120「事例⑭」参照）

遺言者　亡高田忠夫相続人　各位

遺言執行事務終了通知並びに顛末報告書

令和○年○月○日

東京都千代田区麹町3丁目2番1号

エキスパートビル321号

電話　03（3210）0123

遺言者　亡高田忠夫　遺言執行者

行政書士　　竹之内　豊　㊞

　当職は，遺言者高田忠夫（最後の住所　東京都国分寺市○○町○丁目○番地の○，令和△年△月△日死亡）殿より，令和○年○月○日付公正証書遺言（東京法務局所属公証人川村公人，令和元年第○号）の遺言執行者として令和□年□月□日に就任し，任務を遂行して参りました。

　令和○年○月○日をもって，すべての遺言執行事務が完了致しましたこと本書面をもって，その旨通知致します。

　なお，遺言執行行為に関する執行内容および収支報告については，下記のとおりです。またお預かりした書類は後記記載のとおりです。

記

1．執行内容

(1)　令和○年○月○日　受遺者高田花子への不動産所有権移転登記手続

(2) 令和○年○月○日　税経銀行国分寺支店の貸金庫の開披・解約手続

(3) 令和○年○月○日　税経銀行国分寺支店の預金解約・払戻事務

(4) 令和○年○月○日　日本行政証券株式会社にて中央電力株式
　　　　　　　　　　　5,000株名義変更手続

(5) 令和○年○月○日　多摩自動車検査登録事務所にて名義変更手続

(6) 令和○年○月○日　受遺者高田正一へ金弐千万円の送金手続

２．収支報告

　別紙収支計算書のとおり

３．返却書類

　次の(1)～(3)の書類等を令和○年○月○日，長男高田正宏様へ返却いたしました。

(1) 公正証書遺言　正本　　　　　　　　1通

(2) 権利書（登記識別情報通知書）　　　1通

(3) 預金通帳　　　　　　　　　　　　　1通

以上

第8章 法定相続情報証明制度の利用方法

　法定相続情報証明制度は，相続登記を促進するために平成29（2017）年5月29日から運用が開始された制度である。この制度を利用すると，法務局から「法定相続情報一覧図の写し」が交付される。

　この「法定相続情報一覧図の写し」は，行政書士が「事実証明に関する書類」（行書1の2①）として作成している相続人の範囲を確定する書類（いわゆる「相続関係説明図」）に該当するものである。

　つまり，「法定相続情報一覧図の写し」は「相続関係説明図」の"役所ヴァージョン"ともいえる。

　なお，金融機関は相続手続において，「法定相続情報一覧図の写し」の提出を義務付けていない。従来からの「相続関係説明図」および相続関係を証する戸籍謄本等を提出しても何ら問題ない。

　この章では，法定相続情報証明制度を利用した「法定相続情報一覧図の写し」の取得手続について詳解する。相続手続業務において「法定相続情報一覧図の写し」を取得するのか，もしくは従来どおり「相続関係説明図」を作成するのかのメルクマールとして活用頂きたい。

【第8章の俯瞰図】

8-1. 制度の概要 ＋ 8-2. 行政書士が「法定相続情報一覧図の写し」を請求できる法的根拠

⬇

8-3. 行政書士が代理人として「法定相続情報一覧図の写し」を取得する手順

⬇

8-4. 「法定相続情報一覧図の写し」の有無による銀行の相続手続の比較 ＋ 8-5. 「法定相続情報一覧図の写し」に対する銀行の対応

⬇

8-6. 制度・申出・一覧図の要点

8-1. 制度の概要

　本制度の法的根拠および「法定相続情報一覧図の写し」に記載されている内容について説明する。

(1) 法 的 根 拠

　不動産登記令第27条の規定に基づき，「不動産登記規則の一部を改正する省令」（平成29年法務省令第20号）が，平成29（2017）年5月29日に施行された。

　これにより，不動産登記規則（平成17年法務省令第18号）が改正されて，第5章の次に「第6章　法定相続情報」（第247・248条）が加えられた。

(2) 「法定相続情報一覧図の写し」に記載される内容

　「法定相続情報一覧図の写し」には，次の情報が記載されている（不登規247①一・二）（P228「**事例㉖**」参照）。

▶【図表59】「法定相続情報一覧図の写し」の記載内容

対象者	記載される情報の内容
被相続人	・氏名 ・生年月日 ・最後の住所 ・最後の本籍 ・死亡年月日
相続人	・氏名 ・住所 ・生年月日 ・被相続人との続柄

　以上のとおり，「法定相続情報一覧図の写し」の内容は，行政書士が「事実証明に関する書類」（行書1の2①）として作成している相続人の範囲を確定する書類（いわゆる「相続関係説明図」）に該当するものである。

▌8-2.　行政書士が「法定相続情報一覧図の写し」を請求できる法的根拠

　行政書士は，法定相続人（＝申出人）の資格者代理人として，不動産登記規則および戸籍法に基づいて登記官（注）に対し，「法定相続情報一覧図の写し」の交付の申出をすることができる（不登規247①・②二，戸10の2③）。

(注)　被相続人の本籍地もしくは最後の住所地，申出人の住所地または被相続人を表題部所有者もしくは所有者の登記名義人とする不動産の所在地を管轄する登記所の登記官（不登規247）。

▌8-3.　行政書士が代理人として「法定相続情報一覧図の写し」を取得する手順

　行政書士が法定相続人（申出人）の資格者代理人として「法定相続情報一覧図の写し」を取得する手順は次のとおり。

(1)　必要書類を収集する

　請求に必要な書類は次のとおり。

▶【図表60】行政書士が「法定相続情報一覧図の写し」を請求する場合に必要な書類

対　象　者	必　要　書　類
被相続人	①　出生から死亡までの戸籍謄本および除籍謄本※ ②　住民票の除票または戸籍の附票※
相続人	①　戸籍謄本または戸籍抄本（被相続人が死亡した日以後の証明日のもの）※ ②　住民票の写しまたは戸籍の附票(注1)※
申出人（相続人代表者）	①　氏名・住所が確認できる次のいずれか一つ 　イ）運転免許証の表裏両面のコピー(注2) 　ロ）マイナンバーカードの表面のコピー(注2) 　ハ）住民票の写しまたは戸籍の附票(注3)

代理人（行政書士）	①　行政書士証票の写し

（注1）　「法定相続情報一覧図の写し」に相続人の住所を記載する場合に必要となる。

（注2）　「原本と相違ない」旨を記載し，申出人が記名する。

（注3）　申出人の住民票の写しは法務局が保管する。返却を希望する場合は，コピーに「原本と相違ない」旨を記載し，申出人が記名する。

※印：法務局から返却される書類（不登規247⑥）

(2)　書類を作成する

　次の書類を作成する。なお，書類は法務局ホームページからダウンロードできる。

▶ **【図表61】行政書士が「法定相続情報一覧図の写し」を請求する場合に作成する書類**

No	書　　類	内　　　容
①	法定相続情報一覧図の保管および交付の申出書（別記第1号様式）	不動産登記規則247条2項第1号～7号の内容を記載する（P227「**事例㉕**」参照）。
②	法定相続情報一覧図	交付される「法定相続情報一覧図の写し」は，この書類に記載された内容となる（P228「**事例㉖**」参照）。
③	委任状	P229「**事例㉗**」参照

　以下，次の依頼内容の場合の「法定相続情報一覧図の保管及び交付の申出書」（別記第1号様式）・「法定相続情報一覧図」および「委任状」の記載事例を紹介する。

> ・被相続人：税務太郎
> ・申出人（＝依頼者）：税務一郎（被相続人の長男）
> ・代理人：行政書士　竹之内豊
> ・相続人：相続人調査を行った結果，妻・税務花子と長男・税務一郎の2名と判明

別記第1号様式

法定相続情報一覧図の保管及び交付の申出書

（補完年月日　令和　　年　　月　　日）

申 出 年 月 日	令和4年1月20日	法定相続情報番号	－　　　－
被相続人の表示	氏　　　名　税務太郎 最後の住所　東京都新宿区下落合2丁目5番13号 生 年 月 日　昭和13年11月13日 死亡年月日　令和3年12月9日		
申出人の表示	住　　所　東京都武蔵野市吉祥寺1丁目2番3号 氏　　名　税務一郎 連絡先　03-3456-7890 被相続人との続柄　（長男）		
代理人の表示	住　所（事務所）東京都千代田区麹町3-2-1エキスパートビル321号 氏　　名　行政書士　竹之内豊 連絡先　03-3210-0123 申出人との関係　□法定代理人　☑委任による代理人		
利 用 目 的	□不動産登記　☑預貯金の払戻し □その他（　　　　　　　　　　　　　　　　　　　　）		
必要な写しの通数・交付方法	3通　（ □窓口で受取　☑郵送）※戸除籍謄本要返却 ※郵送の場合，送付先は申出人（又は代理人）の表示欄にある住所（事務所）となる。		
被相続人名義の不動産の有無	□有 ☑無	（有の場合，不動産所在事項又は不動産番号を以下に記載する。）	
申出先登記所の種別	□被相続人の本籍地　　☑被相続人の最後の住所地 □申出人の住所地　　　□被相続人名義の不動産の所在地		

　上記被相続人の法定相続情報一覧図を別添のとおり提出し，上記通数の一覧図の写しの交付を申出します。交付を受けた一覧図の写しについては，相続手続においてのみ使用し，その他の用途には使用しません。

　申出の日から3か月以内に一覧図の写し及び返却書類を受け取らない場合は，廃棄して差し支えありません。

　　　　　東京（地方）法務局　新宿　支局・出張所　　　　　　宛

※受領確認書類（不動産登記規則第247条第6項の規定により返却する書類に限る。）
戸籍（個人）全部事項証明書（　　通），除籍事項証明書（　　通）戸籍謄本（　　通）
除籍謄本（　　通），改製原戸籍謄本（　　通）戸籍の附票の写し（　　通）
戸籍の附票の除票の写し（　　通）住民票の写し（　　通），住民票の除票の写し（　　通）

受領	確認1	確認2	スキャナ・入力	交付		受取

| 事例 ㉖ | 法定相続情報一覧図 |

被相続人　　**税務太郎**　　法定相続情報

最後の住所
東京都新宿区下落合2丁目5番13号
最後の本籍
東京都新宿区下落合2丁目5番

出生　昭和13年11月13日
死亡　令和3年12月9日

（被相続人）　　　　　　　　　　　住所　東京都武蔵野市吉祥寺1丁目2番3号
税務太郎　　　　　　　　　　　出生　昭和40年11月9日
　　　　　　　　　　　　　　　　　　（長男）
　　　　　　　　　　　　　　　税務一郎（申出人）

住所　東京都新宿区下落合2丁目5番13号
出生　昭和15年3月30日
　（妻）
税務花子　　　　　　　　　　　　以下余白

作成日：**令和4年1月20日**
作成者：住所　東京都千代田区麹町3-2-1　エキスパートビル321号
　　　　氏名　**行政書士　竹之内豊**

事例 ㉗ 　委　任　状

委　任　状

（代理人）

住　所　　東京都千代田区麹町3-2-1　エキスパートビル　321号

氏　名　　行政書士　竹之内　豊

私は，上記の者に対し，以下の被相続人の相続に係る次の権限を委任する。

1　法定相続情報一覧図を作成すること
2　法定相続情報一覧図の保管および一覧図の写しの交付の申出をすること
　　（希望する法定相続情報一覧図の写しの交付通数　3　通）
3　法定相続情報一覧図の写しおよび返却される添付書面を受領すること
4　上記1から3までのほか，法定相続情報一覧図の保管および一覧図の写
　しの交付の申出に関して必要な一切の権限

被相続人の最後の住所（または本籍）
　　　　東京都新宿区下落合2丁目5番13号
被相続人の氏名
　　　　税務太郎
死亡年月日
　　　　令和3年12月9日

令和 4 年 1 月 5 日
　　　　　（委任者）
　　　　　　住　所　東京都武蔵野市吉祥寺1丁目2番3号

　　　　　　氏　名　　税　務　一　郎

⑶　登記所に申出をする

次の①～④の地を管轄する登記所のいずれかに申出する（不登規247①）。

---

① 　被相続人の本籍地

② 　被相続人の最後の住所地

③ 　申出人の住所地

④ 　被相続人名義の不動産の所在地

⑷　申出の手段・交付までの期間

申出の手段は，登記所に書類を直接持ち込むもしくは郵送のどちらでもよい。持込む場合と郵送する場合のそれぞれの留意点と交付までに要する期間は次のとおりである。

▶【図表62】申出の手段別「留意点」と「交付までの期間」

申出の手段	留意する点	交付までに要する期間
持込む	・行政書士証票と運転免許証等の公的書類を持参する。 ・郵送返却を希望する場合は，切手を貼った返信用封筒（もしくは，レターパックプラス）を提出する。	・受付から5日～10日程度に交付する。
郵送する	・発送手段に指定はない。ただし，郵便事故防止の観点から，簡易書留もしくは，レターパックプラス等の受取が確認できる手段を選択すること。 ・簡易書留料金以上の切手を貼った返信用封筒（もしくは，レターパックプラス）を同封する（不登規248②）。	・受付から5日～10日程度に交付する。 したがって，郵送の往復を入れると，発送から返却まで10日～15日程度を要する。

事例 ㉘ 交付された「法定相続情報一覧図の写し」

被相続人　**税務太郎**　法定相続情報

最後の住所
東京都新宿区下落合2丁目5番13号
最後の本籍
東京都新宿区下落合2丁目5番
出生　昭和13年11月13日
死亡　令和3年12月9日
（被相続人）　　　　　　　　　　　住所　東京都武蔵野市吉祥寺1丁目2番3号
税務太郎　　　　　　　　　　　出生　昭和40年11月9日
　　　　　　　　　　　　　　　　　　（長男）
　　　　　　　　　　　　税務一郎（申出人）

住所　東京都新宿区下落合2丁目5番13号
出生　昭和15年3月30日
（妻）
税務花子　　　　　　　　　　　　以下余白

> 作成日：**令和4年1月20日**
> 作成者：住所　東京都千代田区麹町3-2-1　エキスパートビル　321号
> 　　　　氏名　**行政書士　竹之内豊**

　これは，令和4年1月24日に申出のあった当局保管に係る法定相続情報一覧図の写しである。

令和4年　2月3日
東京法務局新宿出張所
　　　　　　　　登記官　　新　宿　和　彦　［印］

（注） 本書面は，提出された戸除籍謄本等の記載に基づくものである。相続放棄に関しては，本書面に記載されない。また，相続手続以外に利用することはできない。
整理番号　S00321

8-4. 「法定相続情報一覧図の写し」の有無による銀行の相続手続の比較

　本章冒頭で述べたとおり，金融機関は相続手続業務において，「法定相続情報一覧図の写し」の提出を義務付けていない。ここでは，「法定相続情報一覧図の写し」の有無による銀行の相続手続の比較を示す。左列が従来の方法，右列が「法定相続情報一覧図の写し」で手続きを行う方法である。

▶【図表63】「法定相続情報一覧図の写し」の有無による銀行の相続手続の比較

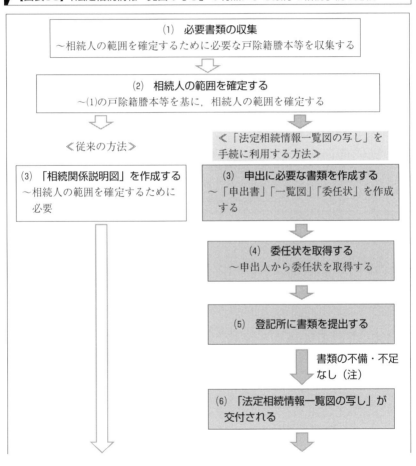

銀行に相続手続を開始

「相続関係説明図」には，"戸籍の束"を添付する。"戸籍の束"は銀行が写しを取り，その場で返却される。一方，右列「法定相続情報一覧図の写し」の場合は，"戸籍の束"は原則不要である。

（注） 書類に誤記・不足等の不備があると，登記官から代理人に補正の連絡が入る。補正が行われない場合は，提出した書類一切は代理人に返戻される（郵送による場合，郵送料は申出人の負担となる）。返戻に応じない場合は，申出日から3か月経過した後，登記所は提出された書類一切を廃棄する。

8-5. 「法定相続情報一覧図の写し」に対する銀行の対応

ほとんどの銀行は，「法定相続情報一覧図」について，ホームページに次のように記載している。

「法定相続情報一覧図の写し」（法務局の発行する認証付きの書類原本）をご提出いただく場合，戸籍謄本の当行あてのご提出は原則不要です。

このように，「法定相続情報一覧図の写し」の原本を提出すれば，相続関係を証する戸籍謄本の提出は「原則不要」としている。つまり，「不要」とは断言していない。

このため，相続関係が複雑なケース等の場合は，「法定相続情報一覧図の写し」を提出しても相続関係を証明する戸籍謄本等の提出を求められる場合があると考えられる。

8-6. 制度・申出・一覧図の要点

本章のまとめとして，「法定相続情報証明制度」「法定相続情報一覧図の申出」および「法定相続情報一覧図」の3つに区分してそれぞれ以下のとおり要点を整理する。

【図表64】制度・申出・一覧図別要点整理一覧

区分	項　目	内　容
制 度	従来の方法との相違	この制度は，"戸籍の束"（被相続人の「相続人の範囲」を証明する戸除籍謄本，すなわち，被相続人の出生から死亡までの戸除籍謄本および相続人の戸籍謄本）に代替し得るオプションを追加するものであり，これまでどおり"戸籍の束"で相続手続を行うことを妨げるものではない。 　なお，"戸籍の束"以外の遺産分割協議書等の書類は，従来と変わらず当然必要になる。
	相続財産に不動産が含まれない場合の利用の可否	被相続人名義の不動産がない場合（たとえば，遺産が銀行預金のみの場合）でも利用できる。
	被相続人と相続人に日本国籍を有しない者がいる場合の利用の可否	被相続人や相続人が日本国籍を有しないなど，戸除籍謄抄本を添付できない場合は，本制度は利用できない。
申 出	手数料	交付に当たり手数料は発生しない（無料）。
	申出ができる者の範囲	申出をすることができるのは，被相続人の相続人（当該相続人の地位を相続により承継した者を含む）である（不登規247①）。
	代理人の範囲	代理人となることができるのは，法定代理人の他，①民法上の親族と②資格代理人（弁護士，司法書士，土地家屋調査士，税理士，社会保険労務士，弁理士，海事代理士および行政書士に限る）である（不登規247②二，戸10の2③）。
	申出ができる登記所	次の①〜④の地を管轄する登記所のいずれかに申出する（不登規247①）。 ①　被相続人の本籍地 ②　被相続人の最後の住所地 ③　申出人の住所地 ④　被相続人名義の不動産の所在地
	申出の手段	申出は，直接登記所に持込む他，郵送によることも可能である（不登規247②七・248①②）。
	被相続人の死亡時点に遡って相続人の範囲が変	被相続人の死亡後に子の認知があった場合や（民781②），被相続人の死亡時に胎児であった者が生まれた場合（民886①），一覧図の写しが交付された後に遺言による推定相続人の廃除があった場合（民

	わるようなとき	893）など，被相続人の死亡時点に遡って相続人の範囲が変わるようなときは，当初の申出人は，再度，法定相続情報一覧図の保管等申出をすることができる。
	申出の書類に不備があった場合の処置	法定相続情報証明制度を利用するには，必要書類を不足なく揃えて，法定相続情報一覧図を誤りなく作成する必要がある。 　登記官からこれらの不備について補正を求められたにもかかわらず，必要な書類や正しい法定相続情報一覧図が提出されない場合は，登記所は提出された書類一切を申出人に返戻する（郵送による場合，郵送料は申出人の負担となる）。 　なお，申出人が返戻に応じない場合は，申出日から３か月経過した後，登記所は提出書類を一切廃棄する。
一 覧 図	請求できる通数	一覧図の写しは，相続手続に必要な範囲で，複数通請求可能である。
	再交付および再交付の申出先	法定相続情報一覧図の保管期間中（申出日の翌年から起算して５年間）は，一覧図の写しを再交付することが可能。ただし，再交付を申出することができるのは，当初，一覧図の保管等申出をした申出人に限られる（他の相続人が再交付を希望する場合は，当初の申出人からの委任が必要）。 　なお，再交付の申出は，当初の申出をした登記所（申出人が作成した法定相続情報一覧図が保管されている登記所）で受付ける（不登規247⑦）。
	利用可能な範囲	法定相続情報一覧図の写しは，相続手続のみ利用できる（不登規247①）。
	推定相続人の廃除があった場合	推定相続人の廃除（民893）があった場合に，法定相続情報一覧図には，原則，その廃除された者の記載がされない。
	実際には相続人とならない者（相続分を有しない者）の記載について	法定相続情報証明制度は，戸除籍謄本の記載に基づく法定相続人を明らかにするものである。そのため，相続放棄（民939）や遺産分割協議の結果によって，実際には相続人とならない者（相続分を有しない者）がいる場合でも，法定相続情報証明書にはその者の氏名等が記載される。

参考：法務省ホームページ

第9章 実務に求められる改正相続法の知識

　本章では，行政書士が実務を行うにあたり，改正相続法に関する必要な知識をまとめた。

　旧民法と改正民法を比較しながら読むと理解しやすいので，手元に新旧対象条文を用意して学習することをお勧めする。

　なお，本章および10章は，法制審議会民法（相続関係）部会議事録，「概説」「二宮」他を参考にした（「凡例4，文献」参照）。

【第9章の俯瞰図】

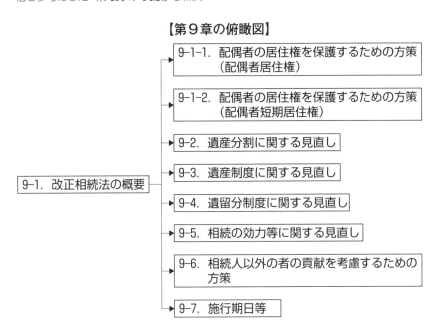

9-1. 改正相続法の概要

(1) 改正相続法の背景

　平成30（2018）年7月6日，民法及び家事事件手続法の一部を改正する法律

（平成30年法律第72号）が成立した（同年7月13日公布）。

　民法のうち相続法の分野については，昭和55（1980）年以来，実質的に大きな見直しはされてこなかったが，その間にも，社会の高齢化がさらに進展し，相続開始時における配偶者の年齢も相対的に高齢化しているため，その保護の必要性が高まっていた。

　今回の相続法の見直しは，このような社会経済情勢の変化に対応するものであり，残された配偶者の生活に配慮する等の観点から，配偶者の居住の権利を保護するための方策等が盛り込まれている。このほかにも，遺言の利用を促進し，相続をめぐる紛争を防止する等の観点から，自筆証書遺言の方式を緩和するなど，多岐にわたる改正項目が盛り込まれている。

(2)　改正相続法の3つの特徴

　改正法の特徴として，①配偶者保護のための方策が複数含まれている点，②遺言の活用を促進する方策が多数含まれている点，そして，③相続人を含む利害関係人の実質的公平を図るための見直しがされている点の以上3点が挙げられる。3つの特徴を以下の表にまとめてみる。

▶【図表65】改正相続法の3つの特徴

	項　目	内　容
1	配偶者保護のための方策が複数含まれている	少子高齢化の進展に伴い，配偶者と子を相対的に比較すると，配偶者の保護の必要性がより高まっていること，特に高齢の配偶者にとってはその居住権の保護を図ることが重要であること等を踏まえ，配偶者居住権や配偶者短期居住権という新たな権利を設けたほか，被相続人が配偶者に対して居住用不動産の遺贈や生前贈与をした場合に，いわゆる持戻し免除の意思表示があったものと法律上推定する規定を設けるなどしている。

2	遺言の活用を促進する方策が多数含まれている	国会の審議においても，家族の在り方が多様性しているこ とに伴い，法定相続のルールをそのまま当てはめると実質 的な不公平が生ずる場合があるとの指摘がされたが，その ような場合には，被相続人の意思によってこれを修正する ことが考えられるところであり，その意味では，遺言制度 は，今後ますますその重要性を増していくものと考えられ る。 そこで，改正法においては，自筆証書遺言の方式を緩和す る方策を設けたほか，遺言の円滑な実現を図るために遺言 執行者の権限を明確化しているが，これらは，いずれも遺 言の利用を促進するための方策となるものである。このほ か，改正法では，遺留分権利者の権利行使によって生ずる 権利を金銭債権とする改正も行っているが，これにより， 遺留分権利者がその権利を行使した場合にも遺贈や贈与の 効力は否定されないことになるため，遺言者の意思をより 尊重することにつながり，法律関係をより簡明にする点で， 間接的に遺言の利用を促進することにつながるものと考え られる。
3	相続人を含む利害関 係人の実質的公平を 図るための見直しが されている	①遺産の分割前に遺産に属する財産を処分した場合の遺産 の範囲 〜たとえば，多額の特別受益を有する共同相続人の一人が 遺産の分割前に遺産に属する財産の共有持分を処分した場 合に，その処分をした共同相続人の最終的な取得額が，そ れがなかった場合よりも増えるという不公平が生ずること を是正するものである。 ②相続人以外の者の貢献を考慮するための方策 〜相続人が被相続人に対する介護等の貢献を行った場合に は，寄与分制度によって貢献が考慮されるのに対し，相続 人に当たらない親族が被相続人に対する介護等の貢献を 行った場合には，遺産の分配に与れないという不公平が生 ずることを是正するものである。

　このほかにも，改正法では，預金債権について遺産の分割前に払戻しを認め る制度を創設し，また，いわゆる相続させる旨の遺言や相続分の指定された場 合についても対抗要件主義を適用することとし，相続人がこれらの遺言により 法定相続分を越える権利を取得した場合にも，対抗要件を備えなければその超 過分の取得を第三者に対抗できないこととするなどの見直しをしている。

9-1-1　配偶者の居住権を保護するための方策（配偶者居住権）

1．被相続人の配偶者は，相続開始の時に被相続人所有の建物に居住していた場合には，遺産分割，遺贈又は死因贈与により，その建物の全部について使用及び収益をする権利（＝配偶者居住権）を取得することができる。

2．遺産分割の請求を受けた家庭裁判所は，次の場合に限り，配偶者に配偶者居住権を取得させる旨の審判をすることができる。

①　共同相続人間で配偶者に配偶者居住権を取得させることについて合意が成立しているとき。

②　配偶者が配偶者居住権の取得を希望し，かつ，建物所有者が受ける不利益の程度を考慮してもなお配偶者の生活を維持するために特に必要があるとき。

3．配偶者居住権の存続期間は，遺産分割，遺贈または死因贈与において別段の定めがされた場合を除き，配偶者の終身の間となる。

4．配偶者居住権は譲渡することができず，存続期間を定めた場合であっても配偶者が死亡したときは消滅する。

5．配偶者居住権は，登記をすれば第三者に対抗することができる。

(1)　改正の趣旨

　配偶者居住権の制度は，残された配偶者のために居住建物の使用権限のみが認められ，処分権限のない権利を創設することにより，遺産分割の際に，配偶者が居住建物の所有権を取得する場合よりも低廉な価額で居住権を確保することができるようにすること等を目的とするものである。

　そして，この制度によって，残された配偶者は，住み慣れた居住環境での生活を継続するために居住権を確保しつつ，その後の生活資金として，預貯金等の財産についても，一定程度確保することが可能となる。

(2) 改正の内容

配偶者居住権の成立要件，内容および消滅について詳説する。

① 配偶者居住権の成立要件

配偶者居住権の成立要件は，「配偶者が相続開始の時に被相続人所有の建物に居住していたこと」，「その建物について配偶者に配偶者居住権を取得させる旨の『遺産分割』，『遺贈』又は『死因贈与』がされたこと」の２つである（民1028①・554）。

イ）　配偶者が相続開始の時に被相続人所有の建物に居住していたこと（民1028①）

a)　1028条１項の「配偶者」は，法律上被相続人と婚姻をしていた配偶者をいい，内縁の配偶者は含まれない。

b)　配偶者居住権の目的となる建物（＝居住建物）は，相続開始の時点において，被相続人の財産に属した建物でなければならない。

c)　被相続人が建物の共有持分を有していたに過ぎない場合には，原則として配偶者居住権を成立させることはできない（民1028①ただし書）。

d)　例外的に，居住建物が被相続人と配偶者の共有となっている場合に限り，配偶者居住権の成立を認める（民1028①ただし書）。

ロ）　配偶者に配偶者居住権を取得させる旨の「遺産分割」，「遺贈」又は「死因贈与」がされたこと（民1028①）

a)　配偶者居住権は，配偶者の居住権を保護するために認められた法定の権利であるため，その発生原因となる法律行為についても法定することとし，これを遺産分割，遺贈または死因贈与の３つに限定している。

b)　配偶者が遺産分割により配偶者居住権を取得する場合には，他の遺産を取得すると同様，自らの具体的相続分の中からこれを取得することになり，また，遺贈または死因贈与により配偶者居住権を取得する場合に

は，特別受益に該当し得る。

②　配偶者居住権の内容

イ）　法的性質

　配偶者居住権は，配偶者の居住権を保護するために特に認められた権利であり，帰属上の一身専属である。このため，次の a)〜c) の３つの法的性質を有する。

　　a)　配偶者居住権の帰属主体は配偶者に限定される（民1028①）。

　　b)　配偶者は，配偶者居住権を譲渡することができない（民1032②）。

　　c)　配偶者が死亡した場合，配偶者居住権は当然に消滅して，相続の対象にもならない（民1036において準用する597③）。

ロ）　存続期間

　配偶者居住権は，原則として配偶者の終身の間存続することとしているが（民1030），遺産分割，遺贈または死因贈与で，存続期間を定めることもできる（民1030ただし書）。

ハ）　配偶者と居住建物の所有者との間の法律関係

a)　居住建物の使用及び収益

　配偶者居住権は，無償で居住建物の使用および収益をすることができる権利である。もっとも，使用貸借契約の借主等と同様に，配偶者は，居住建物の所有者の承諾を得なければ，第三者に居住建物を使用または収益させることはできないこととしているから（民1032③），実際には居住建物の使用権限を有するに過ぎず，配偶者の意思のみで居住建物の収益をすることができる場合はほとんど想定することができない。

b)　用法順守義務・善管注意義務

　配偶者は，従前の用法に従い，善良な管理者の注意をもって，居住建物の使用および収益をしなければならない（民1032①本文）。

c) 譲渡禁止

配偶者居住権は，譲渡することができない（民1032②）。

d) 無断で第三者に使用収益をさせることや無断増改築の禁止

配偶者は，居住建物の所有者の承諾を得なければ，第三者に居住建物の使用または収益をさせたり，居住建物の増改築をしたりすることはできない（民1032③）。

e) 配偶者居住権の財産評価

前記（P241「(2)①ロ) b)」）のとおり，配偶者が遺産分割において配偶者居住権を取得する場合には，他の遺産を取得する場合と同様，自らの具体的相続分においてこれを取得することになるため，その財産的価値を評価することが必要となる。また，配偶者が遺贈や死因贈与によって配偶者居住権を取得した場合にも，他に遺産分割の対象となる財産があれば，特別受益（903条）との関係で配偶者の具体的相続分に影響を与える場合があるほか，他に遺産分割の対象となる財産がない場合にも，遺留分侵害額を算定する際には，その財産評価を行う必要が生ずる。

③ 配偶者居住権の消滅

イ) 配偶者居住権の消滅原因

a) 総論

配偶者居住権の消滅原因としては，おもに次の4つが挙げられる。

① 存続期間の満了（民1036において準用する597①）
② 居住建物の所有者による消滅請求（民1032④）
③ 配偶者の死亡（民1036において準用する597③）
④ 居住建物の全部消滅等（民1036において準用する616の2）等

b) 居住建物の所有者による消滅請求

居住建物の所有者は，配偶者が1032条1項または3項の規定に違反した場合（用法順守義務や善管注意義務に違反した場合，居住建物の所有者の承諾を

得ずに，第三者に使用収益をさせ，または増改築をした場合）には，配偶者に対して相当の期間を定めて是正の催告を行い，その期間内に是正されないときは，配偶者に対する意思表示によって，配偶者居住権を消滅させることができる（民1032④）。

また，居住建物が共有である場合には，各共有者は，配偶者の義務違反によって居住建物の価値が毀損することを防ぐために，保存行為（民252ただし書）に基づき，それぞれ単独で配偶者居住権の消滅請求をすることができるものと考えられる。

ロ）　配偶者居住権が消滅した後の法律関係

配偶者居住権が消滅した場合には，配偶者は，次の a) b) の２つの義務を負う。

a)　居住建物の返還義務（民1035①本文）。

b)　居住建物の原状回復義務

居住建物について相続開始後に生じた損傷がある場合には，配偶者は，通常の使用によって生じた居住建物の損耗および居住建物の経年劣化を除き，原状回復義務を負う（民1035②において準用する621）。

9-1-2 配偶者の居住権を保護するための方策（配偶者短期居住権）

1．配偶者は，相続開始の時に被相続人所有の建物（＝居住建物）に無償で居住していた場合には，相続開始の時から「2」で定まる日までの間，居住建物を無償で使用する権利（＝配偶者短期居住権）を有する。

2．配偶者短期居住権の存続期間の終期は，次のとおり区分される。

(1)　居住建物について配偶者を含む共同相続人間で遺産分割をすべき場合

> ～遺産分割により居住建物の帰属が確定した日または相続開始の時から6か月を経過する日のいずれか遅い日
> (2) (1)以外の場合
> ～居住建物の所有権を取得した者が配偶者短期居住権の消滅の申入れをした日から6か月を経過する日
> 3. 配偶者短期居住権は，第三者に対抗することができない。

(1) 改正の趣旨～配偶者短期居住権と配偶者居住権との違い

配偶者短期居住権は，配偶者居住権と同じく配偶者が居住建物を無償で使用することができる権利である。しかし，配偶者居住権とは異なり，配偶者が配偶者短期居住権を取得した場合でも，遺産分割において，配偶者の具体的相続分からその価値が控除されることはない。

(2) 改正の内容

配偶者短期居住権の成立要件，内容および消滅について詳説する。

① 配偶者短期居住権の成立要件

イ) 総論

a) 保護要件

配偶者短期居住権は，相続開始後の短期間，配偶者の従前の居住環境での生活を保護しようとするものである。したがって，配偶者が「被相続人の財産に属した建物に相続開始の時に無償で居住していた」ことを成立要件（保護要件）としている（民1037①本文）。

b) 婚姻期間に関する要件

配偶者短期居住権を取得することができる配偶者は，法律上の配偶者であることを要するが，「特別受益者の相続分」（民903④）とは異なり，婚姻期間に関する要件は設けていない。

ロ）　居住建物が「被相続人の財産に属した」こと

a）　居宅建物が「被相続人の財産に属した」とは

居宅建物が「被相続人の財産に属した」とは，被相続人が居住用建物の所有者または共有持分を有していたことを意味する（民1037①本文）。

b）　被相続人が居住建物の共有持分を有するに過ぎなかった場合

被相続人が居住建物の共有持分を有するに過ぎなかった場合にも配偶者短期居住権は成立し，配偶者は，被相続人の共有持分を取得していた者に対し，その持分に応じた対価を支払うことなく，居住建物を使用することができる。

c）　被相続人および配偶者が借家に居住していた場合

被相続人および配偶者が借家に居住していた場合には，被相続人が賃料を負担し，配偶者自身は居住の対価を負担していなかったとしても，配偶者短期居住権は成立しない。

ハ）　居住建物を「無償」で使用していたこと

配偶者短期居住権が成立するためには，配偶者が居住建物を無償で使用していたことが必要である（民1037①本文）。

有償で使用している場合には，配偶者と被相続人との間に賃貸借等の契約関係があったと考えられ，被相続人の契約上の地位が相続人に引き継がれて契約関係が継続するため，新たな権利を創設する必要性が乏しいこと等を考慮したものである。

ニ）　居住建物に「居住」していたこと

「居住していた」といえるためには，次の要件および程度が求められる（民1037①本文）。

a）　生活の本拠として現に居住の用に供していたこと

配偶者が相続開始の時点で入院等のために一時的に被相続人の建物以外の場所に滞在していたとしても，配偶者の家財道具がその建物に存在して

おり，退院後はそこに帰ることが予定されているなど，被相続人所有の建物が配偶者の生活の本拠としての実態を失っていないと認められる場合には，配偶者はなおその建物に居住していたということができ，配偶者短期居住権の成立を認めることができる。

b) 建物の全部を居住のために使用している必要はない

建物の全部を居住のために使用している必要はなく，建物の一部を居住のために使用していれば足りる。

ホ) 配偶者短期居住権が成立しない場合

次の2つの場合は，配偶者短期居住権は成立しない。

a) 配偶者が相続開始時に居住建物の配偶者居住権を取得した場合（民1037①ただし書）。

b) 配偶者が欠格事由に該当しまたは廃除により相続人でなくなった場合（1037①本文・891〜893）。なお，配偶者が相続を放棄した場合であっても，配偶者短期居住権は成立する。

② 配偶者短期居住権の内容

イ) 法的性質

a) 使用借権類似の性質を有する

配偶者短期居住権は，平成8年判例（最判平8［1996］・12・17民集50巻10号2778頁）を参考にしつつ，被相続人の意思にかかわらず成立する法定の債権として構成したものであり，配偶者を債権者，居住建物取得者を債務者とする使用借権類似の性質を有する（民1037①本文参照）。

b) 帰属上の一身専属である

また，配偶者短期居住権も帰属上の一身専属であり，配偶者居住権と同様，その帰属主体は配偶者に限定され，配偶者はこれを譲渡することはできず，配偶者が死亡した場合には当然に消滅して相続の対象にもならない（民1041において準用する1032②・597③）。

ロ）　存続期間

a）　居住建物について配偶者を含む共同相続人間で遺産分割をすべき場合
　　～配偶者が居住建物について遺産共有持分を有している場合

　居住建物について配偶者を含む共同相続人間で遺産分割をすべき場合，すなわち配偶者が居住建物について遺産共有持分を有している場合には，配偶者短期居住権は，原則として，相続開始時から居住建物についての遺産分割が終了した時まで存続する（民1037①一）。

　このため，遺産分割が相続開始の時から6か月が経過する前に終了した場合を除き，遺産分割の協議または調停による場合は協議または調停の成立時，審判による場合は遺産分割の審判の確定時にそれぞれ存続期間が満了する。また，居住建物を含む遺産の一部について一部分割がされたときも，その時点で存続期間が満了する。

　早期に遺産分割協議が成立した場合であっても，配偶者が転居するために必要な猶予期間を確保するため，少なくとも相続開始の時から6か月間は配偶者短期居住権が存続することとしている。

　このため，居住建物について配偶者を含む共同相続人間で遺産分割をすべき場合の配偶者短期居住権の存続期間は，遺産分割により居住建物の帰属が確定した日または相続開始の時から6か月を経過する日のいずれか遅い日ということになる（民1037①一）。

b）　a）以外の場合～配偶者が居住建物について遺産共有持分を有しない場合

　a）以外の場合，すなわち被相続人が配偶者以外の者に居住建物の遺贈や死因贈与をした結果，配偶者が居住建物について遺産共有持分を有しない場合には，配偶者短期居住権は，相続開始の時を始期，居住建物取得者による配偶者短期居住権の消滅の申入れの日から6か月を経過する日を終期として存続する（民1037①二）。

ハ) 配偶者と居住建物取得者との間の法律関係

a) 居住建物の使用

a-1) 配偶者短期居住権は，配偶者に居住建物の使用権原のみを認めるが，収益権限は認めない（民1037①本文）。

a-2) 居住建物取得者は，配偶者に対し，建物を使用するのに適した状態にする義務（修繕義務等）までは負っておらず，配偶者が無償で居住建物を使用することを受忍すれば足りる。これは，使用貸借契約における貸主と同様である。

a-3) 居住建物取得者は配偶者による居住建物の使用を妨げてはならない義務を負う（民1037②）。居住建物取得者が居住建物を第三者に売却するなどしてこの義務に違反し，配偶者の使用を妨げた場合には，居住建物取得者は，配偶者に対して債務不履行責任を負う。

b) 用法順守義務・善管注意義務

配偶者は，従前の用法に従い，善良な管理者の注意をもって，居住建物を使用しなければならない（民1038①）。

c) 無断で第三者に使用させることの禁止

配偶者は，居住建物取得者の承諾を得なければ，第三者に居住建物の使用をさせることはできない（民1038②）。

d) 損害賠償請求や費用償還請求に関する期間制限

配偶者の善管注意義務違反等による損害賠償請求権および居住建物についての費用償還請求権は，居住建物取得者が居住建物の返還を受けた時から1年以内に請求しなければならない（民1041において準用する600①）。

e) 配偶者居住権に関する規定の準用

このほか，配偶者短期居住権の譲渡禁止，修繕や費用負担等に関する規律については，配偶者居住権と同様の規律を設けている（民1041において準用する1032②・1033および1034）。

③　配偶者短期居住権の消滅

イ）　配偶者短期居住権の消滅原因

a)　総　　論

配偶者短期居住権の消滅原因としては,

① 　存続期間の満了（民1037①各号に掲げる日が経過した時）

② 　居住建物取得者による消滅請求（民1038③）

③ 　配偶者による配偶者居住権の取得（民1039）

④ 　配偶者の死亡（民1041において準用する597③）

⑤ 　居住建物の全部滅失（民1041において準用する616の2）

等が挙げられる。

b)　居住建物取得者による消滅請求

b-1)　配偶者が用法順守義務,善管注意義務等の義務に違反した場合

　P249「②ハ）b)」のとおり,配偶者は,用法順守義務・善管注意義務等を負っており,配偶者がこれらの義務に違反した場合には,居住建物取得者は,その意思表示により配偶者短期居住権を消滅させることができる（民1038③）。この消滅請求については,使用貸借契約に関する594条3項と同様,無催告ですることができる。

b-2)　配偶者が,各共有者から配偶者短期居住権の消滅請求をされた場合

　居住建物が共有である場合には,各共有者は,それぞれ単独で配偶者短期居住権の消滅請求をすることができる。この点は,配偶者居住権の消滅請求と同様である（配偶者居住権に関するP243「9-1-1⑵③b)」参照）。

c)　配偶者による配偶者居住権の取得

c-1)　配偶者が配偶者居住権を取得したとき

　配偶者短期居住権は,配偶者が配偶者居住権を取得したときは,消滅する（民1039）。

c-2)　配偶者が遺贈によって配偶者居住権を取得した場合

　配偶者が遺贈によって配偶者居住権を取得した場合には配偶者短期居住権は成立せず（民1037①ただし書）,遺産分割によって居住建物の帰属

が確定した場合には配偶者短期居住権の存続期間が終了するから（同項1号），これらの場合には，1039条（配偶者居住権の取得による配偶者短期居住権の消滅）によるまでもなく，配偶者短期居住権は発生しないか，他の消滅事由によっても消滅する。

このため，同条により配偶者短期居住権が消滅する場合としては，配偶者が居住建物について遺産共有持分を有している場合に，①相続開始から6か月以内に遺産分割され，これによって配偶者が配偶者居住権を取得したとき，②遺産の一部分割により配偶者が居住建物の配偶者居住権を取得することとされたが，居住権の所有権自体については遺産分割がされなかったときなどが考えられ，このような場合に同条が独自の存在意義を持つものといえる。

d) 配偶者の死亡

配偶者が死亡した場合には，配偶者短期居住権は消滅する（民1041条において準用する597③）。

ロ) 配偶者短期居住権が消滅した場合の法律関係

配偶者短期居住権が消滅したときは，配偶者は，居住建物取得者に対し，居住建物を返還しなければならない（民1040①本文）。そして，「居住建物取得者が複数いる場合」，「配偶者が相続開始後に居住建物に付属させた物がある場合」，「相続開始後に居住建物に損傷が生じた場合」に，民法はそれぞれ次のように規定している。

a) 居住建物取得者が複数いる場合

居住建物取得者が複数いる場合には，居住建物取得者の有する各引渡請求権は不可分債権の関係にあるから，いずれかの居住建物取得者に返還すれば足りる。

b) 配偶者が相続開始後に居住建物に付属させた物がある場合

配偶者は，これを収去する権利を有し，義務を負う（民1040②において準用する599①②）。これは，使用貸借が終了した場合における使用借主の権

利義務と同様の規律を定めるものである。

c)　相続開始後に居住建物に損傷が生じた場合

配偶者は，通常の使用によって生じた居住建物の消耗および経年変化を除き，原状回復義務を負う（<u>民1040②</u>において準用する621）。

(注)　配偶者が配偶者居住権を取得した場合は，配偶者は配偶者居住権に基づいて居住建物を使用収益することができるから，返還義務を負わない（<u>1040条①本文</u>）。また，配偶者が居住建物について共有持分を有する場合も，配偶者は共有持分に基づく占有権原を有するから，居住建物取得者は，配偶者に対し，配偶者短期居住権が滅失したことを理由としては，居住建物の返還を請求することはできない（<u>同項ただし書</u>）。

9-2.　遺産分割に関する見直し

9-2-1　持戻し免除の意思表示の推定規定の創設（903条４項関係）

婚姻期間が20年以上である夫婦の一方の配偶者が，他方の配偶者に対し，その居住用建物又はその敷地（＝居住用不動産）の遺贈又は贈与をした場合については，903条３項の持戻し免除の意思表示があったものと推定し，遺産分割においては，原則として当該居住用不動産の持戻し計算を不要とする（当該居住用不動産の価値を特別受益として扱わずに計算をすることができる）。

(1)　改正の趣旨

高齢化の進展等の社会経済事情の変化に伴い，配偶者の死亡により残された他方配偶者の生活への配慮が必要となっている。

そこで，住居の確保のために配偶者居住権および配偶者短期居住権を新設したのに加え，配偶者の長年の貢献を実質的に評価するために，婚姻期間が20年以上の夫婦が他方に対して居住用不動産の贈与等をする場合には，通常それま

での貢献に報いるとともに，老後の生活を保障する趣旨で行われるものと考えられることから，903条4項では，配偶者間の居住用不動産の贈与等が行われた場合について持戻し免除の意思表示を推定する旨の規定を設けることとしたものである。

(2)　改正の内容

903条4項の要件と効果は次のとおりである。

①　903条4項の要件

イ)　婚姻期間が20年以上の夫婦であること

903条の4項の規定を受けるためには，婚姻期間が20年以上の夫婦であることを要する。

なお，同一の当事者間で結婚，離婚，結婚を繰り返している場合は，婚姻期間が通算して20年以上となっていれば，この要件を満たすものと考えられる。

ロ)　居住用不動産の贈与又は遺贈がされたこと

a)　贈与等の対象物

903条4項では，贈与等の対象物を居住用不動産に限定している。居住用不動産は老後の生活保障という観点からは特に重要なものであり，その贈与等は，類型的に相手方配偶者の老後の生活保障を考慮して行われる場合が多いと考えられること等を考慮したものである。

b)　同項の対象となる法律行為

また，同項の対象となる法律行為には，居住用不動産の贈与だけでなく，その遺贈も含まれる。

c)　婚姻期間が20年以上の夫婦間で，「配偶者居住権」の遺贈がされた場合

上記の趣旨（相手方配偶者の老後の生活保障の考慮）が当てはまることから，同項の規定を準用することとしている（民1028③）。

253

②　903条4項の効果

903条4項の要件を満たす贈与等が行われた場合には，被相続人が，当該贈与等について同条1項の規定を適用しない旨の意思表示（＝同条3項の規定による持戻しの免除の意思表示をしたこと）をしたものと推定することとしている。その結果，遺産分割においては，当該居住用不動産の価額を特別受益として扱わずに計算をすることができ，配偶者の遺産分割における取得額が増えることとなる。

9-2-2　遺産分割前における預貯金の払戻制度の創設等

> **家庭裁判所の判断を経ないで，預貯金の払戻しを認める方策**
> （909条の2）
> 各共同相続人は，遺産に属する預貯金債権のうち，以下の計算式で求められる額（ただし，同一の金融機関に対する権利行使は，法務省令で定める額（＝150万円）を限度とする）については，他の共同相続人の同意がなくても単独で払戻しを請求することができる。
> **【計算式】**
> 単独で払戻しを請求できる額 ＝（相続開始時の預貯金債権の額）×（3分の1）×（当該払戻しを求める共同相続人の法定相続分）

(1)　改正の趣旨

最大決平28［2016］・12・19民集70巻8号2121頁（以下「本決定」という。P402「ここが実務のポイント❷」参照）は，以前の判決を変更し，「預貯金債権が遺産分割の対象に含まれる」との判断を示した。

預貯金債権については，本決定前は，相続開始と同時に各共同相続人の相続分に従って当然に分割され，これにより，「各共同相続人は自己に帰属した債権を単独で行使することができる」こととされていた。しかし，本決定後は，

遺産分割までの間は，共同相続人全員の同意を得なければ権利行使をすることができないこととなった。

　これにより，共同相続人において相続債務の弁済をする必要がある，あるいは，被相続人から扶養を受けていた共同相続人の当面の生活費を支出する必要があるなどの事情により，被相続人が有していた預貯金を遺産分割前に払い戻す必要がある場合に支障を来すこととなった。

　そこで，改正法では，共同相続人の各種の資金需要に迅速に対応することを可能にするため，各共同相続人が，遺産分割前に，裁判所の判断を経ることなく，一定の範囲で遺産に含まれる預貯金債権を行使することができる制度を設けた（民909の2）。

(2)　改正の内容

①　家庭裁判所の判断を経ないで，預貯金の払戻しを認める方策（909条の2関係）

イ)　払戻し可能な金額

　909条の2では，各共同相続人は，遺産に属する預貯金債権のうち，その相続開始時の債権の3分の1に，当該払戻しを求める共同相続人の法定相続分を乗じた額については，単独でその権利を行使することができることとしている。

【計算式】

> 単独で払戻しを請求できる額＝（相続開始時の預貯金債権の額）×（3分の1）×（当該払戻しを求める共同相続人の法定相続分）

【事例】

> 遺産のうち，A銀行の普通貯金に300万円，A銀行の定期預金に240万円あった場合には，法定相続分が2分の1である相続人が単独で権利行使を

することができる額

普通預金：300万円 $\times \dfrac{1}{3} \times \dfrac{1}{2} = 50$万円

定期預金：240万円 $\times \dfrac{1}{3} \times \dfrac{1}{2} = 40$万円

（ただし，満期が到来していることが前提。以下同じ）

当該相続人は，上記の範囲内で払戻しを受けることはできるが，普通預金だけから90万円の払戻しを受けることはできないことになる。

ロ）　金融機関ごとの上限

a）　同一の金融機関に対して権利行使をすることができる金額の上限設定

909条の2は，上記①イ）の割合による上限のほか，同一の金融機関に対して権利行使をすることができる金額についても上限を設けている。そして，この金額を法務省令に委任している。

b）　法務省令で定める上限額は150万円

したがって，同一の金融機関に複数の口座がある場合でも，その金融機関から払戻しを受けることができる割合は法務省令で定める額が限度となる。そして，平成30（2018）年11月，法務省令で定める上限額は150万円と定められた（民法第909条の2に規定する法務省令で定める額を定める省令（平成30年法務省令第29号））。

平成30年法務省令第29号

民法第909条の2に規定する法務省令で定める額を定める省令

民法（明治29年法律第89号）第909条の2の規定に基づき，同条に規定する法務省令で定める額を定める省令を次のように定める。

民法第909条の2に規定する法務省令で定める額は，150万円とする。

附　則

この省令は，民法及び家事事件手続法の一部を改正する法律（平成30年法律第72号）の施行の日から施行する。

【事例】

A銀行の普通貯金に600万円，A銀行の定期預金に1200万円，B銀行の普通貯金に720万円あった場合の，法定相続分が2分の1の相続人が909条の2の規定によって払戻しが得られる金額

A銀行

普通預金：600万円 $\times \dfrac{1}{3} \times \dfrac{1}{2} = 100$万円

定期預金：1200万円 $\times \dfrac{1}{3} \times \dfrac{1}{2} = 200$万円

同一の金融機関から払戻しを受けることができる上限額は150万円なので，A銀行から払戻しを受けることができる金額は150万円となる。

B銀行

普通預金：720万円 $\times \dfrac{1}{3} \times \dfrac{1}{2} = 120$万円

B銀行から払戻しを受けることができる金額は120万円となる。

なお，A銀行からの払戻しについは，普通貯金口座からは100万円，定期預金口座からは最大150万円，それぞれ払戻しをすることができるが，150万円に満つるまで，どの口座からいくら払戻しを得るかについては，その請求をする相続人の判断に委ねられる（普通預金から80万円，定期預金から70

万円の払戻しを求めてもよいし，普通預金から100万円，定期預金から50万円の払
戻しを求めてもよい）。

c)　払戻しの請求の回数

909条の2では，払戻しの請求の回数については，特段の制限を設けて
いない。したがって，上限額に満つるまでは，回数の制限なく払戻しの請
求をすることは可能である（もっとも，払戻しにあたって，金融機関が定める
手数料を請求されることはあり得る）。

②　909条の2の規定に基づき払戻しがされた場合の効果

イ）　遺産の一部分割により取得したものとみなす

909条の2後段では，同条前段の規定に基づき権利行使がされた預貯金債
権については，その権利行使をした共同相続人が遺産の一部分割によりこれ
を取得したものとみなすこととしている。

ロ）　払戻した預貯金の額がその者の具体的相続分を超越する場合

これにより，仮に共同相続人の一部の者が同条前段の規定に基づき払戻し
た預貯金の額がその者の具体的相続分を超越する場合でも，当該共同相続人
は，遺産分割においてその超越部分を清算すべき義務を負うことになり，共
同相続人間の公平が確保されることになる。

【事例】

相続人A，B2名（法定相続分は各2分の1）
積極財産　1000万円（預金）のみ
Aに対する特別受益　1000万円（生前贈与）
Aが，改正法の規律により，上記預金から50万円の払戻しを受けたものと
する。

（結論）

遺産分割の対象財産　950万＋50万＝1000万

Aの具体的相続分　　（1000万＋1000万）× $\frac{1}{2}$ － 1000万 ＝ 0

Bの具体的相続分　　（1000万＋1000万）× $\frac{1}{2}$ ＝ 1000万

しかし，実際には残余の遺産は950万円しかないので，Bは，預貯金債権950万円とAに対する代償金請求権50万円を取得することになる。そうすると，遺産分割審判においては，下記のような主文になると思われる。

「Bに，預金債権（950万円）を取得させる。

Aは，（代償金として）Bに対して50万円を支払え。」

③　その他の論点

イ）　払戻しをするにあたって必要な書類等

909条の2の規定の適用を受けるに際し，金融機関にどのような資料を提示する必用があるかについては，法律上規定を設けていない。

もっとも，同条では，相続開始時の預貯金債権の額の3分の1に払戻しを求める者の法定相続分を乗じた額の範囲内で払戻しを認めることとしていることから，①被相続人が死亡した事実，②相続人の範囲および③払戻しを求める者の法定相続分がわかる資料の提示が必要になるものと考えられ，具体的には，これらの事実を証する戸籍（全部事項証明書）や法定相続情報一覧図（法務局における認証を受けたもの）がこれに該当することになるものと考えられる（P223「**第8章　法定相続情報証明制度の利用方法**」参照）。

ロ）　遺言相続との関係

909条の2は，その文言上，「遺産に属する預貯金債権」を対象としているが，預貯金債権が遺贈や特定財産承継遺言の対象となっている場合に，同条

の払戻しの対象となるか，問題になり得る。

　この点について，ある預貯金債権が遺贈や特定財産承継遺言（P462「**面談前に確認する基本用語・⑨**」参照）の対象となった場合には，遺産に属しないこととなるから，同条の規定による払戻しの対象とはならないのが原則であるが，改正法の下では，遺贈だけでなく，特定財産承継遺言についても対抗要件主義が適用されることとなったから（<u>民899の2</u>），金融機関としては所定の債務者対抗要件（遺贈については467条，特定財産承継遺言については<u>899条の2②参照</u>）が具備されるまでは，当該預貯金債権が遺産に属していることを前提に処理をすれば足り，その後に債務者対抗要件が具備されたとしても，既にされた909条の2の規定による払戻しが無効になることはないものと考えられる。

9-2-3 一部分割（907条関係）

> 1．共同相続人間の協議により，遺産の一部について分割をすることができることを明文化する。
> 2．1の協議が調わないとき，又は協議することができないときは，各共同相続人は，他の共同相続人の利益を害するおそれがある場合を除き，家庭裁判所に対し，遺産の一部について分割をするよう請求することができる。

(1) 改正の趣旨

　遺産分割を早期に解決するためには，争いのない遺産について先行して一部分割を行うことが有益な場合がある。そこで，旧法下における実務では，一定の要件の下で，一部分割が許されるとする見解が一般的であったが，法文上，一部分割が許容されるか否かは必ずしも明確ではなかった。

　そこで，907条においては，いかなる場合に一部分割をすることができるか

について，明文の規定を設けることとしたものである。

(2) 改正の内容

① 共同相続人の協議による一部分割

　共同相続人は，遺産についての処分権限があることから，いつでも，遺産の一部を残余の遺産から分離独立させて，確定的に分割をすることができるものと考えられる。

　そこで，改正法では，907条1項の文言を「遺産の分割をすることができる」から「遺産の全部又は一部の分割をすることができる」と改めることにより，共同相続人間の協議による一部分割が可能であることを明示した。

② 家庭裁判所に対する一部分割の請求

　次に，907条2項本文において，遺産分割について共同相続人間の協議が調わない場合には，共同相続人は，遺産の全部分割のみならず，その一部のみの分割を家庭裁判所に求めることができることを明らかにした。ただし，遺産の一部分割をすることにより他の共同相続人の利益を害するおそれがある場合には，一部分割の請求を認めないこととしている（同項ただし書）。

9-2-4 遺産の分割前に遺産に属する財産が処分された場合の取扱い（906条の2関係）

> 1. 遺産分割前に遺産に属する財産が処分された場合であっても，共同相続人全員の同意により，当該処分された財産を遺産分割の対象に含めることができる。
> 2. 共同相続人の一人又は数人が遺産分割前に遺産に属する財産の処分をした場合には，当該処分をした共同相続人については，1の同意を得ることを要しない。

(1)　改正の趣旨

　共同相続された相続財産については，原則として遺産共有となる（民898）。そして，その共有状態を解消するには，遺産分割の手続きによることとされ（民907），遺産分割の手続きにおいては，903条（特別受益者の相続分）および904条の2（寄与分）の規定によって算定される「具体的相続分」を基準として各相続人に遺産を分割することとされている。

　一方，共同相続人が遺産分割前にその共有持分を処分することは禁じられていないが，旧法下では，当該処分がされた場合に遺産分割においてどのような処分をすべきかについて明文の規定はなかった。そのため，実務においては，「遺産分割は，遺産分割の時に実際に存在する財産を共同相続人で分配する手続きである」という考え方に従い，共同相続人の一人が遺産分割の前に遺産の一部を処分した場合には，その時点で実際に存在する財産（＝当該処分された財産を除いた財産）を基準に遺産分割を行い，当該処分によって当該共同相続人が得た利益も遺産分割においては特段考慮しないという取扱いがされていた。その結果，当該処分をした者の取得額が，当該処分を行わなかった場合と比べると大きくなり，他の共同相続人の取得額が小さくなるという不公平が生じ得ることとなっていた。そこで，906条の2を新設し，このような不公平が生じることがないようにするために，遺産の分割前に遺産に属する財産が処分された場合の遺産の範囲を規律することとした。

(2)　改正の内容

①　共同相続人全員の同意によって遺産分割の対象財産とすることを認める規律

イ）　従来の判例や実務によって承認されてきた考え方を明文化

　遺産分割は，一般に，相続開始時に存在し，かつ，遺産分割時にも現に存在する財産を共同相続人間において分配する手続であるとされており，第三者が相続財産を毀損，滅失させた場合など遺産分割時には存在しない財産については，遺産分割の対象とはならないものと考えられてきた。もっとも，

判例および実務においては遺産分割時には存在しない財産であっても，共同相続人の全員がこれを遺産分割の対象に含める旨の合意をした場合には，例外的にこれを遺産分割の対象とする扱いがされてきたところである。

906条の2第1項の規律は，従来の判例や実務によって承認されてきた考え方を明文化したものである。

ロ）「処分」とは

なお，同条の「処分」とは，預貯金の払戻しのように遺産に含まれる財産を法律上消滅させる行為のほか，相続開始により遺産共有となった不動産等に係る共有持分を第三者に対して譲渡する行為，さらには遺産に含まれる動産等を現実に毀損・滅失させる行為などが含まれるものと考えられる。

② 処分を行った共同相続人の同意を得る必要がないこと

906条の2は，前記「(1) 改正の趣旨」のとおり，遺産分割前に，共同相続人の一人が他の共同相続人の同意を得ずに遺産に属する財産の処分をした場合に，処分がなかった場合と比べて多くの利得を得るという不公平が生じないようにするため，遺産分割における調整を容易にすることを目的とするものである。

遺産分割前の処分が違法である場合はもとより，適法である場合にも，当該処分をした相続人がこれにより受けた利益を考慮して遺産分割をすることは，当該相続人に不利益を課すものではなく，むしろ相続人間の公平に資するものであることから，同条2項では，共同相続人の一人が遺産分割前に遺産に属する財産を処分した場合には，当該共同相続人の同意を得ることを要しないこととしている。これにより，当該処分を行ったのが共同相続人の一人である場合には，遺産分割時に当該処分をした財産を遺産に含めることについて他の共同相続人の同意さえあれば，これを遺産分割の対象として含めることができることとなり，公平な遺産分割を実現することができることとなる。

9-3.　遺言制度に関する見直し

9-3-1　自筆証書遺言の方式緩和（968条関係）

> 1．自筆証書によって遺言をする場合において，自筆証書に相続財産の全部または一部の目録を添付するときは，その目録については自書することを要しない。
> 2．自筆証書に自書によらない目録を添付する場合には，遺言者は，目録の各頁に署名押印をしなければならない。

(1)　改正の趣旨

　遺言の利用を促進することによって，遺産分割をめぐる紛争を防止するために，自筆証書遺言の，全文を自書しなければならない（民968①）という要件を，自筆証書遺言に相続財産等の目録を添付する場合には，その目録については自書を要しないこととした（民968②）。

(2)　改正の内容

①　自書によらない財産目録を添付する場合の規律

イ）　財産目録の作成

a)　方式

　　財産目録の記載内容については，各頁に署名押印を要求する以外には，特段の規定はない。したがって，財産を特定することができれば有効なものとして取り扱われることになると考えられる。そのため，次のような方式も許される。

> ・　遺言者本人がパソコン等を用いて作成した財産目録を添付する
> ・　遺言者以外の者が作成した財産目録を添付する

> ・ 不動産の登記事項証明書や預貯金通帳の写し等を財産目録として
> 添付する

ただし，事後の紛争を防止する観点からも，財産の特定について疑義が生じないような記載をする必要がある。

b) 「添付する」の意味

文字どおり，書類などに他のものを付け加えるという意味である。そのため，自筆証書に添付する財産目録は，本文の記載がされた用紙とは「別の用紙」に財産目録を作成する必要がある。したがって，遺言書の本文が記載された自筆証書と同一の用紙の一部に財産目録を印刷して遺言書を作成することはできない。

ロ) 署名押印

a) 目録の「毎葉」に署名押印すること

自書によらない財産目録を添付して自筆証書遺言をする場合には，遺言者は，自書によらない目録の「毎葉」に署名押印をしなければならない。

b) 「毎葉」とは

毎葉とは，財産目録の全ての用紙という意味であり，表裏は問わない。そのため，自書によらない記載が財産目録の片面にしかない場合には，遺言者は，財産目録の用紙のいずれかの面に署名押印をすれば足りる。

【事例】

不動産の登記事項証明書を財産目録として添付する場合
〜裏面にも自書によらない記載がされている場合を除き，遺言者は，証明書が記載された印刷面を避けて裏面に署名押印をすることもできる。

c) 自書によらない記載がその両面にある場合

自書によらない記載がその両面にある場合には，財産目録の両面に署名

押印をしなければならない。

d)　財産目録への押印に用いる印

遺言者の印であること以外に特段の要件はない。したがって，本文が記載された自筆証書に押された印と同一のものである必要はなく，また，いわゆる認印であっても差し支えない。ただし，遺言者が本人の意思に基づいて作成したという信ぴょう性を高めるために実印で押印するのが望ましいと考える。

e)　押印をする箇所

財産目録の各用紙にされれば足り，本文と財産目録との間や，財産目録の各用紙の間に契印をする必要はない。

f)　遺言者において，財産目録の署名押印の他にも遺言書全体の一体性を確保する手段を講じたい場合の方法

遺言者において，財産目録の署名押印の他にも遺言書全体の一体性を確保する手段を講じたい場合，次のような方法が考えられ，遺言者において適切な方法を選択することができる。

> ・　契印をする
> ・　同一の封筒に入れて封緘する
> ・　遺言書全体を編綴する

g)　本文と財産目録との一体性

なお，968条2項では，「自筆証書にこれと一体のものとして相続財産……の全部又は一部の目録を添付する場合には」と規定しているが，ここでの一体性は，遺言者の保管状況に照らし，本文の記載がある書面と財産目録の記載がある書面とが一体の文書であると認められれば足り，上記に記載したような契印，封緘，編綴をして物理的に一体となっていることまで要求する趣旨ではない。

> ここが実務の
> ポイント❹
>
> ## 財産目録の作成に関する注意点
>
> たとえば，自筆証書遺言の１枚目（全文自書）に「預貯金は各相続人に別紙のとおり相続させる。」とあり，２枚目（パソコンで作成）に相続預貯金の情報とともに各預貯金をどの相続人が相続するかを示す一覧表が記載されている場合，このような自筆証書遺言は無効と解されるので，注意を要する。
>
> なぜなら，民法968条2項は，相続財産を特定するための情報に限って自書によらないことを認めるものであり，誰がどの財産を承継するかという遺言の基本的な事項については，目録ではなく本文中に自書しなければならないと考えるべきだからである。

▶【図表66】自筆証書遺言の方式緩和と預貯金の目録作成に関する注意点

> 自筆証書遺言の方式緩和
> （改正民968②）

> 「相続財産を特定するための情報」に限って自書によらないことを認める。

> 誰がどの財産を承継するかという遺言の基本的な事項については，目録ではなく本文中に自書しなければならない。
>
> 【無効事例】
>
> 1枚目（全文自書）に「預貯金は各相続人に別紙のとおり相続させる。」とし，2枚目（パソコン作成）に相続預金の情報とともに各預金をどの相続人が相続するかを示す一覧表が記載されている自筆証書遺言

②　財産目録中の記載の加除その他の変更に関する規律

イ）　自筆部分の変更と同様の方式による

　968条3項は，改正前の968条2項とほぼ同様の規定であるが，自書によらない財産目録の加除その他の変更についても，自筆部分の変更と同様の方式によらなければ，変更の効力を生じないこととしている。

　具体的には，財産目録中の加除その他の変更は，遺言者が，変更の場所を指示し，これを変更した旨を付記して特にこれに署名し，かつ，その変更の場所に印を押さなければ，その効力を生じない。

【事例】　財産目録の記載の一部を訂正する場合

> 適宜の方法で訂正をした上で，例えば，「目録（一）第三行中，二文字削除，二文字追加」等の文言を付記した上で署名し，さらに訂正箇所に押印する必要がある。

ロ）　財産目録を差し替える場合

　目録を差し替える方法で遺言書を変更することは可能であるが，単に古い財産目録を破棄して新しい財産目録を添付することで，あたかも作成時から差替え後の財産目録が添付されていたような遺言書を作出することは想定されていない。したがって，財産目録を差し替える場合にも，968条3項に定める方式で行う必要がある。

【事例】　財産目録を差し替えて訂正する場合

> - 　旧財産目録を斜線等で抹消した上でその斜線上に抹消印を押す。
> - 　新目録の紙面上に追加印を押した上でこれを添付する。
> - 　さらに，本文が記載された紙面上に訂正文言（「旧目録を削除し，新目録を追加した。」等）を記載し，遺言者自ら署名する。

【資料】 改正法の規定による遺言書のイメージ

1. 自筆証書遺言の方式（全文自書）の緩和方策として考えられる参考事例（引用・参考：法務省ホームページ）

(1)遺言書本文（全て自書しなければならないものとする。）

遺　言　書　　本文は全て自書

1　私は，私の所有する別紙目録第1記載の不動産を，長男甲野一郎（昭和○年○月○日生）に相続させる。

2　私は，私の所有する別紙目録第2記載の預貯金を，次男甲野次郎（昭和○年○月○日生）に相続させる。

3　私は，上記1及び2の財産以外の預貯金，有価証券その他一切の財産を，妻甲野花子（昭和○年○月○日生）に相続させる。

4　私は，この遺言の遺言執行者として，次の者を指定する。
　　住　　　所　　○○県○○市○○町○丁目○番地○
　　職　　　業　　行政書士
　　氏　　　名　　丙山　太郎
　　生年月日　　昭和○年○月○日

　　令和4年11月9日　　968条1項の署名・押印・日付
　　　　住所　東京都千代田区霞が関1丁目1番1号

　　　　　　甲　野　太　郎　

---

(2)別紙目録（署名部分以外は自書でなくてもよいものとする。）

物 件 等 目 録

財産目録については
自書でなくても可
（民968②）

第1　不動産
　1　土地
　　　所　　　在　　　〇〇市〇〇区〇〇町〇丁目
　　　地　　　番　　　〇番〇
　　　地　　　積　　　〇〇平方メートル
　2　建物
　　　所　　　在　　　〇〇市〇〇区〇〇町〇丁目〇番地〇
　　　家屋番号　　　〇番〇
　　　種　　　類　　　居宅
　　　構　　　造　　　木造瓦葺2階建
　　　床 面 積　　　1階　〇〇平方メートル
　　　　　　　　　　 2階　〇〇平方メートル
　3　区分所有権
　　1棟の建物の表示
　　　　所　　　在　　　〇〇市〇〇区〇〇町〇丁目〇番地〇
　　　　建物の名称　　　〇〇マンション
　　専有部分の建物の表示
　　　　家 屋 番 号　　　〇〇市〇〇区〇〇町〇丁目〇番の〇〇
　　　　建物の番号　　　〇〇
　　　　床 面 積　　　〇階部分　〇〇平方メートル
　　敷地権の目的たる土地の表示
　　　　土地の符号　　　1
　　　　所在及び地番　　〇〇市〇〇区〇〇町〇丁目〇番〇
　　　　地　　　目　　　宅地
　　　　地　　　積　　　〇〇平方メートル
　　敷地権の表示
　　　　土地の符号　　　1
　　　　敷地権の種類　　所有権
　　　　敷地権の割合　　〇〇〇〇〇分の〇〇〇
第2　預貯金
　1　〇〇銀行〇〇支店　普通預金
　　　口座番号　　　〇〇〇
　2　通常貯金
　　　記　　　号　　　〇〇〇
　　　番　　　号　　　〇〇〇

自書でない財産目録を添付する場
合には，毎葉に署名押印を要する。
なお，自書によらない記載が裏面
にあれば，裏面にも署名押印が必
要（民968②）

甲 野 太 郎 ㊞

2．遺言書の訂正の方法に関する参考事例（引用・参考：法務省ホームページ）

遺 言 書

一　長女花子に，別紙一の不動産及び別紙二の預金を相続

　　させる。

二　長男一郎に，別紙三の不動産を相続させる。

三　東京和男に，別紙四の~~動産~~を遺贈する。

　　　　　　　　株式 ㊞ ← **本文の修正については**
　　　　　　　　　　　　　　　自書を要する
　　　　　　　　　　　　　　　（民968③）

　　　令和４年11月３日

　　　　　　　法　務　五　郎　㊞

　　　　　　　　　　　　　　← **変更の付記および署名**
　　　上記三中，二字削除二字追加　　　**（民968③）**

　　　　　　　法　務　五　郎

別紙一

目　　録

財産目録については
自書でなくても可
（民968②）

一　所　　在　　東京都千代田区霞が関一丁目

　　地　　番　　○番○号地目宅地

財産目録自体の修正に
ついては自書でなくて
も可（民968③）

　　地　　積　　○平方メートル

　　　　　　　　霞が関 ㊞

二　所在東京都千代田区九段南一丁目○番○号

　　家屋番号　　○番○

　　種　　類　　居宅

　　構　　造　　木造瓦葺2階建て

　　床　面積　　1階○　平方メートル

自書でない財産目録を
添付する場合には，毎
葉に署名押印を要する
（民968②）

　　　　　　　　2階○平方メートル

修正部分の付記および
署名は自書を要する
（民968③）

　　　　　　　　法　務　五　郎 ㊞

　　　　　上記二中，三字削除三字追加

　　　　　　　　法　務　五　郎

別紙二

普通預金通帳　　　　　　　○○銀行
　　　　　　　　　　　　　○○支店

> 財産目録として
> 預貯金の通帳の
> コピーを添付す
> ることも可

お名前
　　法　務　五　郎　様

店番　　　　　　　　　口座番号
　○○　　　　　　　　　○○○

※　通帳のコピー

法　務　五　郎　㊞

> 自書でない財産目録を添付する
> 場合には，毎葉に署名押印を要
> する（民968②）

別紙三

表　題　部　　（土地の表示）			調整	余　白		不動産番号	０００００００００００００
地図番号	余　白		筆界特定	余　白			
所　在	特別区南都町一丁目				余　白		
①　地　　番	②地　目	③　地　　積　㎡			原因及びその日付〔登記の日付〕		
１０１番	宅地	３００：００			不詳 〔平成２０年１０月１４日〕		
所　有　者	特別区南都町一丁目1番1号　甲　野　太　郎						

権　利　部　（甲　区）　（所　有　権　に　関　す　る　事　項）			
順位番号	登　記　の　目　的	受付年月日・受付番号	権　利　書　そ　の　他　の　事　項
1	所有権保存	平成２０年１０月１５日 第６３７号	所有者　特別区南都町一丁目1番1号 　甲　野　太　郎
2	所有権移転	平成２０年１０月２７日 第７１８号	原因　平成２０年１０月２６日売買 所有者　特別区南都町一丁目5番5号 　法　務　五　郎

権　利　部　（乙　区）　（所　有　権　以　外　の　権　利　に　関　す　る　事　項）			
順位番号	登　記　の　目　的	受付年月日・受付番号	権　利　書　そ　の　他　の　事　項
1	抵当権設定	平成２０年１１月１２日 第８０７号	原因　平成２０年１１月４日金銭消費貸借同日 　設定 債権額　金４，０００万円 利息　年２・６０％（年３６５日日割計算） 損害金　年１４・５％（年３６５日日割計算） 債務者　特別区南都町一丁目5番5号 　法　務　五　郎 抵当権者　特別区北都町三丁目3番3号 　株　式　会　社　南　北　銀　行 　（取扱店　南都支店） 共同担保　目録(あ)第２３４０号

共　同　担　保　目　録				
記号及び番号	(あ)第２３４０号		調整	平成２０年１１月１２日
番　号	担保の目的である権利の表示	順位番号	予　　　　備	
1	特別区南都町一丁目　１０１番の土地	1	余　白	
2	特別区南都町一丁目　１０１番地　家屋番号　１ ０１番地の建物	1	余　白	

これは登記記録に記録されている事項の全部を証明した書面である。

自書でない財産目録を添付する場合には，毎葉に署名押印を要する（民968③）

平成２１年３月２７日
関東法務局特別出張所　　　　　　　　登記官　　　　　　　法　務　五　郎　㊞

＊　下線のあるものは抹消事項であることを示す。　　　整理番号　Ｄ２３９９２　（１／１）　　　１／１

別紙四

目　　録

私名義の株式会社法務組の株式　　１２０００株

法　務　五　郎　㊞

> 自書でない財産目録を添付する
> 場合には，毎葉に署名押印を要
> する（民968③）

9-3-2　遺言執行者の権限の明確化等

> 1．遺言執行者は，遺言の内容を実現するため，遺言の執行に必要な一切の行為をする権利義務を有し，遺言執行者がその権限内において遺言執行者であることを示してした行為は，相続人に対して直接にその効力を生ずる。
>
> 2．遺言執行者は，その任務を開始したときは，遅滞なく，遺言の内容を相続人に対して通知しなければならない。
>
> 3．遺言執行者がある場合には，特定遺贈であるか包括遺贈であるかを問わず，遺贈の履行は，遺言執行者のみが行うことができる。
>
> 4．特定財産承継遺言（いわゆる相続させる旨の遺言）がされた場合には，遺言執行者は，原則として，対抗要件の具備に必要な行為をする権限や，預貯金債権についての払戻し・解約をする権限を有する。
>
> 5．遺言執行者は，他の法定代理人の場合と同様の要件で復任権を有し，復任権を行使した場合には，他の法定代理人と同様の責任を負う。

(1)　改正の趣旨

　旧民法では，遺言執行者の権利義務等に関する一般的・抽象的な規定はあったものの（改正前の1012条），規定上必ずしも明確でない部分が多く，判例等によってその規律の明確化が図られていた。

　そこで，改正法では，遺言執行者の法的地位を明確にするとともに，遺言執行者の権限と遺贈の履行義務との関係等について新たな規定を設け，さらには，遺言執行者の復任権に関する規律を見直すこととした。

⑵ 改正の内容

① 遺言執行者の法的地位（1012条1項，1015条関係）

イ）遺言執行者の実質を正面から規定した

1015条では，遺言執行者と相続人との間で無用の紛争が生ずるのを防止する観点から，「相続人の代理人とみなす」（旧民1015）という表現を改め，遺言執行者がその権限内において遺言執行者であることを示してした行為は，「相続人に対して直接にその効力を生ずる」とし，その実質を正面から規定した（民1015条）。

ロ）法的地位の明確化を図る

イ）とともに，遺言執行者の職務は，「遺言の内容を実現するため」に行うことを明示し，その法的地位の明確化を図ることとしている（民1012①）。

② 遺言執行者の「遺言の内容」の通知義務（1007条2項関係）

旧法下では，遺言執行者には，相続財産の目録を作成して相続人に交付すべき義務はあった（民1011①）が，遺言の内容を相続人に通知する義務についての規定は存在しなかった。

もっとも，遺言の内容の実現は，遺言執行者がある場合には遺言執行者が，遺言執行者がない場合には相続人がすべきことになるため，相続人としては，遺言の内容および遺言執行者の存否については重大な利害関係を有することになる。

また，今後，遺言の利用がますます促進することが予想され，相続人の手続保障の観点から，相続人がこれらの情報を知る手段を確保する必要があるものと考えられる。

そこで，1007条2項では，遺言執行者が就職した場合には，遅滞なく，遺言の内容を相続人に通知しなければならないこととした。

③　遺言執行者と遺贈義務者の関係（1012条2項関係）

イ）　遺言執行者の権限に関する判例を明文化

　987条では，遺贈義務者の定義規定が置かれており，「遺贈の履行をする義務を負う。」とされているが，遺贈義務者と遺言執行者の権限との関係等については規定上必ずしも明確でないとの指摘がされていた。

　この点に関し，判例は，特定遺贈がされた場合には，一次的には相続人が遺贈義務者となるが，遺言執行者がある場合には，遺言執行者のみが遺贈義務者となると判示していた（最判昭43［1968］・5・31民集22巻5号1137頁）。

　そこで，1012条2項では，遺言執行者の権限に関する判例を明文化する観点から，「遺言執行者がある場合には，遺贈の履行は，遺言執行者のみが行うことができる」とする規定を設けることとした。

ロ）　1012条2項の「遺贈」の範囲

　ここでいう「遺贈」とは，特定遺贈のみならず包括遺贈をも含むものであり，したがって，同項は，包括遺贈についてもその規律の対象としている。

④　特定財産承継遺言がされた場合の遺言執行者の権限

イ）　対抗要件具備の権限（1014条2項関係）

a）　対抗要件を具備する権限を有することの明確化

　1014条2項では，特定財産承継遺言がされた場合について，遺言執行者は，原則として，その遺言によって財産を承継する受益相続人のために対抗要件を具備する権限を有することを明確化することとしている（民899の2①）。

b）　不動産を目的とする特定財産承継遺言がされた場合

　この改正に伴い，不動産登記の実務においても，不動産を目的とする特定財産承継遺言がされた場合には，遺言執行者は，単独で，相続による権利移転の登記を申請することができるようになると考えられる。

c) 受益相続人単独による相続による権利の移転の登記申請

なお，受益相続人が対抗要件である登記を備えることは，1013条１項の
「その他遺言の執行を妨げるべき行為」に該当しないことから，改正法の
下でも，受益相続人が単独で相続による権利の移転の登記を申請すること
ができることに変わりはない。

ロ) 預貯金債権についての払戻し・解約に関する権限（1014条３項関係)

a) 預貯金債権を目的とする特定財産承継遺言がされた場合

1014条３項では，預貯金債権を目的とする特定財産承継遺言がされた場
合には，遺言執行者は，原則として，預貯金の払戻しや預貯金契約の解約
の申入れをする権限を有することを規定上明確にすることとしている。

b) 預貯金債権の一部が特定財産承継遺言の目的となっているに過ぎない場合

もっとも，預貯金債権の一部が特定財産承継遺言の目的となっているに
過ぎない場合に，遺言執行者に預貯金契約の解約を認め，その債権全部の
払戻しを認めることとすると，受益相続人以外の相続人の利益を害するお
それがあること等に鑑み，預貯金契約の解約権限については，預貯金債権
の全部が特定財産承継遺言の目的となっている場合に限定することとして
いる（同項ただし書)。

c) 預貯金以外の金融商品に係る権利を目的とする特定財産承継遺言がされた場合

同項は，特定財産承継遺言の目的である権利が「預貯金債権である場
合」に限定された規律であり，預貯金以外の金融商品について，遺言執行
者の権限の内容を具体化する規律を設けることはしていない。したがって，
預貯金以外の金融商品に係る権利を目的とする特定財産承継遺言がされた
場合に，遺言執行者に解約権限があるかどうかについては，これまでどお
り解釈に委ねられることになるが，遺言者が遺言において遺言執行者に解
約権限を付与することは，当然に可能である（民1014④)。

⑤　遺言執行者の復任権に関する見直し（1016条関係）

　1016条は，遺言執行者についても，他の法定代理人と同様の要件で復任権を認めることとしたものである。具体的には，自己の責任で第三者にその任務を行わせることができることとし（民1016①），また，復任権を行使した場合の責任についても，他の法定代理人の場合と同様に，第三者に任務を負わせることについてやむを得ない事由があるときは，遺言執行者は相続人に対してその選任および監督についての責任のみを負うこととし，その責任の範囲を明確にしている（民1016②）。

9-4.　遺留分制度に関する見直し〜遺留分減殺請求権の金銭債権化

1．遺留分に関する権利の行使によって，遺留分権利者は，受遺者または受贈者に対し，遺留分に相当する金銭債権を取得する。

2．受遺者または受贈者は，遺贈または贈与の目的の価額（受遺者または受贈者が相続人である場合には，当該目的の価額から当該相続人の遺留分を控除した額）を限度として，以下のルールで遺留分侵害額を負担する。

(1)　受遺者と受贈者がいるときは，受遺者が先に負担する。

(2)　受遺者が複数いるときは，遺贈の目的の価額に応じて負担する。

(3)　受贈者が複数存在し，かつ，その贈与が同時にされたものであるときも，贈与の目的の価額の割合に応じて負担する。

(4)　受遺者が複数いるとき（(3)の場合を除く）は，新しい贈与を受けた者から先に負担する。

3．遺留分権利者から金銭請求を受けた受遺者または受贈者が，金銭を直ちに準備できない場合には，受遺者等は，裁判所に対し，金銭債務の全部または一部の支払につき期限の許与を求めることができる。

(1) 改正の趣旨

旧法下においては，遺留分減殺請求権を行使することにより当然に物権的効果が生ずることとされていた。そのため，遺留分減殺請求の結果，遺贈または贈与の目的財産は受遺者または受贈者と遺留分権利者との共有になることが多かった。その結果，事業承継を困難にしたり，共有関係の解消をめぐって新たな紛争を生じさせることもあった。

そこで，改正法においては，遺留分に関する権利行使により生ずる権利を金銭債権化（＝遺留分侵害額請求権）とすることとした。

(2) 改正の内容

① 遺留分侵害額請求権の法的性質

イ) 形成権であり一身専属権

旧法下においては，遺留分減殺請求権は形成権であり，行使上の一身専属権であるとされていたが，この点については改正後も変わりはない。すなわち，遺留分権利者が受遺者または受贈者に対して遺留分に関する権利を行使する旨の意思表示をしないと，遺留分権利者と受遺者等との間に，遺留分侵害額に相当する金銭債権は発生しない。

ロ) 短期間で消滅する

そして，遺留分権利者が有する形成権としての遺留分侵害額請求権については，旧法と同様，短期間で消滅することとしており，遺留分権利者が相続の開始および遺留分を侵害する贈与または遺贈を知った時から1年間行使しないときは時効により，また，相続開始の時から10年間を経過したときは除斥期間により，それぞれ消滅することとしている（民1048）。

② 遺留分侵害額請求権の行使により生じた金銭債権

遺留分権利者の権利行使により，遺留分権利者と受遺者等との間に，遺留分侵害額に相当する金銭債権が発生するが，その権利行使はあくまで形成権の行

使であるから，その時点では，必ずしも金額を明示して行う必要はない。

そして，その形成権の行使によって発生した金銭債権に係る債務については，期限の定めのない債務となり，遺留分権利者が受遺者等に対して具体的な金額を示してその履行を請求した時点で初めて履行遅滞に陥るものと考えられる（民412③）。

もっとも，遺留分に関する権利を行使する旨の形成権の行使と，金銭債務の履行請求を同時に行うことは可能であるから，遺留分権利者が受遺者等に対して形成権を行使する際に，併せて具体的な金額を示して金銭の支払を求めた場合には，その時点から金銭債務は履行遅滞に陥ることになる。

③　受遺者又は受贈者の負担額（1047条1項関係）

遺留分を侵害している者が複数いる場合の金銭債務の負担割合については，旧法の減殺の順序に関するルールを変更する必要性もないことから，1047条1項において，改正前の1033条から1035条までの規定と同様の実質を有する規律を設けている。

④　期限の許与（1047条5項関係）

1047条5項では，受遺者または受贈者の請求により，裁判所は，金銭債務の全部または一部の支払いにつき「相当の期限」を許与することができることとしている。

⑤　「減殺」という用語の廃止

遺留分に関する権利行使によって生ずる権利を金銭債権化することに伴い，改正法においては，「減殺」という文言を用いないこととしており，たとえば，現行の「減殺の請求権」という文言については「遺留分侵害額の請求権」と改めることとした（民1048参照）。

9-5. 相続の効力等に関する見直し

9-5-1 権利の承継に関する規律（899条の2関係）

> 1. 相続人が特定財産承継遺言（いわゆる相続させる旨の遺言）や相続分の指定により財産を取得した場合でも，その法定相続分を越える部分については，登記，登録その他の対抗要件を備えていなければ，その権利の取得を第三者に対抗することができない。
> 2. 1.の財産が債権である場合には，その債権を承継した相続人が遺言の内容または遺産分割の内容を明らかにして債務者にその承継の通知をすれば，その権利の取得を債務者その他の第三者に対抗することができる。ただし，債務者以外の第三者に対抗するためには，確定日付のある証書によって通知をすることが必要である。

(1) 改正の内容

① 総論

イ) 899条の2第1項の「相続による権利の承継」の範囲

899条の2第1項の「相続による権利の承継」には，遺産分割のほか，特定財産承継遺言や相続分の指定によるものが含まれる。「遺産の分割によるものかどうかにかかわらず，」と規定したのは遺産分割によるものについては，旧法下の判例法理においても対抗要件主義の適用があることとされていたから，同項はそれ以外の「相続による権利の承継」，すなわち特定財産承継遺言と相続分の指定にも対抗要件主義を適用することを明らかにする点に主たる目的があるためである。

ロ) 899条の2第1項の「権利」の範囲

同項の「権利」には，不動産，動産に関する所有権等の物件や債権はもと

283

より，株式や著作権など，その権利の譲渡等につき対抗要件主義を採用している全般がこれに含まれる。

ハ）　各権利の承継に必要な対抗要件主義の内容

このように，同項は，相続による権利の承継について対抗要件主義を適用することの根拠規定となるものであるが，各権利の承継に必要な対抗要件主義の内容については直接規定しておらず，「登記，登録その他の対抗要件を備えなければ，……」と規定している。これは，対抗要件の内容については，権利の「譲渡」等において必要となる対抗要件主義と同じものを要求する趣旨である。具体的には，次のとおりである。

▶【図表67】899条の2第1項の「対抗要件」の事例

権利の内容	対抗要件
不動産に関する物件	登記（民177）
動産に関する物件	引渡し（民178）等
債権に関する物件	債務者に対する通知または債務者の承諾（民467①） ※債務者以外の第三者に対しては確定日付ある証書によることを要する（民467②）。

(2)　債権の承継の場合

①　遺言（特定財産承継遺言や相続分の指定）による承継

イ）　遺言により法定相続分を越える債権の承継がされた場合

改正法では，特定財産承継遺言や相続分の指定により，法定相続分を越える債権の承継がされた場合には，467条（指名債権の譲渡の対抗要件）に規定する方法による対抗要件具備のほか，その債権を承継する相続人（＝受益相続人）の債務者に対する通知により対抗要件を具備することを認めることとしている（民899の2②）。

まず，受益相続人が467条に規定する方法により対抗要件を具備するためには，「譲渡人」に相当する者の債務者に対する通知か，債務者の承諾があ

ることが必要となる。前者については，相続の権利の承継の場合において「譲渡人」に相当する者は被相続人の地位を包括的に承継した共同相続人全員となるため，共同相続人全員の債務者に対する通知により対抗要件が具備されることになる。

　もっとも，特定財産承継遺言や相続分の指定によって債権の承継があった場合には，その遺言をした被相続人は既に死亡しており，相続人もどのような状況の下で遺言がされたか認識していない場合が多く，受益相続人以外の相続人に債務者に対する通知を期待することは困難である場合が多いものと考えられる。また，特定財産承継遺言の相続を原因とする権利の承継の場合には，遺贈等の特定承継の場合とは異なり，受益相続人以外の共同相続人は対抗要件の具備に協力すべき義務を負わないと考えられているため，対抗要件の具備について受益相続人以外の共同相続人の協力が得られない場合に備えて，別の手段を設けておく必要性が高いと考えられる。

ロ）　遺言による債権の承継の場合の受益相続人の通知による対抗要件の取得

　そこで，899条の2第2項では，遺言（特定財産承継遺言や相続分の指定）による債権の承継の場合には，受益相続人の通知により対抗要件を認めることとしつつ，虚偽の通知がされることを可及的に防止するために，通知の際に，遺言の内容を明らかにすることを要求することとしている。

ハ）　受益相続人が遺言の内容を明らかにしたといえるための要件

　このような趣旨に照らすと，受益相続人が遺言の内容を明らかにしたといえるためには，債務者に遺言の原本を提示するか，あるいは，遺言書の写しを提示する場合には，同一内容の原本が存在することについて疑義を生じさせない客観性のある書面によることを要するものと解すべきである。具体的には，次のような書面が考えられる。

▶【図表68】受益相続人が遺言の内容を明らかにする方法

遺言の種類	遺言の内容を明らかにするために提示する書面法
公正証書遺言	公証人によって作成された遺言書の正本または謄本
自筆証書遺言	・原本 ・家庭裁判所書記官が作成した検認調書の謄本に添付された遺言書の写し ・自筆証書遺言を保管する法務局（＝遺言書保管所）の遺言書保管官が発行する遺言書情報証明書　等

　なお，この場合も，債権譲渡の場合と同様，受益相続人が債務者以外の第三者に対抗する対抗要件を取得するためには，確定日付のある証書によって通知することを要する（民899の2②・467①②）。

　以上のとおり，遺言（特定財産承継遺言や相続分の指定）により法定相続分を越えて債権を承継した受益相続人が対抗要件を取得する方法としては，次の3つの方法があることになる。

> ①　共同相続人全員（または遺言執行者）による通知
> ②　受益相続人が遺言の内容を明らかにしてする通知
> ③　債務者の承諾

②　遺産分割による承継

　遺産分割による承継の場合にも，基本的には前記①で述べたことがそのまま当てはまる。このため，遺産分割により法定相続分を越えて債権を取得した相続人が対抗要件を取得する方法としても，次のイ）～ハ）の3つがあることになる（民899の2②）。

　イ）　共同相続人全員の通知

　ロ）　当該債権を取得した相続人が遺産の分割の内容を明らかにしてする通知

　この方法による場合には，遺産の分割の内容を明らかにすることが必要とな

るが，ここでも，その趣旨は受益相続人が虚偽の通知をすることを可及的に防止することにあるから，この要件を満たすためには，遺産分割の内容について債務者に疑義を生じさせない程度の客観性のある次のような書面を示す必要があるものと考えられる。

- ・　遺産分割協議書の原本や公証人作成に係る正本または謄本
- ・　裁判所書記官作成に係る調停調書や審判書の正本または謄本
- ・　相続人全員が遺産分割協議の当事者となっていることを明らかにする書面（戸籍関係書類や法定相続情報一覧図等，相続人の範囲を明らかにする書面）

ハ）　債務者の承諾

(3)　動産に関する権利の承継の場合

①　引渡しが対抗要件

　動産に関する権利の承継については債権のような特則は設けられていない。そのため，対抗要件の内容は動産の譲渡と場合と同様であり，自動車等の他の法令の規定により登録制度等が整備されているものを除き，引渡しが対抗要件となる。判例（最判昭44［1969］・10・30民集23巻10号1881頁）は，被相続人の事実的支配の中にあった物については，原則として，相続の開始により相続人がその占有を承継すると判示しているが，対抗要件としての引渡しがあったといえるためには，このような客観的な占有の移転では足りないものと考えられる。

　このため，たとえば，相続人がA・B・Cの3人（法定相続分は各3分の1）である事案において，被相続人がその遺産に属する動産をAに相続させる旨の特定財産承継遺言がされた場合に，他の相続人や遺言執行者から，①現実の引渡し（民182①），②簡易の引渡（同②），③指図による占有移転（民184），④占有改定（民183）のいずれかを受けることが必要になるものと考えられる。

②　受益相続人が現実の占有を取得した場合

　なお，受益相続人は，物権的請求権等に基づき，動産を現実に保持している

者から現実の占有を取得することが考えられ，受益相続人が現実の占有を取得した場合には，第三者からその動産に関する権利の取得を対抗されるおそれはなくなるものと考えられる。

9-5-2 義務の承継に関する規律（902条の２関係）

> 1．被相続人が相続分の指定をした場合であっても，相続債権者（＝被相続人が相続開始の時において有した債務の債権者）は，各共同相続人に対し，法定相続分に応じてその権利を行使することができる。
> 2．相続債権者が共同相続人の一人に対して指定相続分に応じた債務の承継を承認したときは，相続債権者は，それ以降は，指定相続分に応じた権利行使しかすることができない。

902条の２本文では，相続分の指定がされた場合についても，相続債権者は，各共同相続人に対し，法定相続分に応じてその権利を行使することができることを明確化している。これは，債権者との関係では，遺言者に自らが負担した債務の承継の在り方を決める権限を認めることは相当ではないことを根拠とするものであり，基本的には，判例（最判平21［2009］・３・24民集63巻３号427頁）の考え方を明文化するものといえる。

これに対し，相続人間の内部的な債務の負担割合については，これを積極財産の承継割合に合わせることに一定の合理性が認められるため，今回の改正前から，遺言者にその限度で債務の負担割合を決める権限が認められているが（民899・902），この点は改正法施行後も変わらない。

したがって，法定相続分を下回る相続分を指定された相続人が，902条の２本文の規定によって，相続債権者に対して法定相続分に応じた債務の支払をした場合には，法定相続分を上回る相続分を指定された相続人に対し，求償権を行使することができることになる。

9-5-3 遺言執行者がある場合における相続人の行為の効果等 （1013条2項・3項関係）

> 1．遺言執行者がある場合には，相続人は，相続財産の処分その他遺言の執行を妨げるべき行為をすることができず，これに違反する相続人の行為は，原則として無効となる。
> 2．1の無効は，相続人の財産処分の相手方等の第三者が善意である場合には，その第三者には対抗することができない。
> 3．1および2の規律は，相続人が自ら遺言の執行を妨げる行為をした場合の効果を定めるものであり，これらの規律によって相続債権者等の権利行使が妨げられることはない。

(1)　改正の趣旨

①　遺言執行者がいる場合に相続人が行った遺言の執行を妨げる行為

　遺言執行者がいる場合に相続人が行った遺言の執行を妨げる行為は無効であることを明確にしつつ，その取引の相手方が遺言執行者の存在を知らなかった場合については，取引の安全を図るために，その行為の無効を善意の第三者に対抗することができないこととしている（民1013②）。

②　相続債権者または相続人の債権者が相続財産に対して差押え等の権利行使をした場合

　次に，相続債権者または相続人の債権者が相続財産に対して差押え等の権利行使をした場合については，遺言執行者の有無によって権利行使の有効性が左右されることがないようにするため，遺言執行者の存在の有無に関する認識を問わず，相続債権者等の権利行使が妨げられることはない旨を明らかにすることとしている（民1013③）。

(2)　改正の内容

①　相続人がした処分行為の相手方との関係

イ）　遺言執行者がある場合に相続人が遺言執行を妨げた行為

　遺言執行者がある場合には，遺言の執行に必要な行為をする権限は遺言執行者に専属し（民1012①・1013①），相続人がこれを妨げる行為をした場合には，原則として無効となる（民1013②）。

ロ）　1013条2項ただし書の「善意」の意味

　1013条2項ただし書の善意者保護規定は，相続人の無権限（管理処分権の不存在）を治癒するものであるから，ここでの「善意」とは，遺言執行者がおり，その財産の管理処分権が遺言執行者にあることを知らなかったことを意味することになるものと考えられる。

②　相続債権者および相続人の債権者との関係

　1013条2項のような規定を設けた場合には，これに伴い，遺言執行者がいる場合に，相続債権者や相続人の債権者の権利行使も認められなくなるかどうかが問題となるが，改正法では，この点に関する争いを立法的に解決するために，同条3項において，同条1項および2項の規定は，相続債権者や相続人の債権者が相続財産についてのその権利を行使することを妨げない旨の注意規定を設けることとしている。

9-6.　相続人以外の者の貢献を考慮するための方策

1.　相続人に対して，無償で療養看護その他の労務の提供をしたことにより特別の寄与をした被相続人の親族（以下「特別寄与者」という）は，相続の開始後，相続人に対し，「特別寄与料」の支払を請求することができる。

2．特別寄与料の支払について当事者間に協議が調わないとき，または協議をすることができないときは，家庭裁判所は，特別寄与者の申立てにより，特別寄与料の額を定める。

3．相続人が数人いる場合には，特別寄与者は各相続人に対して請求することができるが，その場合に各相続人が負担する額は特別寄与料の額に当該相続人の相続分（法定相続分または指定相続分）を乗じた額となる。

(1)　改正の趣旨

　旧法下では，相続人以外の親族が被相続人の療養看護をした場合にこれに十分に報いることが困難であると考えられることから，改正法では，実質的公平を図る観点から，特別の寄与の制度を新設することとしたものである。

(2)　改正の内容

①　特別寄与料の支払請求権の発生要件（1050条の1項関係）

イ）　請求権者

a)　請求権者の範囲を被相続人の親族に限定

　特別の寄与の制度においては，請求権者の範囲を被相続人の親族（民725）に限定することとしている。なお，これは被相続人の療養看護を被相続人の親族が担うべきであるという価値判断を前提としたものではない。高齢者等の介護を担うべきかという問題は，その時々の社会情勢や国民意識等を踏まえ，社会福祉政策等の中で論議されるべきものであり，この点について改正法が一定の立場を採用したものではないことに留意する必要がある。

b)　被相続人の親族であることの基準時

　特別の寄与の制度において「被相続人の親族」に当たるか否かは，請求権発生時である被相続人の相続開始時を基準として判断するのが相当であると考えられる。

ロ）　寄与行為の態様

　特別の寄与の制度の適用対象は，被相続人の療養看護をした場合や被相続人の事業を無償で手伝った場合など被相続人に対する「無償の労務の提供」があった場合に限定することとしている。

ハ）　寄与行為の無償性

a）　特別寄与の要件

　特別の寄与の制度においては，労務の提供が無償でされたことを要件としている。

b）　対価性の有無の判断基準

　一般に，労務の提供に対する対価といえるためには，その財産給付の内容が労務の提供の程度に応じて決められたという関係にあることを要すると考えられる。したがって，次のような場合は，「対価性がない」と判断されると考えられる。

> ・特別寄与料の請求をした者が被相続人からごく僅かな金銭を受け
> 　取っていたに過ぎない場合
> ・簡単な食事の提供を受けたにとどまる場合

ニ）　「財産の維持または増加」についての寄与

　改正法では，寄与分制度と同様に，被相続人の財産の維持または増加についての寄与があったことを要件としている。これは，財産の維持または増加については金銭評価が可能であるのに対し，純粋な精神的な援助のように財産上の効果がないものについては金銭評価が困難であって，これを評価しようとすると主観的なものにならざるを得ないこと等を考慮したものである。

ホ）　特別の寄与

　この制度における「特別の寄与」とは，寄与分のように「通常の寄与」と

の対比の観点から判断されるものではなく，実質的公平の理念および被相続人の推定的意思という制度趣旨に照らし，その者の貢献に報いるのが相当と認められる程度の顕著な貢献があったことを意味するものと解すべきである。

(3) 特別寄与料の額

① 一次的には当事者間の協議により決められる

特別寄与料の支払については，一次的には当事者間の協議により決められることになる。

② 当事者間に協議が調わないときまたは協議をすることができないとき

当事者間に協議が調わないときまたは協議をすることができないときは，特別寄与者は，家庭裁判所に対して協議に代わる処分を請求することができる（民1050②）。

その場合には，家庭裁判所は，寄与の時期，方法および程度，相続財産の額その他一切の事情を考慮して，特別寄与料の額を決めることとなる（同③）。

(4) 権利行使期間の制限

改正法では，特別寄与者が家庭裁判所に対して協議に代わる処分を請求することができる期間として，「特別寄与者が相続の開始および相続人を知った時から6箇月以内」および「相続開始の時から1年以内」という制限を設けることとしている（民1050②ただし書）。

(5) 相続人が複数いる場合の取扱い

① 請求の相手方

イ） 相続人が複数いる場合の請求の相手方

相続人が複数いる場合には，特別寄与者は，その選択に従い，相続人の一人または数人に対して特別寄与料の支払を請求することができることとしている。

ロ）　特別寄与者が相続人の一人に対して請求することができる金額

　もっとも，特別寄与者が相続人の一人に対して請求することができる金額
は，特別寄与料の額に当該相続人の法定相続分または指定相続分（900条から
902条までの規定により算定した相続分）を乗じた額にとどまり，特定の相続人
に対して特別寄与料の全額を請求することはできない（民1050⑤）。

ハ）　特別寄与者が特別寄与料の全額の支払いを受ける方法

　このため，特別寄与者が特別寄与料の全額について支払を受けるには，相
続分を有する相続人全員を相手方として特別寄与料の支払を請求しなければ
ならないことになる。

② 相続分に応じた負担

　イ）　相続人が複数いる場合の各相続人の負担額

　相続人が複数いる場合には，各相続人は特別寄与料の額にその相続人の相
続分を乗じた額を負担することとしている（民1050⑤）。

　ロ）　「相続分の指定がされていないとき」の各相続人の負担額

　各相続人は相続分の指定がされていないときは，法定相続分により，特別
寄与料の支払義務を負担することとしている（改正法では，具体的相続分に応
じて特別寄与料を負担するという規律は採用していない）。

　ハ）　「相続分の指定がされているとき」の各相続人の負担額

　各相続人は相続分の指定がされているときは，指定相続分の割合により，
特別寄与料の支払義務を負担することとしている。

(6)　権利行使方法

① 権利行使の手続

特別寄与料の額について当事者間において協議が調わないとき，または協議

をすることができないときは，特別寄与者は家庭裁判所に対して協議に代わる処分を請求することができる（民1050②本文）。

② 管轄

特別の寄与に関する処分の審判事件については，遺産分割に関する審判事件の管轄（家事手続191①）と同様に，相続が開始した地を管轄する家庭裁判所に管轄を認めることとしている（家事手続216の2①）。

9-7. 施行期日等

1. 改正法の施行期日は，以下のとおりである。

　原則：令和元（2019）年7月1日

　例外1　（自筆証書遺言の方式緩和）：平成31（2019）年1月13日

　例外2　（配偶者の居住の権利）：令和2（2020）年4月1日

2. 経過措置については，以下のルールとなっている。

　原則（附則2条関係）：相続開始時を基準とする旧法主義を採用している（改正法は施行日後に開始した相続について適用され，施行日前に開始した相続については，旧法が適用される）。

　例外：以下の**図表69**の規律については，原則と異なる経過措置が置かれている。

▶【図表69】原則（旧法主義）と異なる経過措置が置かれている条文

条文	条文の内容	附則(注)	経過措置の内容
899条の2	共同相続における権利の承継の対抗要件	3条	施行日前に開始した相続に関し遺産の分割による債権の承継がされた場合において，施行日以後にその承継の通知がされるときにも，適用する。
903条4項	婚姻期間が20年以上の夫婦間における居住用不動産の遺贈または贈与	4条	施行日前にされた遺贈または贈与については，適用しない。
909条の2	遺産分割前における預貯金債権の行使	5条1項	施行日前に開始した相続に関し，施行日以後に預貯金債権が行使されるときにも，適用する。
968条2項・3項	自筆証書遺言の方式緩和	6条	施行日前にされた遺言については，仮に相続開始が施行日以後であっても旧法を適用する。
998条	遺贈義務者の引渡義務等	7条	令和2（2020）年3月31日までにされた遺贈に係る遺贈義務者の引渡義務については，改正後の998条の規定は適用しない（附則7条1項）。また，改正法では，998条の規定を改正することに伴い，改正前の1000条については削除することとしているが，上記と同様に，施行日前にされた遺贈については旧法を適用することとし，同条については「なおその効力を有する。」こととしている（附則7条2項）。

・1007条 2 項 ・1012条 ・1014条 2 項から 4 項 ・1016条	遺言執行者の権利義務等	8条	①1007条 2 項（遺言執行者が任務を開始したときにおける相続人に対する通知義務）および1012条（遺言執行者の一般的な権利義務）については，「施行日前に開始した相続に関し，施行日以後に遺言執行者となる者にも適用する。」こととする（附則 8 条 1 項・新法主義）。 ②1014条 2 項から 4 項までの各項（特定財産に関する遺言の執行）については，旧法主義を採用することとしている（附則 8 条 2 項）。 ③1016条（遺言執行者の復任権）についても，旧法主義を採用することとしている（附則 8 条 3 項）
1028条から1041条	配偶者の居住の権利	10条	①配偶者の居住権の権利に関する規定については，他の規定と異なる施行日を設けており（附則 1 条 4 号），附則 2 条の経過措置の原則規定を直接適用することができないことから，その適用関係に疑義が生じないよう，1028条から1041条までの規定は，施行日以後に開始した相続について適用し，施行日前に開始した相続については，なお従前の例によることを規定上明らかにしている（附則10条 1 項）。 ②配偶者居住権に関する改正法の規定は，施行日前にされた遺贈については適用しない（附則10条 2 項）。

(注) 民法及び家事事件手続の一部を改正する法律附則（平成30年法律第72号附則）

第10章 実務に求められる「遺言書保管法」の知識

　平成30（2018）年7月6日，「法務局における遺言書の保管等に関する法律」（平成30年法律第73号。以下「遺言書保管法」という）が成立し，令和2（2020）年7月10日に施行された。この法律は，高齢化の進展等の社会経済情勢の変化に鑑み，相続をめぐる紛争を防止するという観点から，法務局において自筆証書遺言を保管する制度を新たに設けるものである。

　法務局における遺言書の保管制度は，遺言書保管法と同時に成立した「民法及び家事事件手続法の一部を改正する法律」（平成30年法律第72号）による自筆証書遺言の方式緩和（P264「9-3．遺言制度に関する見直し」参照）とともに，自筆証書遺言の利便性を高めるものである。この制度の導入により，自筆証書遺言の信びょう性の低さをカバーし，検認を経ることなく遺言を執行できることからも，遺言の利用が促進されることが期待できる。

【第10章の俯瞰図】

10-1.	遺言書保管法の要点および法務局における遺言書の保管制度

↓

10-2.	遺言書保管法の概要

10-1．遺言書保管法の要点および法務局における遺言書の保管制度

(1)　遺言書保管法の要点

　遺言書保管法の要点は次の2点である。

　①　遺言者が遺言書保管所（＝法務大臣の指定する法務局）において，自筆証書遺言に係る遺言書の保管を申請することができる制度を創設し，その申請手続，遺言書の保管，遺言書に係る情報の管理，遺言者の死亡後の相続

　人等による遺言書保管事実証明書（遺言書保管所における関係遺言書**(注)**の保管の有無等を明らかにした証明書）の交付請求手続等を定めている。

② 　遺言書保管所に保管されている遺言書については，家庭裁判所の検認の手続（民1004）を要しないこととしている。

⑵　法務局における遺言書の保管制度創設の趣旨～自筆証書遺言に伴うリスクの軽減

　自筆証書遺言は，自書能力さえ備わっていれば他人の力を借りることなく，どこでも作成することができ，特別の費用もかからず，遺言者にとって，手軽かつ自由度の高い制度である。

　他方で，作成や保管について第三者の関与が不要とされているため，遺言者の死亡後，遺言書の真正や遺言内容をめぐって紛争が生ずるリスクや，相続人が遺言書の存在に気付かないまま遺産分割を行うリスク等がある。

　そこで，遺言書保管法により法務局における遺言書の保管制度を創設して，法務局における遺言書の保管およびその画像情報等の記録や，保管の申請の際に遺言書保管官（＝遺言書の保管に関する事務を取り扱う法務局に勤務する法務事務官のうち，法務局または地方法務局の長が指定する者）が行う自筆証書遺言の方式に関する遺言書の外形的な確認等により，上記の自筆証書遺言に伴うリスクを軽減することとした。

┃ 10-2. 遺言書保管法の概要

　遺言書保管法の概要は次のとおりである。

(注) 　関係遺言書とは，自己が関係相続人等（保管9①各号に掲げる者）に該当する遺言書をいう（保管9②）。

(1) 遺言書保管法の趣旨（1条関係）

① 趣　旨

　遺言書保管法は，法務局（法務局の支局および出張所，法務局の支局の出張所並びに地方法務局及びその支局並びにこれらの出張所を含む）における遺言書（民968条の自筆証書によってした遺言に係る遺言書をいう）の保管および情報の管理に関し必要な事項を定めるとともに，その遺言書の取扱いに関し特別の定めを示すものである（保管1）。

② 遺言書保管法により創設する保管制度の対象

　遺言書保管法により創設する保管制度の対象は，民法968条の自筆証書遺言のみである。そのため，公正証書遺言（民969）や秘密証書遺言（民970）は，遺言書保管法により創設する保管制度の対象とはならない。

③ 「民法第968条の自筆証書によってした遺言に係る遺言書」の意味

　また，「民法第968条の自筆証書によってした遺言に係る遺言書」とは，同条に定める方式への適合性が外形的に認められる遺言書を意味するものである。そこで，遺言書保管官が民法968条に定める方式への適合性について外形的な確認をしたもののみが保管制度の対象となる。

　したがって，保管の申請の対象となるのは，民法968条の自筆証書によってした遺言に係る遺言書のみであるところ，外形的にみて有効な自筆証書遺言でないことが一義的に明白である遺言書（財産目録を除く部分が自書されていない，所要の署名や押印がない，遺言書に記載されている日付の時点における遺言者の年齢が15歳に達していない等）は，遺言書保管法1条に規定する遺言書には該当しないと解される。

(2) 遺言書保管所（2条関係）

　遺言書の保管に関する事務は，法務大臣の指定する法務局がつかさどることとされているが，遺言書保管法においては，この法務大臣の指定する法務局を

「遺言書保管所」と呼ぶことにしている（保管2①）。

(3)　遺言書保管官（3条関係）

　遺言書保管法においては，遺言書保管所における事務は，遺言書保管官（＝遺言書保管所に勤務する法務事務官のうちから，法務局または地方法務局の長が指定する者）が取り扱うこととしている（保管3）。

　遺言書保管官は，不動産登記事務における登記官や供託手続における供託官と同様，独任の行政官として自己の名において完結的に事務を処理することができる。

(4)　遺言書の保管の申請（4条関係）

　遺言書の保管の申請については，次のとおり，申請に係る遺言書，遺言書保管所の管轄，申請の方式（申請書の様式，記載事項および添付書類等），申請人の資格および遺言書保管所への出頭に関して，所定の要件を満たしていることが必要であり，当該要件を満たさない場合には，保管の申請は却下されることとなる（保管政令2）。

①　保管の申請をすることができる遺言書

イ）　保管の申請の対象

　前記「10-2.(1)②」のとおり，民法968条の自筆証書によってした遺言に係る遺言書のみである（保管1）。

ロ）　遺言書保管官が行う確認事項

　遺言書保管官は，民法968条に定める方式への適合について，具体的には，保管の申請に係る遺言書について，次のような外形的な確認をする。

> ①　日付および遺言者の氏名の記載，押印の有無
> ②　本文部分が手書きで書かれているか否か
> ③　法務省令で定める様式に従って作成した無封の遺言書であるか否か
> 　（保管4②）
> ④　遺言書の様式が法務省令において定める用紙の大きさ，余白の幅等で
> 　あるか（保管省令9）　等

　このように，遺言書保管官は，遺言書の「外形的」な確認をするに止まり，その「内容」の確認はしない（内容の相談にも応じることはない）。したがって，本制度は，保管された遺言書の法的有効性を担保するものではないことに注意を要する。

ハ）　無封の遺言書でなければならないとした趣旨

　保管の申請があった際に，遺言書保管官が，次の事項を確認および可能にするためである。

> ①　遺言書が民法968条の定める方式に適合するか否かについての外形的
> 　な確認
> ②　遺言書に記載された作成者名と申請人名が同じであることの確認
> ③　遺言書の画像情報等の磁気ディスク（これに準ずる方法により一定の事
> 　項を確実に記録することができる物を含む）をもって調製する遺言書保管
> 　ファイルへの記録等を可能にすること。

ニ）　法務省令で定める様式による遺言書でなければならないとした趣旨

　遺言書の用紙の大きさ等を規定することにより，遺言書保管所の施設内で行うこととされる遺言書の保管（保管6①）や，遺言書の画像情報等を遺言書保管ファイルに記録することにより行う遺言書に係る情報の管理（保管7②）等の事務を円滑かつ確実に行うことにあると考えられる。

②　遺言書保管所の管轄

イ）　遺言書の保管の申請

遺言書の保管の申請については，遺言書保管所のうち，次の①もしくは②を管轄する遺言書保管所の遺言書保管官に対してしなければならない（保管4③）。

---

①　遺言者の住所地
②　遺言者の本籍地又は遺言者が所有する不動産の所在地

ロ）　遺言者の作成した他の遺言書が現に遺言書保管所に保管されている場合

遺言者は複数の遺言書について保管の申請をすることもできるが，遺言者の作成した他の遺言書が現に遺言書保管所に保管されている場合には，遺言書の保管の申請は，当該他の遺言書が保管されている遺言書保管所の遺言書保管官に対してしなければならない（保管4③かっこ書）。

③　申請の資格および本人出頭

遺言書の保管を申請することができるのは，民法968条の自筆証書によってした遺言に係る遺言書を作成した遺言者のみであり，また，保管の申請は，遺言者が遺言書保管所に自ら出頭して行わなければならない（保管4①⑥）。したがって，代理人による申請や郵送による申請を行うことはできない。

④　遺言書の保管の申請の却下

遺言書保管官は，当該申請が遺言者以外の者であるとき，または申請人が遺言者であることの証明がないとき等に該当する場合には，理由を付した決定で，遺言書保管法4条1項の申請を却下しなければならない（保管政令2）。

⑤　保管の申請の方式

遺言書の保管の申請は，法務省令で定めるところにより，遺言書に添えて次

表の所定の記載事項を記載した申請書を，所定の添付書類を添付して提出しなければならない。

【図表70】遺言書の保管の申請書に記載する事項および添付する書類

申請書に記載しなければならない事項 （保管4④）	① 遺言書に記載されている作成の年月日 ② 遺言者の氏名，出生の年月日，住所および本籍（外国人にあっては，国籍） ③ 遺言書に受遺者または遺言執行者の記載があるときにはその氏名または名称および住所 ④ その他法務省令で定める事項（保管省令11）
申請書に添付しなければならない書類 （保管4⑤）	① 遺言者の氏名，出生の年月日，住所および本籍（外国人にあっては，国籍）を証明する書類 ② その他法務省令で定める書類（保管省令12）

⑥ 遺言者の住所等の変更の届出

遺言者は，保管の申請をした遺言書が遺言書保管所に保管されている場合において，遺言者の住所等に変更が生じたときは，速やかに，その旨を遺言書保管官に届出をしなければならない（保管政令3）。

(5) 遺言書保管官による本人確認（5条関係）

遺言書保管官は，遺言書の保管の申請があった場合において，申請人に対し，法務省令で定めるところにより，当該申請人を特定するために必要な氏名その他の法務省令で定める事項を示す書類の提示もしくは提出またはこれらの事項についての説明を求めるものとしている（保管5，保管省令13・14）。

(6) 遺言書の保管等（6条関係）

① 遺言書の保管の方法

遺言書の保管は，遺言書保管官が遺言書保管所の施設内において行う（保管6①）。

②　遺言者生存中の遺言書の閲覧

イ）　遺言者はいつでも閲覧を請求できる

　遺言者は，その申請に係る遺言書が保管されている遺言書保管所（＝特定遺言書保管所）の遺言書保管官に対し，いつでも当該遺言書の閲覧を請求することができる（保管6②）。

ロ）　本人が出頭しなければならない

　遺言書の閲覧請求については，遺言書の保管の申請の場合と同様に，遺言者が遺言書保管所に自ら出頭して行わなければならない（保管6④，保管政令4④）。

　なお，遺言者以外の者は，遺言者の生存中には，保管されている遺言書について，閲覧を含め，遺言書保管所からいかなる情報も得ることができない。

③　遺言書の保管期間

　遺言者が死亡すると遺言書保管所に保管されている遺言書および後記「(7)①」の画像情報等の当該遺言書に係る情報は，廃棄または消去されるまで，遺言書保管所において保管または管理されることになる。

イ）　遺言書を保管する期間

　遺言書を保管する期間は，遺言者の死亡の日（遺言者の生死が明らかでない場合にあっては，これに相当する日として政令で定める日）から相続に関する紛争を防止する必要があると認められる期間として政令で定めることとしている（保管6⑤）。

ロ）　政令で定める期間

　遺言者の生死が明らかでない場合における遺言者の死亡の日に相当する日として政令で定める日は，遺言者の出生の日から起算して120年を経過した日とする（保管政令5①）。

　また，同じく，相続に関する紛争を防止する必要が認められる期間として政令が定める期間は，遺言書原本については遺言者の死亡の日から50年，また，遺言者の画像データを含む情報は遺言者の死亡の日から150年とされている（保管政令5②）。

　上記期間が経過した後は，遺言者保管官は，保管している遺言書を廃棄することができる（保管6⑤）。

(7)　遺言書に係る情報の管理（7条関係）

①　遺言書に係る情報の管理の方法

　遺言書保管官は，保管する遺言書について，当該遺言書に係る情報の管理をしなければならない（保管7①）。

　遺言書に係る情報の管理は，磁気ディスク（これに準ずる方法により一定の事項を確実に記録することができる物を含む）をもって調製する遺言書保管ファイルに次の事項を記録することにより行う。

遺言書保管ファイルに記録される事項（保管7②一〜四）

> ①　遺言書の画像情報（遺言書保管官がスキャナ等を用いて画像情報化することを想定している）
>
> ②　遺言書に記載された作成の年月日，遺言者の氏名，出生の年月日，住所および本籍（外国人にあっては，国籍），遺言書に受遺者または遺言執行者の記載がある時はその氏名または名称および住所（4条4項1号から3号までに掲げる事項）
>
> ③　遺言書の保管を開始した年月日
>
> ④　遺言書が保管されている遺言書保管所の名称および保管番号

②　遺言書に係る情報の管理期間

　遺言書に係る情報の管理期間は，遺言者の死亡の日（遺言者の生死が明らかで

ない場合にあっては，これらに相当する日として政令で定める日）から相続に関する紛争を防止する必要があると認められる期間として政令で定めることとされている（保管7③・6⑤）。

このうち，遺言者の生死が明らかではない場合における遺言者の死亡の日に相当するとして政令で定める日については，遺言書の保管期間の場合と同様に，遺言者の出生の日から起算して120年を経過した日とされている（保管政令5①）。

また，遺言書に係る情報の管理に関する相続に関する紛争を防止する必要があると認められる期間として政令で定める期間については，150年とされている（保管政令5②）。

上記期間が経過した後は，遺言書保管官は，管理している遺言書に係る情報を消去することができる（保管7③・6⑤）。

③　遺言者の住所等の変更

遺言者は，保管の申請に係る遺言書が遺言書保管所に保管されている場合において，遺言者または受遺者・遺言執行者の住所等の4条4項2号または3号に掲げる事項に変更が生じたときは，速やかに，その旨を遺言書保管官に届け出なければならない（保管政令3①）。

さらに，遺言者は，受遺者・遺言執行者以外の9条1項2号および3号に掲げる者の住所等に変更が生じた場合についても，同様に届出を行うものとされている（保管省令30①）。

なお，上記の届出は，遺言書が保管されている遺言書保管所（＝特定遺言書保管所）以外の遺言書保管所の遺言書保管官に対してもすることができる（保管政令3②，保管省令30②）。

(8)　遺言書の保管の申請の撤回（8条関係）

遺言者は，遺言書保管所に保管されている遺言書について，保管の申請を撤回することにより，いつでも，遺言書の返還等を受けることができる（保管8①②）。

①　遺言書の保管の申請の撤回手続

遺言者が，その申請に係る遺言書が保管されている遺言書保管所（＝特定遺言書保管所）の遺言書保管官に対し，自ら出頭して行わなければならない（保管8③）。

遺言書保管官は，遺言者が保管の申請を撤回したときは，その者の本人確認等を行った上で，遅滞なく保管している遺言書を返還するとともに，当該遺言書に係る情報を消去しなければならない（保管8④）。

②　遺言者が死亡後の遺言書保管所に保管されている遺言書の返還請求

遺言者が死亡すると，遺言書保管所に保管されている遺言書については，その相続人も返還を請求することはできない。

⑼　遺言書情報証明書の交付等（9条関係）

①　遺言書情報証明書の意義

イ）　相続関係人等が遺言書情報証明書の交付を請求することができる場合

相続人，受遺者，遺言執行者等の相続関係人等（＝9条1項各号に掲げる者）は，遺言書保管官に対し，遺言書保管所に保管されている遺言書について，その遺言者が死亡している場合に限り，遺言書保管ファイルに記録されている事項を証明した書面（＝遺言書情報証明書）の交付を請求することができる（保管9①）。

ロ）　遺言書情報証明書によって確認できる内容

遺言書情報証明書は，遺言書保管所に保管されている遺言書について，その画像情報等の遺言書保管ファイルに記録されている事項を証明する書面であり，遺言書情報証明書を確認することによってその遺言書に係る遺言の内容や自筆証書遺言の民法968条に定める方式への適合性を確かめることができることとなる。

ハ）　遺言書情報証明書による登記，各種名義変更等の手続き～検認の手続きの不要

　そこで，これまで検認済みの遺言書を確認することにより行っていた登記，各種名義変更等の手続きは，遺言書が遺言書保管所に保管されている場合には，この遺言書情報証明書を確認することによって行うことになる。

② 　遺言書情報証明書の請求権者等

イ）　遺言書情報証明書の請求権者

　遺言書情報証明書の交付を請求することができるのは，次の関係相続人等である。

---

①　当該遺言書の保管を申請した遺言者の相続人（民法891条の規定に該当しまたは廃除によってその相続権を失った者および相続の放棄をした者を含む）（保管9①一）。相続人の相続人（＝数次相続人）も含まれると解される。

②　受遺者等の9条1項2号に掲げる者またはその相続人（9条1項2号ロに規定する母の相続人の場合にあっては，ロに規定する胎内に在る子に限る）

③　遺言執行者等の9条1項3号に掲げる者

ロ）　遺言書情報証明書の交付請求が可能な遺言書保管所

　遺言書情報証明書の交付請求は，自己が関係相続人等に該当する遺言書（＝関係遺言書）を現に保管する遺言書保管所以外の遺言書保管所の遺言書保管官に対してもすることができる（保管9②）。

③ 　関係相続人等による遺言書または遺言書保管ファイルの記録の閲覧請求

イ）　関係相続人等が「関係遺言書」の閲覧を請求することができる場合

　相続人，受遺者，遺言執行者等の相続関係人等は，遺言者が死亡している場合に限り，自己が関係相続人等に該当する遺言書（＝関係遺言書）の閲覧を請求することができる（保管9③）。

ロ）　遺言書の閲覧請求が可能な遺言書保管所

　閲覧請求は，関係相続人等が請求することができるという点においては，遺言書情報証明書の交付請求と同様であるが，関係遺言書を保管する遺言書保管所の遺言書保管官に対してのみ請求することができるという点においては，遺言書情報証明書の交付請求と異なる。

ハ）関係相続人等が「遺言書保管ファイル」の閲覧を請求することができる
　　場合

　関係相続人等は，遺言者が死亡している場合に限り，遺言書の画像情報を含む遺言書保管ファイルに記録された事項をモニターに表示する方法で閲覧することを請求することもできる（保管政令9①）。この遺言書保管ファイルの記録の閲覧請求は，関係遺言書を保管する遺言書保管所以外の遺言書保管所の遺言書保管官に対しても行うことができる（同条2項）。

④　遺言書を保管している旨の通知
イ）　遺言者が死亡した後，関係相続人等の請求により「遺言書情報証明
　　書」を交付しまたはその遺言書を閲覧させたとき

　遺言書保管官は，遺言書保管所に保管されている遺言書について，遺言者が死亡した後，関係相続人等の請求により遺言書情報証明書を交付しまたはその遺言書を閲覧させたときには，その他の遺言者の相続人，受遺者および遺言執行者に対し，当該遺言書を保管している旨を通知するものとされている（保管9⑤）。

ロ）遺言者が死亡した後，関係相続人等の請求により「遺言書保管ファイ
　　ル」の記録を閲覧させたとき

　また，遺言書保管官は，遺言者が死亡した後，関係相続人等の請求により遺言書保管ファイルの記録を閲覧させたときにも，上記イ）の者に対し，上記通知を行うものとされている（保管政令9④）。

　さらに，遺言書保管官は，これらイ）ロ）の通知を行う場合において，関係遺言書に記載された受遺者または遺言執行者以外の9条1項2号および3号に掲げる者にも同通知を行うものとされている（保管省令48①）。

Column 21
遺言者保管法の課題

　遺言者が遺言書の保管の申請をする際に，遺言書保管官が当該遺言者の死亡時に当該遺言者が指定する者（当該遺言者の推定相続人並びに当該申請に係る遺言書に記載された9条1項2号および3号に掲げる者のうちの1人に限る）に対し当該遺言書を保管している旨を通知することの申出をしている場合には，遺言書保管官は，当該遺言者の死亡の事実を確認したときは，当該遺言書を保管している旨を当該遺言者が指定した者に通知するものとされている（遺言書保管事務取扱手続準則（令和2（2020）年5月11日付法務省民事局長通知）19条1項・35条1項）。

　この取扱いは，平成30（2018）年6月15日の衆議院法務委員会および同年7月5日の参議院法務委員会において，遺言書保管法案を可決した際に，次の内容を含む付帯決議がされたことを受けたものである。

　法務局における自筆証書遺言に係る遺言書の保管制度の実効性を確保するため，遺言者の死亡届が提出された後，遺言書の存在が相続人，受遺者等に通知される仕組みを可及的速やかに構築すること。

　遺言書保管法をより実効性の高いものとするためには，遺言者の死亡届が提出された後，遺言書を保管していることが相続人，受遺者等に通知される仕組みの構築が今後の課題と考える。

⑽　遺言書保管事実証明書の交付（10条関係）
①　遺言書保管事実証明書の意義

　遺言書保管事実証明書とは，遺言書保管所における関係遺言書（＝自己が相

続人，受遺者，遺言執行者等の関係相続人等に該当する遺言書）の保管の有無，遺言
書に記載されている作成の年月日，遺言書が保管されている遺言書保管所の名
称および保管番号を証明した書面である。

② 遺言書保管事実証明書の請求権者等

イ） 遺言書保管事実証明書の交付の請求権者

　ある者の遺言書が遺言書保管所に保管されているか否かの確認は，この遺
言書保管事実証明書の交付を請求することにより行うこととしており，この
請求は，遺言者が死亡していれば，誰でもすることができる（保管10）。

ロ） 遺言書保管事実証明書によって明らかになる事実

　この遺言書保管事実証明書は，あくまで，遺言書保管所における関係遺言
書の保管の有無等を明らかにした証明書であり，この証明書の交付請求に
よって明らかになるのは，交付請求において遺言者として特定された者につ
いて，自己が相続人，受遺者，遺言執行者等の関係相続人等に該当する遺言
書（＝関係遺言書）が遺言書保管所に保管されているか否かである。

ハ） 遺言書保管事実証明書が交付される者

　その結果，遺言書保管所に遺言書が保管されている旨の遺言書保管事実証
明書が交付されるのは，次の2つの条件を満たす場合のみである。

---

① 遺言者として特定された者が作成した遺言書が遺言書保管所に保管さ
　れている場合
② 当該遺言書が請求者にとって関係遺言書である場合

　したがって，それ以外の，遺言者として特定された者が作成した遺言書が
遺言書保管所に保管されていない場合や，保管されてはいるが，請求者の関
係遺言書ではない場合には，「関係遺言書が保管されていない旨の遺言書保
管事実証明書」が交付されることとなる。

ニ）　「関係遺言書が遺言書保管場所に保管されていない旨の証明書」が交付
　　された場合の意味

　　関係遺言書が遺言書保管場所に保管されていない旨の証明書が交付された
場合には，請求者が相続人である場合と相続人以外の者である場合でそれぞ
れ次のことを意味する。

---

①　請求者が相続人である場合

　遺言書保管所には，遺言者として特定された者が作成した遺言書が保管
されていない。

②　請求者が相続人以外の者である場合

　少なくとも，遺言者として特定された者が作成した，請求者を受遺者，
遺言執行者等の関係相続人等とする遺言書は遺言書保管所に保管されてい
ない。

ホ）　遺言書保管事実証明書の交付請求が可能な遺言書保管所

　　遺言書保管事実証明書の交付請求は，遺言書情報証明書の場合と同様に，
関係遺言書を現に保管する遺言書保管所以外の遺言書保管所の遺言書保管官
に対してもすることができる（保管10②・9②）。

(11)　遺言書の検認の適用除外（11条関係）

　　民法1004条１項により，遺言書の保管者や遺言書を発見した相続人には，遺
言書を家庭裁判所に提出して検認を請求することが義務付けられている。その
趣旨は，検認時における遺言書の状態を確認し，その証拠を保全すること等に
ある。ただし，公正証書遺言については，公証人が作成，保管することから，
一般に偽造，変造等のおそれがなく，保存が確実であるため，検認の対象から
除かれている（民1004②）。

　　遺言書保管法により遺言書保管所に保管されることとなる遺言書については，
遺言書保管官が厳重にこれを保管し，その情報も管理することから保管開始以

降，偽造，変造等のおそれがなく，保存が確実である。そのため，遺言書保管所に保管されている遺言書については，民法1004条1項の遺言書の検認の規定は適用されない（保管11）。したがって，遺言書保管法により遺言書保管所に保管された遺言書については検認が不要となる。

⑿　手数料（12条関係）

　遺言書保管法では，遺言書の保管を申請する者は政令で定める額の手数料を納めなければならないこととされており，その額については，物価の状況のほか，遺言書の保管および遺言書に係る情報の管理に関する事務に要する実費を考慮して政令で定めることとしている（保管12①一）。

　また，遺言書または遺言書保管ファイルの記録の閲覧を請求する者，遺言書情報証明書または遺言書保管事実証明書の交付を請求する者および後記⒁記載の申請書等の閲覧等を請求する者についても，同様に，政令で定める額の手数料を納めなければならないこととしている（保管12①二・三，保管政令9⑤・10⑦）。

　これらの手数料の額については，法務局における遺言書の保管等に関する法律関係手数料令（令和2年政令第55号）において，それぞれ次のように規定されている。

▶【図表71】法務局における遺言書の保管等に関する法律関係手数料

(1)　遺言書の保管の申請等に係る手数料の額（保管12①）

納付しなければならない者	金　　額
遺言書の保管の申請をする者	1件につき3,900円
遺言書の閲覧を請求する者	1回につき1,700円
遺言書情報証明書の交付を請求する者	1通につき1,400円
遺言書保管事実証明書の交付を請求する者	1通につき800円

(2)　遺言書保管ファイルの記録の閲覧等に係る手数料の額（保管政令4③・9⑤および10⑦において準用する保管12①（第二号に係る部に限る）の規定により納付すべき手数料の額）

納付しなければならない者	金　　額
遺言書保管ファイルに記録された事項を法務省令で定める方法により表示したものの閲覧を請求する者	1回につき1,400円
申請書等（保管政令10①に規定する申請書等をいう）または撤回書等（同条第2項に規定する撤回書等をいう）の閲覧を請求する者	一の請求に関する請求書等または一の撤回に関する撤回書等につき1,700円

⒀　関係法令の適用除外等（13条から17条関係）

遺言書保管法における関係法令の適用除外等は次のとおりである。

▌【図表72】関係法令の適用除外等（13条から17条関係）

内　　容	条文	適用除外
遺言書保管官の処分	13条	行政手続法（平成5年法律第88号）第2章（申請に対する処分）
遺言書保管所に保管されている遺言書および遺言書保管ファイル	14条	行政機関の保有する情報の公開に関する法律（平成11年法律第42号）
遺言書保管所に保管されている遺言書および遺言書保管ファイルに記録されている保有個人情報（行政機関の保有する個人情報の保護に関する法律（平成15年法律第58号）2条5項に規定する保有個人情報をいう）	15条	行政機関の保有する個人情報の保護に関する法律（平成15年法律第58号）第4章（開示，訂正及び利用停止）
・遺言書保管所における遺言書保管官の処分に関し，審査請求をすることができる場合及びその手続き並びに審査請求に対する処分についての行政不服審査法（平成26年法律第68号）の特例 ・遺言書保管官の処分に係る審査の請求	16・17条	行政不服審査法中，適用しない条文を列挙

⑭　申請書等の閲覧等

　遺言者または遺言者の相続人等は次の場合に申請書等の閲覧を請求できる。なお，下記請求を行うために必要となる「特別の事由」については，たとえば，偽造された添付書類が用いられるなどの不正な手段によって申請等または撤回がされたおそれがある場合などが当たると考えられる。

(1)　遺言者の生存中

閲覧を請求できる者	請求できるとき	請求の相手方	請求できる内容	根拠条文	備考
遺言者	遺言者の保管の申請または遺言者の住所等の変更の届出をした場合において，特別の事由があるとき	当該申請等をした遺言書保管所の遺言書保管官	当該申請等に係る申請書もしくは届出書またはその添付書類（申請書等）の閲覧	保管政令10①	遺言書の生存中は，遺言者以外の者は，これらの請求をすることはできない。
	遺言書の保管の申請を撤回した場合において，特別の事由があるとき	当該撤回がされた遺言書保管所の遺言書保管官	撤回書またはその添付書類（撤回書等）の閲覧	保管政令10②	

(2)　遺言者の死亡後

閲覧を請求できる者	請求できるとき	請求の相手方	請求できる内容	根拠法
遺言者の相続人，関係相続人等，申請書等に記載されている受遺者または遺言執行者	特別の事由があるとき	当該申請等がされた遺言書保管所の遺言書保管官	当該申請等に係る申請書等の閲覧	保管政令10③

(3)　遺言書の保管の申請の撤回をした遺言者の死亡後

閲覧を請求できる者	請求できるとき	請求の相手方	請求できる内容	根拠法
当該遺言者の相続人および当該撤回がされた申請に係る遺言書に記載されていた受遺者または遺言執行者	特別の事由があるとき	当該撤回がされた遺言書保管所の遺言書保管官	当該撤回に係る撤回書等の閲覧	保管政令10④

⒂　施行日（附則関係）

　遺言書保管法は，公布の日から起算して２年を超えない範囲内において政令で定める日から施行することとしているが，「法務局における遺言書の保管等に関する法律の施行期日を定める政令」（平成30年政令第317号）により，令和２（2020）年７月10日から施行されることとされた。

Column **22**

遺言書の保管を申請してきた

　実は，筆者は，2020年７月10日の遺言書保管法の施行初日に，遺言書保管所へ遺言書の保管申請を行った。その模様を筆者がオーサーを務める「ヤフーニュース個人」に投稿した記事を紹介する。なお，この記事がきっかけで，関西キー局のラジオ番組に出演することになった。

> 潜入ルポ「遺言書保管法」〜７月10日午前９時　日本一早く，法務局に「遺言書」の保管を申請してきた（2020/７/10（金）　17：31）
>
> 　本日，７月10日から，遺言書保管法がスタートしました。そこで，早速私自身が自らの遺言書の保管を法務局（以下「遺言書保管所」といいます）に出頭して申請してきました。今回は，その一連の流れをご紹介したいと思います。
>
> 「遺言書」を書く〜４度目でやっと書き上げる
> 　遺言書保管所に保管できる遺言書は，民法968条による「自筆証書遺言」のみです。つまり，自分で遺言を書かなければなりません（ただし，「財産目録」に関しては，預金通帳のコピーや不動産の登記事項証明書を添付しても可）。
> 　そこで，まずパソコンで案文を作成して，できた案文を見ながら自

書することにしました（用紙は「Ａ４」サイズで，文字の判読を妨げるような柄，彩色等のあるものは不可）。

しかし，写すだけなのに３度も書き損じてしまいました。やはり，他の書類と勝手が違うようです。結局，４度目で書き損じなく書き上げることができました。

そして，財産目録として，通帳の見開きページ（銀行名，支店名，口座名義，口座番号が記載されているページ）のコピーを添付しました。なお，この財産目録にも，本文と同様に署名と押印が必要になります。押印は認印でも構いませんが，実印で押印しました。

申請の「予約」を入れる

なんとか遺言を書き上げて，次に遺言書保管所に申請の予約を入れることにしました（申請には予約が必要）。

予約は，申請する遺言書保管所に直接電話するか（平日8：30〜17：15まで）法務局手続案内予約サービスの専用ホームページ（24時間365日可）から行います。

私は，専用ホームページから７月10日の9：00の予約を取ることができました（つまり，トップバッター！）。

なお，申請できるのは，「遺言者の住所地」「遺言者の本籍地」そして「遺言者が所有する不動産の所在地」のいずれかを管轄する遺言書保管所になります。私は自宅から一番近い「住所地を管轄する遺言書保管所」に予約を入れました。

「住民票の写し」を入手する

添付書類として「住民票の写し」（作成後３か月以内のもの）が必要です。そこで，住所地の役所に請求しました。なお，住民票の写しには「本籍地」の記載が必要です。請求する際に，必ず「本籍地の記

載のあるもの」と指定してください。

「申請書」を作成する

　申請する際に申請書を提出します。遺言書保管所にも用意されているので申請当日に記載してももちろん構いませんが，事前に法務省ホームページからダウンロードして必要事項を記載して持参すると申請が短時間で済みます。

「収入印紙」を購入する

　申請には3,900円の手数料を収入印紙で納付します。事前に郵便局等で購入しておきましょう。なお，当日法務局でも購入できます。

いよいよ「申請前日」

　インターネットで予約すると，前日の昼頃に「法務局手続案内予約サービス」から予約内容を確認するメールが届きます。忘れ物がないように書類を確認します。

待ちに待った「申請当日」

　当日の流れは次のとおりです。

時間厳守

　予約を入れた遺言書保管所へ指定された時間に出頭します。10分前には到着するようにしましょう。一人当たり1時間程度の枠が設けられています。もし，遅刻をしてしまったら，予約の関係上当日の作成ができなくなるおそれがあります。また，キャンセルする場合は，必ず事前に遺言書保管所に連絡を入れるようにしましょう。

「遺言書保管官」との面談

遺言書保管官と面談をします。遺言書保管官とは、遺言書の保管に関する事務を取り扱う法務局に勤務する法務事務官のうち、法務局または地方法務局の長が指定する者です。

まず、遺言書保管官に遺言書と申請書を提出します。次に本人確認の書類を提示します。本人確認書類は、マイナンバーカード、運転免許証、パスポート、在留カード等の内いずれか一つを提示します。提示した書類はその場でコピーを取られて返却されます。なお、本人確認の書類は有効期限内のものでなければなりません。

遺言書保管官が書類を「確認」する

提出した自筆証書遺言と申請書を遺言書保管官が内容に不備がないか確認します。私の場合は、その間約30分でした（ちなみに不備な点はありませんでした）。

遺言書保管官は「最初なのでお待たせしてすいません」とおっしゃっていましたが、「待たされた」という感じはしませんでした（待っている間に「『自筆証書遺言保管制度』に関するアンケート」という書類に記載していました）。

「保管証」が発行される

遺言書が遺言書保管所に保管された証しとして「保管証」がその場で交付されます。保管証には「遺言者の氏名」「遺言者の生年月日」「遺言書が保管されている遺言書保管所の名称」そして「保管番号」が記載された上、「上記の遺言者の申請に係る遺言書の保管を開始しました。」として「開始年月日」と「法務局名」および「遺言書保管官の氏名」が記載されて遺言書保管官の押印がされます。

この「保管証」を相続人、受遺者、遺言執行者等の関係相続人等に

渡しておくと，遺言者の死後に，関係相続人等が遺言書保管所に対して，保管されている情報を証明した書面（＝「遺言書情報証明書」）の交付を請求し入手することで遺言を執行することができます。なお，遺言書情報証明書は，遺言者が申請した以外の遺言書保管所に対しても請求することができます。

遺言書の保管を申請してみて

　遺言書の保管を申請した感想は，「けじめを付けた」ということです。仕事柄，死後の遺産整理のお手伝いをする機会がありますが，やはり遺言書があった方が格段に相続人の負担は軽くなります。また，被相続人（＝亡くなった方）としても，遺産分けの心配がなくなるので，安心してあの世に逝けるのではないでしょうか（本人に感想を聞いたことはありませんが……）。

　以上が遺言書の保管の流れです。遺言書の保管に興味が湧いた方は，まずは法務省ホームページ「法務局における自筆証書遺言書保管制度について」をご覧になってください。そして，必要性を感じたら，実行してみてはいかがでしょうか。

(https://news.yahoo.co.jp/byline/takeuchiyutaka/20200710-00187540)

第11章 実務直結資料

実務でそのまま使用できる実務直結の資料を提供する。なお，公開する資料は一例である。各自受任した業務に合った内容に適宜改良して使用すること。

【第11章の俯瞰図】

11-1. 委任契約書

公正証書遺言作成業務，遺産分割業務および遺言執行業務の委任契約書のモデルを紹介する。

(1) 公正証書遺言作成業務

公正証書遺言の作成を受任した際に依頼者と締結する委任契約書は次のとおり（P231「**事例㉘**」参照）。

事例 ㉙	公正証書遺言作成業務の委任契約書

法 律 事 務 委 任 契 約 書

委任者（甲）住　所　　東京都新宿区下落合２丁目５番13号

　　　　　　　氏　名　　税務花子

受任者（乙）住　所　　東京都千代田区麹町３－２－１

　　　　　　　　　　　　エキスパートビル　321号

　　　　　　　氏　名　　竹之内行政書士事務所　行政書士　竹之内　豊

　　　　　　　　　　　　東京都行政書士会所属・登録番号：第01012345号

　委任者　税務花子（以下「甲」という）と受任者　竹之内行政書士事務所
行政書士　竹之内豊（以下「乙」という）は，以下のとおり法律事務委任契
約を締結する。

　乙は，行政書士法その他法令を遵守し，速やかに業務を完遂することを
目指し，甲は乙の業務遂行に協力する。

（業務の範囲）

1.　甲は乙に公正証書遺言作成に係る次の業務を依頼する。

　　(1)　相談業務

　　(2)　調査業務

　　　①　推定相続人の範囲の確定

　　　②　相続財産の範囲と評価の確定

　　(3)　書類作成業務

　　　①　相続関係説明図

　　　②　財産目録

　　　③　遺言の文案

　　(4)　公証人との打合せ（○○公証役場）

　(5)　証人の手配（2名の内，1名は乙が就任するものとする）

　(6)　以上(1)〜(5)に関する一切の業務

（報酬の金額および支払期日）

2.　甲は乙へ次のとおり2回に分けて報酬を支払うものとする。

　　(1)着手金：金　　　　　　　円（税込）

　　　　振込期日：令和4年5月31日まで

　　(2)手数料：金　　　　　　　円（税込）

　　　　振込期日：公正証書遺言作成日から5日以内

　なお，実際に行った業務内容および経費の精算の都合上，(2)の請求金額が異なる場合がある。

（支払方法・振込先）

3.　甲は下記に振込するものとする。

　　ただし，振込手数料が発生する場合は，甲が負担するものとする。

　　税経銀行　麹町支店　（普）7654321
　　口座名義　竹之内 行 政書士事務所　竹之内 豊

（業務着手）

4.　乙は本契約が甲との間で締結後，本業務に着手するものとする。

（その他）

5.　本契約に定められていない事態が発生した場合または疑義が生じた場合は，甲・乙双方協議し速やかに事態が解決するように努めるものとする。

　以上の内容を甲・乙双方十分理解した証として本書2通を作成し，双方記名（又は署名）・押印の上，各自1通ずつ所持するものとする。

令和4年5月25日

東京都新宿区下落合2丁目5番13号

委任者（甲）　　　税　務　花　子　㊞

（昭和15年3月30日生）

東京都千代田区麹町3－2－1

エキスパートビル　321号

受任者（乙）　　　竹之内行政書士事務所

行政書士　竹之内　豊　㊞

(2)　遺産分割業務

　遺産分割協議（銀行の相続手続を含む）を受任した際に依頼者と締結する委任契約書は次のとおり（P227「**実例㉕**」〜P231「**実例㉘**」参照）。

事例 ㉚　　**遺産分割業務の委任契約書**

法 律 事 務 委 任 契 約 書

委任者（甲）住　所　東京都武蔵野市吉祥寺1丁目2番3号

　　　　　　　氏　名　税務一郎（相続人代表者・被相続人の長男）

受任者（乙）住　所　東京都千代田区麹町3－2－1

　　　　　　　　　　　エキスパートビル　321号

　　　　　　　氏　名　竹之内行政書士事務所　行政書士　竹之内　豊

　　　　　　　　　　　東京都行政書士会所属・登録番号：第01012345号

　委任者　税務一郎（以下「甲」という）と受任者　竹之内行政書士事務所　行政書士　竹之内豊（以下「乙」という）は，以下のとおり法律事務委任契約を締結する。

　乙は，行政書士法その他法令を遵守し，遺産分割協議および相続手続が速やかに完遂することを目指し，甲は乙の業務遂行に協力する。

（業務の範囲）
1.　甲は乙に被相続人　税務太郎（昭和13年11月13日生，令和3年12月9日死亡）の遺産分割に係る次の業務を依頼する。

　（1）　相談業務
　（2）　調査業務
　　①　相続人の範囲の確定
　　②　相続財産の範囲および評価の確定
　（3）　書類作成業務
　　①　相続関係説明図（「法定相続情報一覧図」を含む）
　　②　財産目録
　　③　遺産分割協議書
　　④　相続手続に関する書類
　（4）　相続手続
　　次の金融機関の相続預貯金等の払戻請求
　　①　税経銀行　新宿支店
　　②　ゆうちょ銀行
　　③　税経証券　渋谷支店
　（5）　以上，(1)～(4)に係る一切の業務

（報酬の金額および支払期日）
2.　甲は乙へ次のとおり2回に分けて報酬を支払うものとする。

(1)　着手金：金　　　　　　　　円（税込）

　　　振込期日：令和４年１月12日まで

(2)　手数料：金　　　　　　　　円（税込）

　　　振込期日：業務完了後５日以内

　なお，実際に行った業務内容および経費の精算の都合上，(2)の請求金額が異なる場合がある。

（支払方法・振込先）

3.　甲は下記に振込するものとする。

　　　ただし，振込手数料が発生する場合は，甲が負担するものとする。

　　　税経銀行　麹町支店　（普）7654321
　　　口座名義　竹之内 行 政書士事務所　竹之内 豊

（業務着手）

4.　乙は本契約が甲との間で締結後，本業務に着手するものとする。

（特約）

5.　次のいずれかの場合は，乙は本件を辞任することができる。ただし，その場合，乙は甲にその理由を説明しなければならない。

　(1)　乙が，甲から業務遂行の協力が得られないと判断した時

　(2)　乙が，相続人間で遺産分割協議の成立が困難と判断する事態が発生した時

　(3)　乙が，相続人間で調停・訴訟の因をなす紛争状態が生じたと判断した時

（その他）

6.　本契約に定められていない事態が発生した場合または疑義が生じた場合は，甲・乙双方協議し速やかに事態が解決するように努めるものとす

る。

　以上の内容を甲・乙双方十分理解した証として本書2通を作成し，双方記名（または署名）・押印の上，各自1通ずつ所持するものとする。

　　　　　　　令和4年1月5日

　　　　　　　東京都武蔵野市吉祥寺1丁目2番3号
委任者（甲）　　税　務　一　郎　

　　　　　　　東京都千代田区麹町3－2－1
　　　　　　　エキスパートビル　321号
受任者（乙）　　竹之内行政書士事務所
　　　　　　行政書士　竹之内　豊　

(3)　遺言執行業務

　遺言執行の業務を受任した際に依頼者と締結する委任契約書は次のとおり（P231「**事例㉘**」・P324「**事例㉙**」参照）。

事例 ㉛　遺言執行業務の委任契約書〜遺言執行者から委任を受けて遺言執行事務を行う場合

法 律 事 務 委 任 契 約 書

委任者（甲）住　所　東京都武蔵野市吉祥寺1丁目2番3号
　　　　　　氏　名　税務一郎（遺言執行者・被相続人の長男）

受任者（乙）住　所　東京都千代田区麹町３－２－１

エキスパートビル　321号

氏　名　竹之内行政書士事務所　行政書士　竹之内　豊

東京都行政書士会所属・登録番号：第01012345号

　委任者　税務一郎（以下「甲」という）と受任者　竹之内行政書士事務所
行政書士　竹之内豊（以下「乙」という）は，以下のとおり法律事務委任契
約を締結する。

　乙は，行政書士法その他法令を遵守し，遺言の内容を速やかに実現する
ことを目指し，甲は乙の業務遂行に協力する。

（業務の範囲）

1.　依頼の内容：甲は乙に遺言者　税務花子（昭和15年３月30日生，令和４
　　年９月５日死亡）の遺言執行（○○公証役場，令和４年第123号）に係る次の
　　業務を依頼する。

　　(1)　相談業務
　　(2)　調査業務
　　　①　相続人の範囲の確定
　　　②　相続財産の範囲および評価の確定
　　(3)　書類作成業務
　　　①　相続関係説明図
　　　②　遺言執行者就職の通知書
　　　③　財産目録
　　　④　その他遺言執行に係る一切の書類
　　(4)　遺言執行手続
　　　次の金融機関の遺言執行手続

①　税経銀行　新宿支店

②　ゆうちょ銀行

③　税経証券　渋谷支店

(5)　以上(1)～(4)に係る一切の業務

（報酬の金額および支払期日）

2.　甲は乙へ次のとおり2回に分けて金員を支払うものとする。

(1)　着 手 金：金■■■■■■■円（税込）

　　振込期日：令和4年10月14日まで

(2)　手 数 料：金■■■■■■■円（税込）

　　振込期日：業務完了後5日以内

　なお，実際に行った業務内容及び経費の精算の都合上，(2)の請求金額が異なる場合がある。

（支払方法・振込先）

3.　甲は下記に振込するものとする。

　　ただし，振込手数料が発生する場合は，甲が負担するものとする。

　　税経銀行　麹町支店　（普）7654321

　　口座名義　竹之内 行 政書士事務所　竹之内 豊

（業務着手）

4.　乙は本契約が甲との間で締結後，本業務に着手するものとする。

（特約）

5.　次のいずれかの場合は，乙は本件を辞任することができる。ただし，その場合，乙は甲にその理由を説明しなければならない。

(1)　乙が，甲から業務遂行の協力が得られないと判断した時

(2)　乙が，遺言の執行が困難と判断した時

(3)　調停・訴訟の因をなす紛争状態が生じた時

（その他）

6.　本契約に定められていない事態が発生した場合または疑義が生じた場合は，甲・乙双方協議し速やかに事態が解決するように努めるものとする。

　　以上の内容を甲・乙双方十分理解した証として本書2通を作成し，双方記名（又は署名）・押印の上，各自1通ずつ所持するものとする。

令和4年10月9日

東京都武蔵野市吉祥寺1丁目2番3号

委任者（甲）　　税　務　一　郎　㊞

東京都千代田区麹町3-2-1

エキスパートビル　321号

受任者（乙）　　竹之内行政書士事務所

行政書士　竹之内　豊　

11-2.　相続業務の委任状

　公証役場に提示する遺言検索システムを利用する際の委任状並びに金融機関等に提示する遺産分割業務および遺言執行業務で使用する委任状を紹介する。

(1)　遺言検索システム（P174「6-6(3)」参照）

　遺言検索を受任した際に依頼者と締結する委任契約書は次のとおり。なお，

遺言検索を行った結果，遺言が存在している場合は，遺言者が公正証書遺言を作成した公証役場に「②公正証書遺言の正本・謄本請求」を提出して謄本を請求・受領する。

① 遺言検索

事例 ㉜ 遺言検索システムの委任状

委　任　状

（捨印）

令和　　年　　月　　日

住　所 ＿＿＿＿＿＿＿＿＿＿＿＿＿＿＿＿

（実印）

委任者 ＿＿＿＿＿＿＿＿（　　年　　月　　日生）

　　私は次の者を代理人と定め，下記事項を委任します。

住　所 ＿＿＿＿＿＿＿＿＿＿＿＿＿＿＿＿＿＿＿＿
氏　名 ＿＿＿＿＿＿＿＿＿＿＿＿＿＿

記

1. 亡　　　　　　（　　年　　月　　日生,　　年　　月　　日死亡）
　　の遺言公正証書の検索に関する一切の権限

以上

② 公正証書遺言の謄本請求（P174「6－6⑶」参照）

事例 ㉝　公正証書遺言の正本・謄本請求の委任状

委　任　状

捨印

令和　　年　　月　　日

住　所　＿＿＿＿＿＿＿＿＿＿＿＿＿＿＿

実印

委任者　＿＿＿＿＿＿＿＿＿（　年　月　日生)

　私は次の者を代理人と定め，下記事項を委任します。

住　所　＿＿＿＿＿＿＿＿＿＿＿＿＿＿＿＿＿

氏　名　＿＿＿＿＿＿＿＿＿＿＿＿＿＿＿＿＿

記

1. 遺言者亡　　（　　年　　月　　日生,　　年　　月　　日死亡
　の次の遺言公正証書の正本・謄本を請求・受領する一切の権限

公証役場：＿＿＿＿＿＿＿＿＿＿公証役場

公証人：＿＿＿＿＿＿＿＿＿作成

昭和・平成・令和　　年　第　　　　号

以上

(2) 遺産分割業務

遺産分割業務に関する委任状は次のとおり。「①包括的委任」の他,「②特定の金融機関向け」を取得しておくと,金融機関の手続きを速やかに行うことができる。

① 包括的委任（P231「事例㉘」・P236「事例㉚」参照）

事例 ㉞ 遺産分割業務の包括的委任の委任状

委 任 状

事務所 東京都千代田区麹町３−２−１ エキスパートビル 321号

住　所 東京都△△市△△町３丁目３番地の33

電　話 03−3210−0123 携帯：090−3333−33△△

職業・氏名 竹之内行政書士事務所 行政書士 竹之内 豊

　　　　　東京都行政書士会所属・登録番号：第01012345号

　　　　上記の者に,次の権限を委任いたします。

被相続人 税務太郎（昭和13年11月13日生,令和３年12月９日死亡）の相続による遺産分割および相続手続に必要な書類の作成等,遺産分割に係る一切の権限及び行為

令和４年１月５日

住　　所　　東京都武蔵野市吉祥寺１丁目２番３号

電話番号　　03（5555）55○○

氏　　名　　被相続人 税務太郎の長男　**税 務 一 郎**

　　　　　　（生年月日：昭和40年11月９日）

以上

②　特定の金融機関向け（P231「事例㉘」・P326「事例㉚」参照）

事例 ㉟	遺産分割業務の特定の金融機関向けの委任状

<h1 style="text-align:center">委　　任　　状</h1>

事務所　東京都千代田区麹町３－２－１　エキスパートビル　321号

住　所　東京都△△市△△町３丁目３番地の33

電　話　03－3210－0123　携帯：090－3333－33△△

職業・氏名　竹之内行政書士事務所　行政書士　竹之内　豊

　　　　　　東京都行政書士会所属・登録番号：第01012345号

　　　　　上記の者に，次の権限を委任いたします。

　被相続人　税務太郎（昭和13年11月13日生，令和３年12月９日死亡）の死亡により開始した相続による，被相続人名義の税経銀行に預託している一切の預金等に関する，残高証明書の請求・受領，名義変更，払戻し，解約及び当該預金等の元利金等の受領，税経銀行に提出する遺産分割に必要な一切の書類の作成・提出・受領など，以上遺産分割に必要な一切の権限及び行為

　　　　　　　　　　　　　　令和４年１月５日

住　　　所　　東京都武蔵野市吉祥寺１丁目２番３号

電話番号　　03（5555）55○○

氏　　　名　　被相続人　税務太郎の長男　　**税　務　一　郎**

　　　　　　　　　　（生年月日：昭和40年11月９日）

　　　　　　　　　　　　　　　　　　　　　　　　　以上

(3) 遺言執行業務

遺言執行に関する委任状は次のとおり。前記「(2)遺産分割」と同様，「①包括的委任」の他，「②特定の金融機関向け」を取得しておくと，金融機関の手続きを速やかに行うことができる。

① 包括的委任（P231「事例㉘」・P324「事例㉙」・P329「事例㉛」参照）

事例 ㊱ 遺言執行業務の包括的委任の委任状

委　任　状

事務所　東京都千代田区麹町3－2－1　エキスパートビル　321号

住　　所　東京都△△市△△町3丁目3番地の33

電　　話　03－3210－0123　携帯：090－3333－33△△

職業・氏名　竹之内行政書士事務所　行政書士　竹之内　豊
　　　　　　東京都行政書士会所属・登録番号：第01012345号

　　　　　上記の者に，次の権限を委任いたします。

　被相続人　税務花子（昭和15年3月30日生，令和4年9月5日死亡）の死亡により開始した相続による，遺言の内容を実現するために行う遺言執行（○○公証役場，令和4年第123号）に係る書類の作成，官公署・金融機関への手続き等遺言執行に係る一切の権限及び行為

　　　　　　　　　　令和4年10月9日

住　　所　　東京都武蔵野市吉祥寺1丁目2番3号

電話番号　　03（5555）55○○

氏　　名　　遺言執行者（被相続人の長男）　**税　務　一　郎**　
　　　　　　（生年月日：昭和40年11月9日）

　　　　　　　　　　　　　　　　　　　　　　　　　　　　以上

②　特定の金融機関向け（P231「事例㉘」・P324「事例㉙」・P329「事例㉛」
参照）

事例 ㉝　遺言執行業務の特定の金融機関向けの委任状

委　　任　　状

事務所　東京都千代田区麹町３－２－１　エキスパートビル　321号

住　所　東京都△△市△３丁目３番地の33

電　話　03－3210－0123　携帯：090－3333－33△△

職業・氏名　竹之内行政書士事務所　行政書士　竹之内　豊
　　　　　　東京都行政書士会所属・登録番号：第01012345号

　　　　上記の者に，次の権限を委任いたします。

　被相続人　税務花子（昭和15年３月30日生，令和４年９月５日死亡）の死亡
により開始した相続による，被相続人名義の税経銀行に預託している一切
の預金等に関する，残高証明書の請求・受領，名義変更，払戻し，解約及
び当該預金等の元利金等の受領，税経銀行に提出する遺言執行（○○公証
役場，令和４年第123号）に必要な一切の書類の作成・提出・受領など，以上，
遺言の内容を実現するために行う遺言執行に必要な一切の権限及び行為

　　　　　令和４年10月９日

住　　　所　　東京都武蔵野市吉祥寺１丁目２番３号

電話番号　　03（5555）55○○

氏　　　名　　遺言執行者（被相続人の長男）　税　務　一　郎　㊞

　　　　　　　　　（生年月日：昭和40年11月９日）

　　　　　　　　　　　　　　　　　　　　　　　　　　　　　　以上

(4) 固定資産税評価証明書

固定資産税評価証明書を取得する委任状は次のとおり。依頼者に取得させるような「依頼者を動かす」ことを行わないこと。

事例 ㊳ 固定資産税評価証明書を取得する委任状

（捨印）

委 任 状

代理人

　　事務所　東京都千代田区麹町3－2－1　エキスパートビル　321号

　　住　　所　東京都△△市△△町3丁目3番地の33

　　電　　話　03－3210－0123　携帯：090－3333－33△△

　　職業・氏名　竹之内行政書士事務所　行政書士　竹之内　豊

　　　　　　　　東京都行政書士会所属・登録番号：第01012345号

委任事項

　　私は，上記の者を代理人と定め，次の権限を委任します。

　　被相続人　○○　○○（昭和○年○月○日生，令和○年○月○日死亡）が○○市に所有する全ての土地及び建物の令和○年度の固定資産税評価証明書の請求及び受領について

令和○年○月○日

委任者

　　住　　所　　東京都○○区○○5丁目55番5号

　　電話番号　　03（5555）55○○

　　　　　　　　　　　　　　　　　　　　「続柄」を記入

氏　　名　被相続人○○　○○　長男　　委任者の署名　　（印）

　　　　　（生年月日：昭和○○年○月○○日）

---

(5)　遺産分割前における預貯金の払戻し（P231「事例㉘」・P326「事例㉚」・P254 9-2-2 参照）

遺産分割前における預貯金債権を行使する場合の委任状は次のとおり。なお，本制度は普及していないので，利用する場合は，事前に必要書類等を銀行に問合せることをお勧めする。

事例 ㊴　遺産分割前における預貯金の払戻しの委任状

委　　任　　状

事務所　東京都千代田区麹町３－２－１　エキスパートビル　321号
住　所　東京都△△市△△町３丁目３番地の33
電　話　03－3210－0123　携帯：090－3333－33△△
職業・氏名　竹之内行政書士事務所　行政書士　竹之内　豊
　　　　　東京都行政書士会所属・登録番号：第01012345号

　　　上記の者に，次の権限を委任いたします。

　被相続人　税務太郎（昭和13年11月13日生，令和３年12月９日死亡）の死亡により開始した相続による，被相続人名義の税経銀行に預託している一切の預金等に関する，民法第909条２（遺産の分割前における預貯金債権の行使）に基づく，預金の払戻しに必要な一切の書類の作成・提出・受領など，以上遺産分割前における預金債権の行使に係る一切の権限及び行為

　　　　令和４年１月５日

住　　所　　東京都武蔵野市吉祥寺１丁目２番３号
電話番号　　03（5555）55○○
氏　　名　　被相続人税務太郎の長男　**税　務　一　郎**
　　　　　　（生年月日：昭和40年11月９日）

　　　　　　　　　　　　　　　　　　　　　　　　以上

第12章　実務脳をブラッシュアップする「条文順・重要判例184」

　面談で依頼者を魅了するパフォーマンスができなければ受任は難しい。そのためには，依頼者が抱えている「切実な不安」を解消できるレベルの実務脳の習得が必須である。

　そこで，本章では実務で直面するさまざまな状況に臨機応変に対応するために知っておくべき184の判例を条文の順に紹介する。

　この「条文順・重要判例184」を繰り返し読むことで，相談者からの質問と実務で遭遇するさまざまな局面に素早く反応できる"反射力"を養うことができる。

　その結果，相談者から信頼を得て，"高い受任率"を実現し，"満足行く報酬"を得ることができる。また，受任後の手続きを自信を持って速やかに行うこともできる。

　なお，各判例には参考文献を明示している。疑問が生じたら，手元の基本書や判例集，参考文献等を丁寧に当たることをお勧めする。

※条文の下線部分は改正部分

【第12章の俯瞰図】

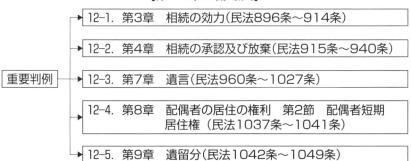

	12-1. 第3章　相続の効力（民法896条〜914条）
	12-2. 第4章　相続の承認及び放棄（民法915条〜940条）
重要判例	12-3. 第7章　遺言（民法960条〜1027条）
	12-4. 第8章　配偶者の居住の権利　第2節　配偶者短期居住権（民法1037条〜1041条）
	12-5. 第9章　遺留分（民法1042条〜1049条）

12-1. 第3章 相続の効力（民法896条〜914条）

「第3章　相続の効力」（民法896条〜914条）では，次の条文に係る判例を見る。

第1節　総則（民896・897・898・899・<u>899の2</u>）

第2節　相続分（民900・902・<u>902の2</u>・<u>903</u>）

第3節　遺産の分割（民906・<u>906の2</u>・<u>907</u>・<u>908</u>・909）

(1) 第1節　総則

各条文で見る判例の内容は次のとおり。

- ・896条（相続の一般的効力）
  - 〜「一身専属の権利義務」「被相続人の死亡により，相続人が固有に取得する権利」「相続財産の範囲」
- ・897条（祭祀に関する権利の承継）
  - 〜「祭祀財産」「祭祀財産の承継者」「祭祀財産承継者の地位」「遺骨の帰属」
- ・898条（共同相続の効力）
  - 〜「遺産から生じた果実」「保存行為」「目的物の変更・処分行為」「一部相続人による単独利用」「管理に要する費用」
- ・899条〜「相続分の意義」
- ・<u>899条の2</u>〜「共同相続における権利の承継の対抗要件」

896条（相続の一般的効力）

　相続人は，相続開始の時から，被相続人の財産に属した一切の権利義務を承継する。ただし，被相続人の一身に専属したものは，この限りでない。

判　　例	引用・参考
1．一身専属の権利義務 □相続人不存在の場合の相続財産分与に関する特別縁故者たる地位は相続されない（名古屋高決平8［1996］・7・12家月48巻11号64頁）。ただし、分与申立後の死亡の場合は相続される（大阪高決平4［1992］・6・5家月45巻3号49頁）。	コンメン40頁， 二宮345頁
□扶養請求権は，扶養権利者と扶養義務者の間の協議，調停，審判により具体的内容が確定している場合（たとえば毎月5万円を月末に支払う）でも，権利者または義務者の死亡により消滅する（関係者間の一定の親族関係，扶養必要状態と扶養可能状態を前提とするため）。もっとも具体的に扶養義務の内容が確定し履行期に達したもの（延滞扶養料債権）は一般の金銭債権と同様相続される（東京高決昭52［1977］・10・25家月30巻5号108頁）。	コンメン40頁
□雇用契約上の労働債務，生活保護法に基づく保護受給権（最大判昭42［1967］・5・24民集21巻5号1043頁），公営住宅入居者の使用権（最判平2［1990］・10・18民集44巻7号1021頁）も相続されない。	コンメン40頁， 二宮350頁
2．被相続人の死亡により，相続人が固有に取得する権利 **(1)　生命保険金** □受取人を相続人中のある特定の者とした場合には，相続人以外の第三者が受取人とされた場合と同様に，その保険金取得は保険契約に基づくもので相続によるものではない（最判平14［2002］・11・5民集56巻8号2069頁）	コンメン40頁， 二宮478頁
□受取人を抽象的に「相続人」と指定した場合は，特段の事情のない限り相続人の保険金取得は相続によるものではなく保険契約に基づくものとする（最判昭40［1965］・2・2民集19巻1号1頁）。	コンメン40頁
□保険契約者の通常の意思を根拠に，相続人が複数のときは，特段の事情のない限り，上記の指定（受取人を「相続人」とする）は，相続人が受取るべき権利の割合を相続分の割合によるとの指定を含むとする（最判平6［1994］・7・18民集48巻5号1233頁）。	コンメン40頁， 二宮354頁
□当初の受取人が死亡し被相続人が再指定をしない場合，この再指定がないまま被保険者が死亡したときは，受取人の相続人が受け取	コンメン40頁， 二宮354頁

る（保険46，旧商法676②） 　判例は，この場合の取得は相続によるものではなく，この相続人とは，「法定相続人又はその順次の相続人であって被保険者の死亡時に現に存する者」であり，これらの者が民法427条により均等に取得すると解する（最判平 5［1993］・ 9 ・ 7 民集47巻 7 号4740頁）。	
□生命保険金請求権が相続財産を構成しない場合でも，保険金額が通常多額に上がることから，判例（最決平16［2004］・10・29民集58巻 7 号1979頁）は，共同相続人間の遺産取得の公平性を重視して，著しい不公平が生ずる場合に例外的に特別受益に準じた持戻しの対象とする（民903類推適用）。	コンメン40頁， 二宮354頁
⑵　**死亡退職金** □死亡退職金が相続の規定とは異なる範囲，順位を定める法令（国家公務員 2 の 2 等）または内部規程がある場合，受給権は受給権者の固有の財産であり相続財産に属さない（最判昭55［1980］・11・27民集34巻 6 号815頁）。	コンメン40頁， 二宮353頁
３．相続財産の範囲 ⑴　**所有権** □被相続人が甲に譲渡し未登記のまま死亡し，相続人が乙に譲渡した場合，相続人が被相続人の地位を承継する結果，甲乙間では二重譲渡と同様の関係が生じ，民法177条により登記がなければ自己の所有権取得を対抗できない（最判昭33［1958］・10・14民集12巻14号3111頁）。	コンメン41頁
⑵　**建物賃借権（借家権）** □借家権の相続性を前提として居住者を保護する法律構成として，別に相続人がいる場合の賃貸人からの明渡請求に対し，同居者はその相続人の持つ借家権を援用して居住を継続できる（最判昭42［1967］・ 2 ・21民集21巻 1 号155頁）。	コンメン41頁
□相続人からの明渡請求に対しては，権利濫用として明渡を拒むことができる（最判昭39［1964］・10・13民集18巻 8 号1578頁）。	コンメン41頁， 二宮356頁
⑶　**損害賠償請求権** □死亡による損害賠償請求権は本人に発生し相続される（大判大	コンメン41頁，

15［1926］・2・16民集5巻150頁）。	二宮349頁
□慰謝料請求権は，放棄したとみられる特段の事情がない限り，当然に相続される（最判昭42・［1967］・11・1民集21巻9号2249頁）。	コンメン42頁，二宮349頁
(4)　債務 □通常の金銭消費貸借上の債務（金額も保証期間も確定している）の保証債務は当然に相続される（大判昭7［1932］・6・1新聞3447号1頁，通説）。	コンメン42頁
□継続的取引について将来負担することあるべき債務の保証のように，保証人の責任の限度額も期間の限定もないいわゆる包括的信用保証（包括根保証）債務については，そうした保証は保証人と主債務者間の特別の信頼関係を基礎とすること，保証債務が予想外に巨額となることもあることから，保証人たる地位は，特段の事情のない限り，保証人の死亡により終了し相続人に承継されない（保証人の死亡後に生じた債務につき相続人は保証債務を負わない。最判昭37［1962］・11・9民集16巻11号2270頁）。 　（注）　ここで相続されないというのは，保証人としての地位を受け継がないということであり，相続開始時に既に発生している具体的特定の主債務の保証債務は当然に相続される。	コンメン42頁
(5)　身元保証 □身元保証については，個人的信頼関係に基づいて契約されること，保証の内容が不確定であるため，保証人が予想外の負担を負うおそれがあることから，保証人の責任を制限する法律（身元保証ニ関スル法律），さらに判例は，相続開始時に既に具体的な損害が発生し身元保証人が賠償義務を負っていた債務は相続されるものの，「身元保証人としての地位」は，特別の事情のない限り相続されないとし，身元保証契約の相続性を否定した（大判昭18［1943］・9・10民集22巻948頁）。	コンメン43頁，二宮359頁
(6)　ゴルフ会員権 □会則等に会員としての地位の譲渡に関する規定があり，ゴルフ会員権市場において売買や担保設定のために広く取引されていることを想定しているなどの事実関係の下においては，会員の死亡により，相続人は理事会の入会承認を得ることを条件として会員となることのできる地位を確定的に取得する（最判平9［1997］・3・25民	コンメン43頁，二宮355頁

集51巻3号1609頁)。	
□会員死亡の場合に預託金の返還を認める旨の規定がない限り，相続人は会員の死亡を理由に直ちに預託金の返還請求を行使することはできない（最判平9［1997］・12・16判時1629号53頁)。	二宮355頁
□預託金会員制ゴルフクラブの規則に，会員死亡後6か月以内に届出をした相続人が会員の地位を承継し得るなどの規定がある場合に，右の届け出期間は，死亡時ではなく，遺産分割協議が成立した時点から起算される（最判平9［1997］・5・27判時1608号104頁)。	二宮355頁

897条（祭祀に関する権利の承継）

1　系譜，祭具及び墳墓の所有権は，前条の規定にかかわらず，慣習に従って祖先の祭祀を主宰すべき者が承継する。ただし，被相続人の指定に従って祖先の祭祀を主宰すべき者があるときは，その者が承継する。

2　前項本文の場合において慣習が明らかでないときは，同項の権利を承継すべき者は，家庭裁判所が定める。

判　　　例	引用・参考
1．祭祀財産 □系譜とは，家系図，過去帳など祖先以来の系統を示すもの，祭具とは，位牌，仏壇，仏具，神棚など，祭祀・礼拝の用に供するものをいう。墳墓は，墓石，墓碑だけでなく，その所有する土地（墓地）の所有権や墓地使用権を含む（大阪高決昭59［1984］・10・15判タ541号235頁)。ただし，墳墓に含まれる墓地の範囲は，墳墓と密接不可分な範囲に限られる（広島高判平12［2000］・8・25判時1743号79頁)。	コンメン45頁，二宮350頁
2．祭祀財産の承継者 □祭祀主宰者となる者の資格に特別の制約はなく（東京家審平21［2009］・8・14家月62巻3号78頁は成年被後見人も可とする)，相続人か否か，親族関係の有無，氏の異同等は問わない（大阪高決	コンメン45頁，二宮352頁

昭24［1949］・10・19家月2巻2号15頁）。	
□承継者は，原則として1人であるが（大阪高決昭59［1984］・10・15判タ541号235頁），特段の事情があれば，2人を共同承継者とする指定（仙台家審昭54［1979］・12・25家月32巻8号98頁），系譜，祭具の承継者と墳墓の承継者とを別人とすることも許される（東京家審昭42［1967］・10・12家月20巻6号55頁，奈良家審平13［2001］・6・14家月53巻12号82頁）。	コンメン45頁，二宮351頁
3．祭祀財産承継者の地位 □祭祀財産の承継には相続の承認や放棄のような規定がなく，その承継の放棄や辞退はできない。しかし，祭祀をなす義務を負うわけではなく，また，祭祀主宰を理由に相続につき特典（特別の相続分や祭祀料）は認められない（東京高決昭28［1953］・9・4高民集6巻10号603頁）。	コンメン45頁
□祭祀財産の所有者は，それらを売買，贈与等自由に処分でき（広島高判昭26［1951］・10・31高民集4巻11号359頁），遺贈もできる。	コンメン45頁
4．遺骨の帰属 □遺骨につき慣習に従って祭祀主宰者に属するとした原審の判断を是認した（最判平1［1989］・7・18家月41巻10号128頁）。 □遺骨について祭祀財産に準じて扱うのが相当とし，民法897条2項を準用して，遺骨の取得者を指定することができる（東京家審平21［2009］・3・30家月62巻3号67頁）。	コンメン45頁，二宮352頁 二宮352頁

898条（共同相続の効力）

相続人が数人あるときは，相続財産は，その共有に属する。

判　　例	引用・参考
1．遺産から生じた果実 □賃料債権は，各共同相続人が相続分に応じて分割単独債権として確定的に取得する（最判平17［2005］・9・8民集59巻7号1931頁）。 ※　ただし，同判決は，相続人全員の合意による遺産分割への組入	コンメン49頁，二宮367・368頁

判　　　例	引用・参考
れを廃除するものではない（判例先例Ⅱ285頁）。	
２．保存行為 □共同相続人は，相続人全員に帰属する預金契約上の地位に基づき，金融機関に対し被相続人名義の預金口座の取引経過の開示を求める権利を単独で行使できる（最判平21［2009］・1・22民集63巻1号228頁）。	コンメン50頁，二宮399頁
３．目的物の変更・処分行為 □相続財産である農地に宅地造成工事を施して非農地化することは，改良の範囲を超え変更に当たる（最判平10［1998］・3・27判時1641号80頁）。	コンメン50頁
４．一部相続人による単独利用 □相続人の占有権原につき，共同相続人の1人が被相続人の生前から許諾を得て遺産である建物に同居してきたときは，特段の事情のない限り，両者間に，被相続人の死亡後遺産分割による最終的確定までの間，引き続き無償使用させる使用貸借の合意が推認される（最判平8［1996］・12・17民集50巻10号2778頁）。	コンメン50頁，二宮366頁
５．管理に要する費用 □相続税は，遺産を取得した相続人個人に課せられるもので，管理費用ではない（仙台家古川支審昭38［1963］・5・1家月15巻8号106頁）。	コンメン51頁

899条（共同相続の効力）

　各共同相続人は，その相続分に応じて被相続人の権利義務を承継する。

判　　　例	引用・参考
１．相続分の意義 □相続分指定がある場合，相続人間では指定相続分に応じて分割承継されるが，相続債権者との関係では，債権者の関与なくなされた相続分指定の効力は債権者には及ばず，各相続人は債権者からの法定相続分に応じた相続債務の履行を拒むことはできないものの，相続債権者はその相続分指定の効力を承認し指定相続分に応じた相続債務の履行を求めることもできる（最判平21［2009］・3・24民	コンメン53頁，二宮405・466・478頁

集63巻3号427頁）。

899条の2（共同相続における権利の承継の対抗要件）

1　相続による権利の承継は，遺産の分割によるものかどうかにかかわらず，次条及び第901条の規定により算定した相続分を超える部分については，登記，登録その他の対抗要件を備えなければ，第三者に対抗することができない。

2　前項の権利が債権である場合において，次条及び第901条の規定により算定した相続分を超えて当該債権を承継した共同相続人が当該債権に係る遺言の内容（遺産の分割により当該債権を承継した場合にあっては，当該債権に係る遺産の分割の内容）を明らかにして債務者にその承継の通知をしたときは，共同相続人の全員が債務者に通知をしたものとみなして，同項の規定を適用する。

判　　　例	引用・参考
1．共同相続における権利の対抗要件 □特定財産承継遺言（いわゆる相続させる旨の遺言のうち遺産分割方法の指定がされたもの）や相続分の指定がされた場合のように，遺言による権利変動のうち相続を原因とするものについては，登記等の対抗要件を備えなくても，その権利取得を第三者に主張することができる（特定財産承継遺言につき，最判平14［2002］・6・10判時1791号59頁。相続分の指定につき，最判平5［1993］・7・19家月46巻5号23頁）。 【補足】899条の2では，相続を原因とする権利変動についても，これによって利益を受ける相続人は，登記等の対抗要件を備えなければ法的相続分を超える権利の取得を第三者に主張できないこととしたものである。	概説138・139頁

(2)　第2節　相続分

各条文で見る判例の内容は次のとおり。

・900条（法定相続分）〜「婚外子の相続分」

・902条（遺言による相続分の指定）〜「相続分の指定の効果」

・902条の２（相続分の指定がある場合の債権者の権利の行使）

・903条（特別受益の相続分）〜「黙示の持戻免除の意思表示」

900条（法定相続分）

同順位の相続人が数人あるときは，その相続分は，次の各号の定めるところによる。

一　子及び配偶者が相続人であるときは，子の相続分及び配偶者の相続分は，各２分の１とする。

二　配偶者及び直系尊属が相続人であるときは，配偶者の相続分は，３分の２とし，直系尊属の相続分は，３分の１とする。

三　配偶者及び兄弟姉妹が相続人であるときは，配偶者の相続分は，４分の３とし，兄弟姉妹の相続分は，４分の１とする。

四　子，直系尊属又は兄弟姉妹が数人あるときは，各自の相続分は，相等しいものとする。ただし，父母の一方のみを同じくする兄弟姉妹の相続分は，父母の双方を同じくする兄弟姉妹の相続分の２分の１とする。

判　　　例	引用・参考
１．婚外子の相続分 (1) 改正前の民法900条４号ただし書前段が憲法14条１項に「違反しない」と判断した判例 □民法900条４号ただし書前段（改正前の「非嫡出子の相続分が嫡出子の半分」という規定）における嫡出子と嫡出でない子の法定相続分の区別について，「その立法理由に合理的な根拠があり，かつ，その区分が右立法理由との関連で著しく不合理なものでなく，いまだ立法府に与えられた合理的な裁量判断の限界を超えないと認められる限り，合理的理由のない差別とはいえず，これを憲法14条１項に反するものということはできない（最大決平7［1995］・7・	コンメン55頁，二宮314・315頁

5民集49巻7号1789頁）。

(2)　改正前の民法900条4号ただし書前段が憲法14条1項に「違反する」と判断した判例

□家族形態の多様化やこれに伴う国民意識の変化，諸外国の立法のすう勢および条約の内容と国連の規約人権委員会からの指摘，婚外子に関する法制の変化，最高裁小法廷の度重なる問題の指摘等を総合的に考察すれば，「父母が婚姻関係になかったという，子にとっては自ら選択ないし修正する余地のない事柄を理由としてその子に不利益を及ぼすことは許されず，子を個人として尊重し，その権利を保障すべきであるという考えが確立されているものということができる」からであり，遅くとも本件相続が開始した平成13（2009）年7月当時において，憲法14条1項に違反していたものとする。したがって，本決定は最大決定7（1995）・7・5を変更するものではない。また，法的安定性を尊重し，平成13年7月以降，本決定時までに裁判や合意等により確定的になった法律関係を覆すことは相当ではないとする（最大決平25［2013］・9・4民集67巻6号1320頁）。

※　この「平成25年決定」を受けて，平成25［2013］年12月に民法の一部を改正する法律（法律第94号，公布日平成25年12月11日・施行日平成25年12月11日）によって，本条4号ただし書前段が削除され，嫡出子と嫡出子でない子の相続分が同等とされることとなった。

〈旧条文〉
四　子，直系尊属又は兄弟姉妹が数人あるときは，各自の相続分は，相等しいものとする。ただし，嫡出でない子の相続分は，嫡出である子の相続分の2分の1とし，父母の一方のみを同じくする兄弟姉妹の相続分は，父母の双方を同じくする兄弟姉妹の相続分の2分の1とする（※下線は削除箇所）。

コンメン55頁，
二宮315頁

902条（遺言による相続分の指定）

1　被相続人は，前二条の規定にかかわらず，遺言で，共同相続人の相続分を定め，又はこれを定めることを第三者に委託することができる。

2　被相続人が，共同相続人中の一人若しくは数人の相続分のみを定め，又はこれを第三者に定めさせたときは，他の共同相続人の相続分は，前

二条の規定により定める。

判　　例	引用・参考
1．相続分の指定の効果 □相続人の1人に対して，被相続人から財産全部を相続させる旨の遺言により相続分の全部が当該相続人に指定された場合，特段の事情がない限り，当該相続人に相続債務もすべて相続させる旨の意思が表示されたものと解すべきだとする。その上で，共同相続人間においては，「当該相続人が指定相続分の割合において相続債務をすべて承継する」とする。 　これに対して，相続債権者との関係では，相続債務についての相続分の指定は，相続債権者の関与なくされたものであるから，相続債権者に対して相続分の指定の効果が及ばないものとし，「各相続人は，相続債権者から法定相続分に従った相続債務の履行を求められたときには，これに応じなければならず，指定相続分に応じて相続債務を承継したことを主張することはできない」とした。ただし，相続債権者が，相続債務についての相続分の指定の効力を承認し，各相続人に対して指定相続分に応じた相続債務の履行を請求することは妨げられない（最判平21［2009］・3・24民集63巻3号427頁）。	コンメン61頁，二宮405・466・478頁

902条の2（相続分の指定がある場合の債権者の権利の行使）

　被相続人が相続開始の時において有した債務の債権者は，前条の規定による相続分の指定がされた場合であっても，各共同相続人に対し，第900条及び第901条の規定により算定した相続分に応じてその権利を行使することができる。ただし，その債権者が共同相続人の1人に対してその指定された相続分に応じた債務の承継を承認したときは，この限りでない。

判　　例	引用・参考
1. 相続分の指定がある場合の債権者の権利の行使 □「相続人のうちの1人に対して財産全部を相続させる旨の遺言により相続分の全部が当該相続人に指定された場合，遺言の趣旨等から相続債務については当該相続人にすべてを相続させる意思のないことが明らかであるなどの特段の事情のない限り，当該相続人に相続債務もすべて相続させる旨の意思が表示されたものと解すべき」である（最判平21［2009］・3・24民集63巻3号427頁）。	概説150～153頁

903条（特別受益者の相続分）

1　共同相続人中に，被相続人から，遺贈を受け，又は婚姻若しくは養子縁組のため若しくは生計の資本として贈与を受けた者があるときは，被相続人が相続開始の時において有した財産の価額にその贈与の価額を加えたものを相続財産とみなし，第900条から第902条までの規定により算定した相続分の中からその遺贈又は贈与の価額を控除した残額をもってその者の相続分とする。

2　遺贈又は贈与の価額が，相続分の価額に等しく，又はこれを超えるときは，受遺者又は受贈者は，その相続分を受けることができない。

3　被相続人が前2項の規定と異なった意思を表示したときは，その意思に従う。

4　婚姻期間が20年以上の夫婦の一方である被相続人が，他の一方に対し，その居住の用に供する建物又はその敷地について遺贈又は贈与をしたときは，当該被相続人は，その遺贈又は贈与について第1項の規定を適用しない旨の意思を表示したものと推定する。

判　　例	引用・参考
1. 旧法下で居住用不動産の持分を配偶者に生前贈与したものについて黙示の持戻し免除の意思表示を認めた事例 □居住用不動産の持分を配偶者に生前贈与したものについて，「長年にわたる妻としての貢献に報い，その老後の生活の安定を図るた	概説41頁

めにしたものと認められる。そして，……他に老後の生活を支えるに足る資産も住居もないことが認められるから，右の贈与については，……暗黙のうちに持戻し免除の意思表示をしたものと解すのが相当である。」と判示した（東京高決平8［1996］・8・26家月49巻4号52頁）。	
2．903条4項の規定を適用しない旨の意思表示 □必ずしも遺言の中で持戻し免除の意思表示をすることを要しない（大阪高決平25［2013］・7・26判時2208号60頁）。 【補足】改正法では，被相続人が同項の規定の適用を排除する意思表示の方式に特段の限定を設けていないから，遺言の中で行う必要はなく，遺言以外の方法によりその意思を表示することも可能である。	概説48・49頁

(3)　第3節　遺産の分割

各条文で見る判例の内容は次のとおり。

- ・906条（遺産の分割の基準）～「法定相続分の変更の可否」
- ・906条の2（遺産の分割前に遺産に属する財産が処分された場合の遺産の範囲）
- ・907条（遺産の分割の協議又は審判等）

　～「遺産分割の方法」「分割の当事者（未成年者）」「相続分の譲渡」「無効・取消し」「協議による遺産分割の解除」「遺産分割協議と遺言の優劣」

- ・908条（遺産の分割の方法の指定及び遺産分割の禁止）

　～「相続させる旨の遺言」「代襲相続」「遺言執行者の権利義務」

- ・909条（遺産の分割の効力）～「相続財産から生じた果実」
- ・909条の2（遺産の分割前における預貯金債権の行使）

906条（遺産の分割の基準）

　遺産の分割は，遺産に属する物又は権利の種類及び性質，各相続人の年齢，職業，心身の状態及び生活の状況その他一切の事情を考慮してこれをする。

判　　例	引用・参考
1．法定相続分の変更の可否 □審判で民法の規定する法定相続の規則と，著しく異なる相続分となる遺産分割はできない（東京高決昭42［1967］・1・11家月19巻6号55頁，最高裁判所事務総局家庭局「昭和42年3月開催家事審判官会同概要」家月21巻2号79頁参照）。	コンメン109頁
□債務の帰属に関しては，当然の事柄として，さらに，相続分をゼロとする遺産分割は，場合によっては，その相続人の債権者から詐害行為として取り消される可能性がある（最判平11［1999］・6・11民集53巻5号898頁）	コンメン109頁， 二宮412頁
□一方，相続放棄は初めから相続人でなかったことになるのであるからその可能性はない（最判昭49［1974］・9・20民集28巻6号1202頁）。 ※　相続人の意思で，法定相続分を無視することは不可能ではないが，相続放棄とは意味が異なる。 　　相続分をゼロとする遺産分割とするか，または相続放棄をするかは，その意味が異なってくることに十分注意しなければならない。	コンメン109頁， 二宮342・412頁

906条の2（遺産の分割前に遺産に属する財産が処分された場合の遺産の範囲）

1　遺産の分割前に遺産に属する財産が処分された場合であっても，共同相続人は，その全員の同意により，当該処分された財産が遺産の分割時に遺産として存在するものとみなすことができる。

2　前項の規定にかかわらず，共同相続人の一人又は数人により同項の財産が処分されたときは，当該共同相続人については，同項の同意を得ることを要しない。

判　　例	引用・参考
１．共同相続人全員の同意によって遺産分割の対象財産とすることを認める判例 □遺産分割時には存在しない財産であっても，共同相続人の全員がこれを遺産分割の対象に含める旨の合意をした場合には，例外的にこれを遺産分割の対象とする（最判昭54［1979］・2・22家月32巻1号149頁，高松高判平11［1999］・1・8家月51巻7号44頁，福岡高那覇支判平13［2001］・4・26判時1764号76頁） 【補足】906条の2第1項の規律は，従来の判例や実務によって承認されてきた考え方を明文化するものである。	概説76頁 コンメン9・48

907条（遺産の分割の協議又は審判等）

1　共同相続人は，次条の規定により被相続人が遺言で禁じた場合を除き，いつでも，その協議で，遺産の全部又は一部の分割をすることができる。

2　遺産の分割について，共同相続人間に協議が調わないとき，又は協議をすることができないときは，各共同相続人は，その全部又は一部の分割を家庭裁判所に請求することができる。ただし，遺産の一部を分割することにより他の共同相続人の利益を害するおそれがある場合におけるその一部の分割については，この限りでない。

3　前項本文の場合において特別の事由があるときは，家庭裁判所は，期間を定めて，遺産の全部又は一部について，その分割を禁ずることができる。

判　　例	引用・参考
１．遺産分割の方法 □代償分割をするときは（家事手続195）現物を取得する相続人にその支払い能力があることが必要であり，支払い能力について審理していない審判は差し戻される（最決平12［2000］・9・7家月54巻6号66頁，原決定確定の日から6か月以内に1億8,822万円を支払えとした原決定を破棄した事例）。	コンメン110頁，二宮398頁

2．分割の当事者（未成年者） □胎児の間は権利能力はないが，生きて生まれれば，相続開始時に遡及して相続権を認める（停止条件説の採用，大判大6［1917］・5・18民録23輯831頁）。	コンメン110頁
3．相続分の譲渡 □「民法905条にいう相続分の譲渡」がなされた場合には，譲受人は譲渡人である当該相続人の地位を承継するのであり，遺産分割の当事者となる。この結果，遺産分割に法定相続人以外の者が参加することになり得る。 　これに対して，「遺産を構成する個々の財産の相続分に相当する持分の譲渡」は，その特定の財産の特定承継に関する事柄であり，その分割請求は物権法上の共有物分割である（最判昭50［1975］・11・7民集29巻10号1525頁）。 ※　したがって，特定の財産につき共有持分を譲り受けた第三者が共有関係を解消するためには，遺産分割審判ではなく，共有物分割訴訟を起こさなければならない（特定の財産につき共有持分を譲り受けた第三者は，遺産分割の当事者として遺産分割に参加することはできない）。	コンメン110頁, 二宮370・397頁
4．無効・取消し **⑴　意思表示に関する民法総則の規定の適用の可能性** □錯誤に関して，遺言の内容とは異なる遺産分割協議がされた事例で，相続人全員が遺言の存在を知らなかったなどの事情がある場合には，意思表示に要素の錯誤がないとはいえない。したがって，遺言の内容を知っていれば，特段の事情がない限り，遺産分割協議の意思表示をしなかった蓋然性が極めて高いとして，錯誤による無効の主張を認めた（最判平5［1993］・12・16判時1489号114頁）。	コンメン111頁, 二宮412頁
⑵　共同相続人を除外してなした遺産分割協議 □母子関係は分娩の事実によって発生するから，母の死亡による相続について，遺産分割後に共同相続人である婚外子の存在が明らかになったときには，民法910条（相続の開始後に認知された者の価額の支払請求権）の類推適用はなされず，その結果，相続人の一部を除外してなされた遺産分割として無効であり，再分割すべきこととなる（最判昭54［1979］・3・23民集33巻2号294頁）。	コンメン111頁, 二宮184・410頁

5．協議による遺産分割の解除 □いったん遺産分割の協議が成立したにもかかわらず，それを共同相続人全員の合意により全部または一部を解除した上で，改めて遺産分割を成立することができる（最判平2［1990］・9・27民集44巻6号995頁）。	コンメン112頁，二宮413頁
□共同相続人の1人が遺産分割協議で負担した債務を履行しない場合に，民法514条（債務不履行による解除）によって分割協議を解除することはできない（最判平1［1989］2・9民集43巻2号1頁）。	コンメン112頁，二宮413頁
6．遺産分割協議と遺言の優劣 □相続人の全員が，遺言処分とは異なる内容の遺産分割協議に合意した場合には，その範囲で遺言処分が放棄されたと解されて，結果的に遺産分割協議が優越する（最判平12［2000］・9・7金法1597号73頁，東京地判平6［1994］・11・10金法1439号99頁）。	コンメン113頁，二宮466頁

908条（遺産の分割の方法の指定及び遺産の分割の禁止）

　被相続人は，遺言で，遺産の分割の方法を定め，若しくはこれを定めることを第三者に委託し，又は相続開始の時から5年を超えない期間を定めて，遺産の分割を禁ずることができる。

判　　例	引用・参考
1．相続させる旨の遺言 □「相続させる旨の遺言」は，遺産分割方法の指定と解し，遺産分割を不要とした。その結果，死亡時に当該遺産は直ちに承継されることになるとした判決。 〜遺言書において特定の遺産を特定の相続人に『相続させる』趣旨の遺言者の意思が表明されている場合，当該相続人も当該遺産を他の共同相続人と共にではあるが当然相続する地位にあることにかんがみれば，遺言者の意思は，右の各般の事情を配慮して，当該遺産を当該相続人をして，単独で相続させようとする趣旨のものと解するのが当然の合理的な意思解釈というべきであり，遺言書の記載から，その趣旨が遺贈であることが明らかであるか又は遺贈と解すべ	コンメン115頁，二宮457頁

き特段の事情がない限り，遺贈と解すべきではない。そして，右の『相続させる』の趣旨の遺言，すなわち，特定の遺産を特定の相続人に単独で相続により継承させようとする遺言は，前記の各般の事情を配慮しての被相続人の意思として当然あり得る合理的な遺産の分割の方法を定めるものであって，民法908条において被相続人が遺言で遺産の分割の方法を定めることができるとしているのも，遺産の分割の方法として，このような特定の遺産を特定の相続人に単独で相続により継承させることも遺言で定めることを可能にするためにほかならない。したがって，右の『相続させる』趣旨の遺言は，正に同条にいう遺産の分割の方法を定めた遺言であり，他の共同相続人も右の遺言に拘束され，これと異なる遺産分割の協議，さらには審判もなし得ないのであるから，このような遺言にあっては，遺言者の意思に合致するものとして，遺産の一部である当該遺産を当該相続人に帰属させる遺産の一部の分割がなされたのと同様の遺産の承継関係を生ぜしめるものであり，当該遺言において相続による承継を当該相続人の受諾の意思表示にかからせたなどの特段の事情のない限り，何らの行為を要せずして，被相続人の死亡の時（遺言の効力の生じた時）に直ちに当該遺産が当該相続人に相続により承継されるものと解すべきである（最判平3［1991］・4・19民集45巻4号477頁）。

2．代襲相続 □「上記のような『相続させる』旨の遺言は，当該遺言により遺産を相続させるものとされた推定相続人（受益相続人）が遺言者の死亡以前に死亡した場合には，当該『相続させる』旨の遺言に係る条項と遺言者の他の記載との関係，遺言書作成当時の事情及び遺言者の置かれていた状況などから，遺言者が，上記の場合には，当該推定相続人の代襲者その他の者に遺産を相続させる旨の意思を有していたとみるべき特段の事情のない限り，その効力を生ずることはないと解するのが相当である」。 　したがって，受益相続人が遺言者の死亡以前に死亡した場合，特段の事情がない限り代襲相続することはなく，民法994条（受遺者の死亡による遺贈の失効）に基づき遺言は失効する（最判平23［2011］・2・22民集65巻2号699頁）。	コンメン116頁，二宮459頁
3．遺言執行者の権利義務 □「特定の不動産を特定の相続人甲に相続させる旨の遺言により，甲が被相続人の死亡とともに相続により当該不動産の所有権を取得	コンメン117頁，二宮459頁

した場合には，甲が単独でその旨の所有権移転登記手続をすることができ，遺言執行者は，遺言の執行として右の登記手続をする義務を負うものではない」したがって，相続させる旨の遺言によって特定の財産を受益した相続人がいる場合に，受益相続人に登記手続をする義務は，遺言執行者にはない（最判平7［1995］・1・24判時1523号81頁）。	
□相続させる旨の遺言がなされ，遺言執行者が指定されている事例で，受益した相続人以外の者が自己名義に所有権移転登記をした場合，遺言執行者は，妨害排除するために，登記の抹消手続きをしたり，真正な登記名義の回復を原因として所有権移転登記手続を求めることが可能である（最判平11［1999］・12・16民集53巻9号1989頁）。	コンメン117頁

909条（遺産の分割の効力）

遺産の分割は，相続開始の時にさかのぼってその効力を生ずる。ただし，第三者の権利を害することはできない。

判　　　例	引用・参考
1．相続財産から生じた果実 □遺産は，相続人が数人あるときは，相続開始から遺産分割までの間，共同相続人の共有に属するものであるから，この間に遺産である賃貸不動産を使用管理した結果生ずる金銭債権たる賃料債権は，遺産とは別個の財産というべきであって，各共同相続人がその相続分に応じて分割単独債権として確定的に取得するものと解するのが相当である。遺産分割は，相続開始のときに遡ってその効力を生ずるものであるが，各共同相続人がその相続分に応じて分割単独債権として確定的に取得した上記賃料債権の帰属は，後にされた遺産分割の影響を受けないものというべきである（最判平17［2005］・9・8民集59巻7号1931頁）。 ※　相続開始時から遺産分割時までの間に相続財産である不動産から生じた賃料債権について，「相続財産でない」とした上で，各相続人がその相続分に応じて分割単独債権として確定的に取得し，その帰属は，後になされた遺産分割の影響を受けないとした判決。	コンメン120頁，二宮367・368頁

909条の2（遺産の分割前における預貯金債権の行使）

　各共同相続人は，遺産に属する預貯金債権のうち相続開始の時の債権額の3分の1に第900条及び第901条の規定により算定した当該共同相続人の相続分を乗じた額（標準的な当面の必要生計費，平均的な葬式の費用の額その他の事情を勘案して預貯金債権の債務者ごとに法務省令で定める額を限度とする。）については，単独でその権利を行使することができる。この場合において，当該権利の行使をした預貯金債権については，当該共同相続人が遺産の一部の分割によりこれを取得したものとみなす。

判　　　例	引用・参考
１．遺産分割前における預貯金の払戻し制度の創設の趣旨 □預貯金債権は遺産分割の対象に含まれる【判例変更】（最大決平28［2016］・12・19民集70巻8号2121頁。以下「本決定」という。）。 【補足】預貯金債権については，本決定前は，相続開始と同時に各共同相続人の相続分に従って当然に分割され，これにより，各共同相続人は自己に帰属した債権を単独で行使することができることとされていたが，本決定後は，遺産分割までの間は，共同相続人全員の同意を得なければ権利行使をすることができないこととなった。 　そこで，改正法では，共同相続人の各種の資金需要に迅速に対応することを可能にするため，各共同相続人が，遺産分割前に，裁判所の判断を経ることなく，一定の範囲で遺産に含まれる預貯金債権を行使することができるようにするために，遺産分割前における預貯金の払戻し制度を創設した。	概説51頁 本書P254「9-2-2」・P402「ここが実務のポイント❷」

12-2. 第４章 相続の承認及び放棄（民法915条〜940条）

　「第4章　相続の承認及び放棄」（民法915条〜940条）では，次の条文に係る判例を見る。

　第1節　総則（民915条・919条）

第2節　相続の承認（民921条）

第3節　相続の放棄（民938・939条）

(1)　第1節　総則

各条文で見る判例の内容は次のとおり。

・915条（相続の承認又は放棄をすべき期間）～「熟慮期間の起算点の例外的事情」

・919条（相続の承認及び放棄の撤回及び取消し）

　～「被相続人の債権者は，相続人の相続放棄を詐害行為として取り消すことができない」とした判例

915条（相続の承認又は放棄をすべき期間）

1　相続人は，自己のために相続の開始があったことを知った時から3箇月以内に，相続について，単純若しくは限定の承認又は放棄をしなければならない。ただし，この期間は，利害関係人又は検察官の請求によって，家庭裁判所において伸長することができる。

2　相続人は，相続の承認又は放棄をする前に，相続財産の調査をすることができる。

判　　　例	引用・参考
1．熟慮期間の起算点の例外的事情 □「自己のために相続が開始したことを知った時」とは，原則として自分が相続人になったことを覚知したときとするが，例外として，相続人が3か月以内に相続放棄等をしなかったのが，「相続財産が全く存在しないと信じたためであり，かつ，被相続人の生活歴，被相続人と相続人との間の交際状態その他諸般の状況からみて当該相続に対し相続財産の調査を期待することが著しく困難な事情があって，相続人において右のように信ずるについて相当な理由があると認められるときには」，熟慮期間は，「相続人が相続財産の全部又は一部の存在を認識した時又は通常これを認識しうべかりし時から起算すべきものと解するのが相当である」（最判昭59［1984］・4・27民集38巻6号698頁）	コンメン127頁，二宮332頁

919条（相続の承認及び放棄の撤回及び取消し）

1 相続の承認及び放棄は，第915条第1項の期間内でも，撤回することができない。

2 前項の規定は，第1編（総則）及び前編（親族）の規定により相続の承認又は放棄の取消しをすることを妨げない。

3 前項の取消権は，追認をすることができる時から6箇月間行使しないときは，時効によって消滅する。相続の承認又は放棄の時から10年を経過したときも，同様とする。

4 第2項の規定により限定承認又は相続の放棄の取消しをしようとする者は，その旨を家庭裁判所に申述しなければならない。

判　　例	引用・参考
1．被相続人の債権者は，相続人の相続放棄を詐害行為として取り消すことができないとした判例 □取消権行使の対象となる行為は，積極的に債務者の財産を減少させる行為であることを要し，消極的にその増加を妨げるにすぎないものを包含しないものと解するところ，相続の放棄は，相続人の意思からいっても，また法律上の効果からいっても，これを既得財産を積極的に減少させる行為というよりはむしろ消極的にその増加を妨げる行為にすぎないとみるのが，妥当である。 　また，相続の放棄のような身分行為については，他人の意思によってこれを強制すべきでないと解するところ，もし相続の放棄を詐害行為として取消しうるものとすれば，相続人に対し相続の承認を強制することと同じ結果となり，その不当であることは明らかである（最判昭49［1974］・9・20民集28巻6号1202頁）。	コンメン133頁，二宮342・412頁

(2) 第2節　相続の承認

第1款　単純承認

条文で見る判例の内容は次のとおり。

・921条（法定単純承認）

〜「処分時に相続人が相続開始の事実を知ることの要否」「形見分け」
「相続財産からの葬儀費用・墓石購入費用等の支出」「生命保険金」
「処分の無効・取消と単純承認の効果および錯誤による期間徒過」

921条（法定単純承認）

次に掲げる場合には，相続人は，単純承認をしたものとみなす。

一　相続人が相続財産の全部又は一部を処分したとき。ただし，保存行為及び第602条に定める期間を超えない賃貸をすることは，この限りでない。

二　相続人が第915条第1項の期間内に限定承認又は相続の放棄をしなかったとき。

三　相続人が，限定承認又は相続の放棄をした後であっても，相続財産の全部若しくは一部を隠匿し，私にこれを消費し，又は悪意でこれを相続財産の目録中に記載しなかったとき。ただし，その相続人が相続の放棄をしたことによって相続人となった者が相続の承認をした後は，この限りでない。

判　　例	引用・参考
1．処分時に相続人が相続開始の事実を知ることの要否 □単純承認の効果が生じるためには「相続人が自己のために相続が開始した事実を知りながら相続財産を処分したか，または，少なくとも相続人が被相続人の死亡した事実を確実に予想しながらあえてその処分をしたことを要する」として，相続人が処分時に相続開始の事実を知らなかった場合には，単純承認は生じないと判じた（最判昭42［1967］・4・27民集21巻3号741頁）。	コンメン137頁，二宮336頁
□相続人固有の財産による弁済は，相続財産の処分に当たらない（福岡高宮崎支決平10［1998］・12・22家月51巻5号49頁）。	コンメン138頁，二宮336頁
2．形見分け □「一般的経済価値を有するものの処分は本号にいう処分に当た	コンメン138頁

る」として，被相続人の衣類であっても一般的経済的価値を有するものを他人に贈与した場合は本号にいう処分に当たると判じた（大判昭3［1928］・7・3新聞2881号6頁）。

□処分の対象の一般的経済価値の有無は，相続財産の総額との比較考量によって，衡平ないし信義則の見地から相続人に放棄の意思がないと認めるに足りるかどうかによって判断される旨を宣言した上で，「和服15枚，洋服8着，ハンドバック4点，指輪2個を共同相続人の1人の所有として引き渡した行為が本条にいう処分に当たる」と判じた（松山簡判昭52［1977］・4・25判時878号95頁）。	コンメン138頁
□既に交換価値を失う程度に着古した上着とズボンを元使用人に与えても，このことは本号に該当しない（東京高決昭37［1962］・7・19東高民事報13巻7号117頁）。	コンメン138頁
□相続財産を調査あるいは直接にも間接にも占有管理する状態にはなく，葬式の香典類に対しても手が付けられない事情のもとで，相続人が，多額にあった相続財産の内よりわずかに形見の趣旨で背広上下，冬オーバー，スプリングコート，椅子2脚を得たことは本号による処分に当たらない（山口地徳山支判昭40［1965］・5・13家月18巻6号167頁）。	コンメン138頁

3．相続財産からの葬儀費用・墓石購入費用等の支出

□「被相続人に相当の財産があるときは，それをもって被相続人の葬儀費用に充当しても社会的見地から不当なものとはいえない」として葬儀費用の支出は本号にいう処分に当たらず，墓石および仏壇の購入費用を相続財産から支出することも本号にいう処分に当たらない（大阪高決平14［2002］・7・3家月55巻1号82頁）。	コンメン138頁，二宮333・336頁
□行方不明だった被相続人が遠隔地で死亡したことを警察から知らされた相続人が所轄警察署の要請に基づいて被相続人が所持していたわずかな所持金を被相続人の火葬費用等に充てたことは本号にいう処分に当たらない（大阪高決昭54［1979］・3・22家月31巻10号61頁）。	コンメン138頁

4．生命保険金

□被相続人の生命保険金の受領は保険契約に基づく固有の権利の行使であり，その保険金で相続債務の一部を弁済しても，相続財産の	二宮336頁

処分には当たらず，被相続人の自損事故共済金請求も，相続財産の調査をしたにすぎないから，処分には当たらない（福岡高宮崎支決平10［1998］・12・22家月51巻5号49頁）。	
5．処分の無効・取消と単純承認の効果 □処分（遺産分割協議）が要素の錯誤により無効となる場合には，その処分によっては法定単純承認の効果は発生しない（大阪高決平10［1998］・2・9家月50巻6号89頁）。	コンメン139頁，二宮332頁
6．錯誤による期間徒過 □「相続人が被相続人の消極的財産の状態について熟慮期間内に調査を尽くしたにもかかわらず，債権者（農協）からの誤った回答により，相続債務が存在しないものと信じたため，預金口座の解約・払戻しを受け，熟慮期間も経過したところ，相続開始から1年3か月後に債権者から7,500万円余の保証債務残額がある旨の通知を受け付けた事案で，裁判所は，「相続人は被相続人の遺産の構成についての要素の錯誤に陥っているとし，熟慮期間が設けられた趣旨に照らし，相続人において上記錯誤に陥っていることを認識した後に，改めて熟慮期間内に錯誤を理由として，上記財産処分および熟慮期間経過による単純承認の効果を否定して，限定承認または放棄の申述受理の申立てをすることができる」として錯誤を理由に法定単純承認の効果を否定した（高松高決平20・［2008］・3・5家月60巻10号91頁）。	コンメン140頁，二宮337頁

(3)　第3節　相続の放棄

各条文で見る判例の内容は次のとおり。

・938条（相続の放棄の方式）〜「放棄の方式」

・939条（相続の放棄の効力）〜「相続放棄の効果」

> ### 938条（相続の放棄の方式）
>
> 相続の放棄をしようとする者は，その旨を家庭裁判所に申述しなければならない。

判　　　例	引用・参考
1．放棄の方式 □相続放棄は，家庭裁判所への申述によらなければならず，それ以外の仕方で相続放棄の意思表示をしても，相続放棄の効力は生じない（大決大6［1917］・11・9民録23輯1701頁）。	コンメン155頁

> **939条（相続の放棄の効力）**
>
> 　相続の放棄をした者は，その相続に関しては，初めから相続人とならなかったものとみなす。

判　　　例	引用・参考
1．相続放棄の効果 □相続放棄をした者は，もともと相続人ではなかった者として扱われる。この効果は絶対的であり，誰に対しても，登記等の対抗要件の具備の有無にかかわりなくその効果を生じる（最判昭42［1967］・1・20民集21巻1号16頁）。	コンメン156頁，二宮342頁
□相続放棄をした者でも，被相続人の社会的地位に応じた葬儀費用は，相続財産の負担として，相続財産（預金等）の中から支出することが許される（東京地判昭59・［1984］・7・12判時1150号205頁）。	二宮342頁

▌12-3. 第7章 遺言（民法960条〜1027条）

　7章　「遺言」（民960条〜1027条）では，次の条文に係る判例を見る。

　第1節　総則（民960条・963条）

　第2節　遺言の方式（民968・969条・969条の2・974・975）

　第3節　遺言の効力（民985・986条）

　第4節　遺　言　の　執　行（民1004・1005・1006・1007・1012・1013・1014・1015・

1019・1021）

第5節　遺言の撤回及び取消し（民1022条・1023・1024）

(1)　第1節　総則

各条文で見る判例の内容は次のとおり。

・960条（遺言の方式）〜「方式の死因贈与への転換」

・963条（遺言能力）〜「遺言能力が否定された事例」

960条（遺言の方式）

遺言は，この法律に定める方式に従わなければ，することができない。

判　　　　例	引用・参考
1．方式の死因贈与への転換 □死因贈与は契約であって，単独行為である遺贈とは異なるから，方式については遺言の方式に従うべきことを定めたものではない（最判昭32［1957］・5・21民集11巻5号732頁）。	コンメン177頁，二宮438頁

963条（遺言能力）

遺言者は，遺言をする時においてその能力を有しなければならない。

判　　　　例	引用・参考
1．遺言能力が否定された事例 □中等度から高度のアルツハイマー型認知症にあった遺言者（85歳）が，多数の不動産やその他の財産について複数の者に相続させ，遺言執行者について項目ごとに2名に分けて指定し，1人の報酬について細かくその比率を分けるなど比較的複雑な内容だった事例。 　遺言執行者となる信託銀行の行員が証人となり，銀行が作成したものを公証人が読み上げて，遺言者に確認していた（横浜地判平18［2006］・9・15判タ1236号301頁）。	コンメン179頁，二宮424頁，本書P48「**事例③**」参照

(2) 第2節 遺言の方式

第1款 普通の方式

各条文で見る判例の内容は次のとおり。

- 968条（自筆証書遺言）
  ～「全文の自書」「文書作成機器の利用」「特定の日付」「事実と異なる日付」「氏名の自書」「押印」「契印」「加除その他の変更」
- 969条（公正証書遺言）
  ～「遺言者の口授」「遺言者の署名」「証人の立会い」
- 969条の2（公正証書遺言の方式の特則）～「通訳人の通訳」
- 974条（証人及び立会人の欠格事由）
  ～「遺言執行者の適格性」「欠格者の立ち会った遺言の効力」
- 975条（共同遺言の禁止）～「禁止された共同遺言に当たらない場合」

968条（自筆証書遺言）

1　自筆証書によって遺言をするには，遺言者が，その全文，日付及び氏名を自書し，これに印を押さなければならない。

2　前項の規定にかかわらず，自筆証書にこれと一体のものとして相続財産（第997条第1項に規定する場合における同項に規定する権利を含む。）の全部又は一部の目録を添付する場合には，その目録については，自書することを要しない。この場合において，遺言者は，その目録の毎葉（自書によらない記載がその両面にある場合にあっては，その両面）に署名し，印を押さなければならない。

3　自筆証書（前項の目録を含む。）中の加除その他の変更は，遺言者が，その場所を指示し，これを変更した旨を付記して特にこれに署名し，かつ，その変更の場所に印を押さなければ，その効力を生じない。

判　　例	引用・参考
１．全文の自書 □遺言者が証書作成時に自書能力を有し，他人の添え手が，単に始筆もしくは改行にあたりもしくは字の間配りや行間を整えるため遺言者の手を用紙の正しい位置に導くにとどまるか，または遺言者の手の動きが遺言者の望みに任されており，遺言者は添え手をした他人から単に筆記を容易にするための支えを借りただけであり，添え手をした他人の意思が介入した形跡のないことが筆跡の上で判定できる場合には，有効な自書があったものとする（最判昭62［1987］・10・8民集41巻7号1471頁）。	コンメン183頁，二宮433頁
２．文書作成機器の利用 □タイプライターやパソコンなどの機器の利用は，書体から本人の作成かどうかを識別することを困難にするから，自書とは認められない。添付の財産目録のみがタイプ印刷されている場合も，遺言は無効とされる（東京高判昭59［1984］・3・22判時1115号103頁）。	二宮（4版）386頁
３．特定の日付 □「昭和四拾壱年七月吉日」では日の特定ができないので，日付を欠くものとして遺言は無効である（最判昭54［1979］・5・31民集33巻4号445頁）。	コンメン183頁，二宮434頁
□年月日が特定し得る記載でなければならないので，年月のみの記載では要件を満たさない（東京地判平26［2014］・4・25金法1999号194頁）。	コンメン184頁
４．事実と異なる日付 □遺言書のうち日付以外の部分を記載し，署名して印を押し，その8日後に当日の日付を記載して遺言書を完成させた場合には，当該遺言は，特段の事情のない限り，その日付が記載された日に成立した遺言として有効である（最判昭52［1977］・4・19家月29巻10号132頁）。	コンメン184頁，二宮434頁
□「昭和48年」と書くべきところを「昭和28年」と書いた事例。遺言に記載された日付が事実の作成日付と相違しても，その誤記であることおよび真実の作成の日付が，遺言書の記載その他から容易に判明する場合は，日付の誤りは遺言を無効とはしない（最判昭	コンメン184頁，二宮434頁

52［1977］・11・21家月30巻4号91頁）。	
□「正和」の記載を「昭和」として有効とした事例（大阪高判昭60［1985］・12・11判時1185号115頁）。	二宮434頁
□「平成二千年一月十日」を西暦2000年＝平成12年として有効とした事例（大阪地判平18［2006］・8・29判タ1235号282頁）。	二宮434頁
5．氏名の自書 □「をや治郎兵衛」（「親の治郎兵衛」の意）とだけ記載した事案で，遺言の内容その他から遺言者が特定できる場合には，氏または名を自書するので十分であるとして，これを氏名の自書として有効とした（大判大4［1915］・7・3民録21輯1176頁）。	コンメン184頁，二宮434頁
6．押印 □押印は文書の正式性，確実性を示すために用いられるから，実印である必要はなく，認印や指印（拇印その他指頭に墨，朱肉などをつけて押印すること）でもよい（最判平1［1989］・2・16民集43巻2号45頁）。	コンメン184頁，二宮434頁
□花押（署名の下に，筆画を崩し簡略した自体で記すことが多い）を書くことは印章による押印と同視することはできない（最判平28［2016］・6・3民集70巻5号1263頁）	コンメン184頁，二宮434頁
□帰化したロシア系日本人の，サインはあるが押印はない英文で作成した遺言について，欧米人の場合には，サインによって遺言の真正が保障されているとして，例外的に有効とした（最判昭49［1974］・12・24民集28巻10号2152頁）。	コンメン184頁，二宮434頁
□遺言書の本文の自書名下には押印がなかったが，遺言書本文が封入された封筒の封じ目に押印されているものを，遺言書と封筒が一体性を有しているとして有効とした（最判平6〔1994〕・6・24家月47巻3号60頁）。	コンメン184頁，二宮435頁
□遺言書には署名・押印を欠くが，封筒には署名・押印がある場合，封筒が検認時にすでに開封されていたときは，一体のものとはいえず，署名・押印を欠くものとして無効となる（東京高判平18	二宮435頁

［2006］・10・25判時1955号41頁）。	
7．契印 □全体として1通の遺言書として作成されたものであることが確認できるならば，契印がなくてもよいし，そのうちの1枚に，日付，署名，捺印がされていれば有効である（最判昭36［1961］・6・22民集15巻6号1622頁）。	コンメン184頁
8．加除その他の変更 □書き損じた文字を抹消した上，これと同一または同じ趣旨の文字を改めて記載して完成させた事案において，遺言の作成過程における加除その他の変更についても，本条所定の方式を遵守すべきであるとした上で，証書の記載自体からみて明らかな誤記の訂正である場合には，本条所定の方式に違背があっても遺言者の意思を確認するについて支障がないものであるから，方式違背は，遺言の効力に影響を及ぼすものではない（最判昭56［1981］・12・18民集35巻9号1337頁）。	コンメン185頁, 二宮435頁

969条（公正証書遺言）

　公正証書によって遺言をするには，次に掲げる方式に従わなければならない。

　　一　証人2人以上の立会いがあること。

　　二　遺言者が遺言の趣旨を公証人に口授すること。

　　三　公証人が，遺言者の口述を筆記し，これを遺言者及び証人に読み聞かせ，又は閲覧させること。

　　四　遺言者及び証人が，筆記の正確なことを承認した後，各自これに署名し，印を押すこと。ただし，遺言者が署名することができない場合は，公証人がその事由を付記して，署名に代えることができる。

　　五　公証人が，その証書は前各号に掲げる方式に従って作ったものである旨を付記して，これに署名し，印を押すこと。

判　　例	引用・参考
1．遺言者の口授 □条文は，口授，筆記，読み聞かせ・閲覧，承認という順序が想定されているが，順序の変更があっても全体として方式を踏んでいるならば，有効である（最判昭43［1968］・12・20民集22巻13号3017頁）。	コンメン186頁，二宮436頁
□一字一句もらさず口授する必要はなく，例えば，遺贈の目的である物件を特定できる程度に遺言の趣旨を口授していれば，詳細は覚書に委ねて口授を省略してもよい（大判大8［1919］・7・8民録25輯1287頁）。	コンメン186頁
□遺言者自身が作成した書面を公証人に渡していて，「遺言の趣旨は先に交付し置きたる書面の通りなり」というものでも，有効な口授と認められる（大判昭9［1934］・7・10民集13巻1341頁）。	二宮436頁
□遺言者が弁護士に遺言の趣旨を伝え，弁護士が作成した書面を公証人にFAX送信し，かつ遺言者が証人到着前に公証人に遺言の趣旨を話していた事案では，各項目ごとにうなずき，文章中の受遺者の氏名の誤りを指摘し，読み聞かせ終了後，「その通りで間違いありません。よろしくお願いします」と答えたものは有効である（最判平16［2004］・6・8金法1721号44頁）。	二宮436頁
□公証人の質問に対し言語をもって陳述することなく，単に肯定または否定の挙動を示したにすぎないときは，口述があったものとはいえない（最判昭51［1976］・1・16家月28巻7号25頁）。	コンメン186頁，二宮436頁
□公証人の問い掛けに対して声を出してうなずくのみでは口授があったものとは認められない（宇都宮地判平22［2010］・3・1金法1904号136頁）。	コンメン186頁
□公証人の問い掛けに対して，間違いがなければ手を強く握るように説明して作成したものは口授があったものとは認められない（東京地判平20［2008］・11・13判時2032号87頁）。	コンメン186頁，二宮436頁
2．遺言者の署名 □遺言者が署名できない場合（民969条4号ただし書）とは，遺言者が文字を知らない（読み書きができない）場合のほか，病気・負	コンメン186頁，二宮436頁

傷その他身体的な理由によって文字の記載が困難な場合も含まれる（最判昭37［1962］・6・8民集16巻7号1293頁）。 【補足】末期ガンで入院中の遺言者が，口授のため約15分間半身を起こしていた後で，疲労や病勢の悪化を考慮して公証人が自書を押しとどめた事案。	
□遺言者の精神的，身体的状況に照らせば，遺言者が自ら署名するについて格別支障があったとは認めがたいとして，公証人が署名を代行した遺言を無効とした（東京高判平12［2000］・6・27判時1739号67頁）。	コンメン187頁
□氏名の最初の1文字は読めるが，以下は判読不能なものでも，公正証書遺言における遺言者の署名は，記載内容についての正確性を承認する意味が大きいことから，遺言者が自己の氏名として自書したものであることが明らかであれば，有効である（大阪高判平21［2009］・6・9判時2060号77頁）。	コンメン187頁, 二宮436頁
3．証人の立会い □証人は，遺言者が本人であること，遺言者は自己の意思に基づいて口授をしたこと，公証人による筆記が正確であることなどの確認が任務である。したがって，遺言者の口授の間，証人は7メートルも離れた席にいて傍観者的に聞いていた場合は，口授の内容と筆記されたものを比較し，正確であるか確認することができないから，遺言は無効である（広島地呉支判平1［1989］・8・31家月42巻5号97頁）。	コンメン187頁

969条の2（公正証書遺言の方式の特則）

1　口がきけない者が公正証書によって遺言をする場合には，遺言者は，公証人及び証人の前で，遺言の趣旨を通訳人の通訳により申述し，又は自書して，前条第2号の口授に代えなければならない。この場合における同条第3号の規定の適用については，同号中「口述」とあるのは，「通訳人の通訳による申述又は自書」とする。

2　前条の遺言者又は証人が耳が聞こえない者である場合には，公証人は，同条第3号に規定する筆記した内容を通訳人の通訳により遺言者又は証

人に伝えて，同号の読み聞かせに代えることができる。

　3　公証人は，前2項に定める方式に従って公正証書を作ったときは，その旨をその証書に付記しなければならない。

判　　例	引用・参考
1．通訳人の通訳 □遺言者がパーキンソン病に罹患し，肯定的返事の場合には，腕・足を動かし，時にはのどを震わせて音を出し，まぶたを開いたり，閉じたりすることによって意思表示をした事案で，通訳人は，手話通訳士試験に合格して手話通訳士の資格を有している者など特定の資格を必要とするものではなく，本人の意思を確実に他者に伝達する能力を有すればよいとして，遺言作成時まで9年間にわたり遺言者を介助してきた者（ホームヘルパー）のなした通訳を，969条の2第1項の「通訳人の通訳による申述」に当たるとした（東京地判平20［2008］・10・9判タ1289号227頁）。	コンメン188頁，二宮430頁

974条（証人及び立会人の欠格事由）

　次に掲げる者は，遺言の証人又は立会人となることができない。

　　一　未成年者

　　二　推定相続人及び受遺者並びにこれらの配偶者及び直系血族

　　三　公証人の配偶者，四親等内の親族，書記及び使用人

判　　例	引用・参考
1．遺言執行者の適格性 □証人・立会人として，遺言執行者は適格である（大判大7［1918］・3・15民録24輯414頁）。	コンメン192頁，二宮（4版）383頁
2．欠格者の立ち会った遺言の効力 □所定の証人が立ち会っている以上，たまたま証人となることができない者が同席していたとしても，この者によって遺言の内容が左右されたり，遺言者が自己の真意に基づいて遺言をすることを妨げ	コンメン193頁，二宮435頁

られたりするなど特段の事情のない限り，遺言公正証書の作成手続
を違法ということはできず，無効となるものではない（最判平13
［2001］・3・27判タ1058号105頁）。

975条（共同遺言の禁止）

遺言は，2人以上の者が同一の証書ですることができない。

判　　　例	引用・参考
1．禁止された共同遺言に当たらない場合 □夫名義の遺言書と妻名義の遺言書を合綴して契印を施しているが，夫の遺言部分と妻の遺言部分を容易に切り離すことができる自筆証書遺言は，禁止された共同遺言に該当しない（最判平5［1993］・10・19家月46巻4号27頁）。	コンメン193頁，二宮438頁

⑶　第3節　遺言の効力

各条文で見る判例の内容は次のとおり。

・985条（遺言の効力の発生時期）

　〜「効力発生時」「遺贈の効力の発生と対抗要件の具備」「特定の相続人に
　　特定の財産を『相続させる』旨の遺言」「法律行為の無効・取消に関す
　　る民法総則の規定の適用」

・986条（遺贈の放棄）

　〜「遺贈の放棄の方式」「死因贈与への準用」

・990条（包括受贈者の権利義務）

　〜包括受贈者の権利義務

・994条（受贈者の死亡による遺贈の失効）

　〜「相続させる」旨の遺言書分の場合

985条（遺言の効力の発生時期）

1　遺言は，遺言者の死亡の時からその効力を生ずる。

2　遺言に停止条件を付した場合において，その条件が遺言者の死亡後に成就したときは，遺言は，条件が成就した時からその効力を生ずる。

判　　例	引用・参考
1．効力発生時 □遺言者は，ひとたび成立した遺言を自由に撤回することができる（民1022）から，遺言者の生存中は，受遺者として指定された者は法律上の権利を得ているわけではない。したがって，遺言者の死亡までは，何の法律関係も生ぜず，期待権もない。よって，遺言者生存中には，遺贈を原因として仮登記をすることもできないし，また，遺言無効確認の訴えを提起することもできない（最判平11［1999］・6・11判時1685号36頁）。	コンメン200頁，二宮442頁
2．遺贈の効力の発生と対抗要件の具備 □受遺者は登記がなければ，権利取得を第三者に対抗できない（最判昭39［1964］・3・6民集18巻3号437頁）。ただし，遺言執行者がある場合には，民法1013条により相続人に処分権がないため，受遺者は登記なしで，権利取得を第三者に対抗できる（最判昭62［1987］・4・23民集41巻3号474頁）。	コンメン202頁，二宮468・469頁
3．特定の相続人に特定の財産を「相続させる」旨の遺言 □「相続させる」旨の遺言によって権利を取得した受益相続人は，登記なしで第三者に対抗できる（最判平14［2002］・6・10判時1791号59頁）。 ※　「相続させる」旨の遺言による遺言処分の目的物が農地である場合は，農地法3条所定の許可を要することなく権利変動が生じる（農地3①十二）。	コンメン202頁，二宮460頁
4．法律行為の無効・取消に関する民法総則の規定の適用 □遺産の全部ないしほぼ全部を特定の1人に，生前贈与し，あるいは遺贈（「相続させる」旨の遺言の処分を含む）すること自体は，遺留分侵害の問題を生じさせるだけであり，公序良俗に反しない（最判昭25［1950］・4・24民集4巻4号152頁，最判昭37	コンメン202頁

［1962］・5・29家月14巻10号111頁）。	
□妻子と別居し夫婦としての実体がある程度喪失していた中で知り合い，約7年の間半同棲した女性に対して，感謝の気持ちと将来の生活に対する配慮からした，全財産の3分の1の遺贈（同時に，相続人である妻と子に各3分の1を遺贈）は，当該女性の生活を保全するためにされたものであって不倫関係の維持継続を目的とするものではなく，また相続人らの生活の基盤を脅かすものでもないので，公序良俗に反しない（最判昭61［1986］・11・20民集40巻7号1167頁）。	コンメン202頁，二宮451頁
□遺贈が情交関係の維持を目的としたものであると判断される場合には，当該遺贈は公序良俗違反で無効である（福岡地小倉支昭56［1981］・4・23家月33巻12号76頁，東京地判昭58［1983］・7・20判時1101号59頁，東京地判昭63［1988］・11・14判時1318号78頁）。	コンメン202頁，二宮451頁

986条（遺贈の放棄）

1　受遺者は，遺言者の死亡後，いつでも，遺贈の放棄をすることができる。
2　遺贈の放棄は，遺言者の死亡の時にさかのぼってその効力を生ずる。

判　　　例	引用・参考
1．遺贈の放棄の方式 □遺贈の放棄の意思表示について，方式は特に定められていない（最判平12［2000］・9・7金法1597号73頁）。	コンメン203頁
2．死因贈与への準用 □本条の規定の前提は，遺贈が遺言者の単独行為であることであり，したがって，契約である死因贈与には，本条は準用されない（最判昭43［1968］・6・6判時524号50頁）。	コンメン204頁

990条（包括受遺者の権利義務）
包括受遺者は，相続人と同一の権利義務を有する。

判　　例	引用・参考
1．包括受遺者の権利義務 □遺産を構成する個々の財産は，包括遺贈が効力を生ずると，定められた割合において，当然に受遺者へと移転する（高松高判昭32［1957］・12・11下民集8巻12号2336頁）。	コンメン207頁
□全部包括遺贈を受けた者が，遺産に含まれる不動産について生前贈与を受けた者に対して，包括遺贈による権利移転の効力を主張するためには，登記の具備が必要である（東京高判昭34［1959］・10・27判時210号22頁，大阪高判平18［2006］・8・29判タ1228号257頁）。	コンメン207頁，二宮451・453頁
□包括遺贈を原因とする移転登記は，相続の場合とは異なり（不登63②参照），遺贈義務者と受遺者との共同申請による（東京高決昭44［1969］・9・8高民集22巻4号634頁）。	コンメン207頁，二宮（4版）415頁
【参考】 □農地の移転について農業委員会または都道府県知事の許可が必要かどうかに関しては，包括遺贈は相続と同様に扱われている。したがって，包括受遺者への農地の移転について許可を必要としない（農地3①一・六，農地規15五）。	コンメン207頁
□包括遺贈の受遺者は，遺言執行者がある場合には，相続人と同様に（民1013），相続財産の処分その他の執行を妨げる行為をすることはできない（東京地判平14［2002］・2・22家月55巻7号80頁）。	コンメン207頁，二宮（4版）415頁
□法人が相続人たる資格を有することはないが，包括受遺者にはなり得る（東京家審昭40［1965］・5・20家月17巻10号121頁）。	コンメン207頁
□保険金受取人として「相続人」という指定がされている場合に，包括受遺者は「相続人」に含まれない（最判昭40［1965］・2・2民集19巻1号1頁）。	コンメン207頁，二宮（4版）316頁

994条（受遺者の死亡による遺贈の失効）

1　遺贈は，遺言者の死亡以前に受遺者が死亡したときは，その効力を生じない。

2　停止条件付きの遺贈については，受遺者がその条件の成就前に死亡したときも，前項と同様とする。ただし，遺言者がその遺言に別段の意思を表示したときは，その意思に従う。

判　　例	引用・参考
1．「相続させる」旨の遺言処分の場合 □遺言者の遺産のすべてを1人の相続人に「相続させる」旨の遺言がされていた事例について，遺言者が，当該受益相続人が遺言者の死亡以前に死亡した場合には，当該受益相続人の代襲者その他の者に遺産を相続させる旨の意思を有していた，とみるべき特段の事情のない限り，当該遺言は失効するとした（最判平23［2011］・2・22民集65巻2号699頁）。 ※　同判決を受けて法務省民事局総務課担当補佐官から平成23年・7・1付で出された事務連絡について，雨宮則夫「「相続させる」旨の遺言について遺贈の類推適用が認められるか」公証法学44号〔2014〕47頁参照。	コンメン210頁，二宮459頁

(4)　第4節　遺言の執行

各条文で見る判例の内容は次のとおり。

・1004条（遺言書の検認）～「検認の意義と具体的手続」

・1005条（過料）～「1004条違反と遺言書の効力」

・1006条（遺言執行者の指定）～「遺言執行者の委託」

・1007条（遺言執行者の任務の開始）～「任務の即時開始」

・1012条（遺言執行者の権利義務）

　　～「財産に関する遺言の執行」「遺言執行者の訴訟追行権」「遺言執行者と遺贈義務者の関係」

・1013条（遺言の執行の妨害行為の禁止）～「相続人の管理処分権の喪失」

・1014条（特定財産に関する遺言の執行）

・1015条（遺言執行者の行為の効果）

・1019条（遺言執行者の解任及び辞任）～「遺言執行者の解任」

・1021条（遺言の執行に関する費用の負担）～「遺言執行費用の償還」

1004条（遺言書の検認）

1　遺言書の保管者は，相続の開始を知った後，遅滞なく，これを家庭裁判所に提出して，その検認を請求しなければならない。遺言書の保管者がない場合において，相続人が遺言書を発見した後も，同様とする。

2　前項の規定は，公正証書による遺言については，適用しない。

3　封印のある遺言書は，家庭裁判所において相続人又はその代理人の立会いがなければ，開封することができない。

判　　　例	引用・参考
1．検認の意義と具体的手続 □遺言書の検認は，遺言書の偽造・変造を防止し，その保存を確実にするための一種の検証手続である。したがって，検認の実質は，遺言書の形式態様等の方式に関する事実を調査し，遺言書の現状を確定する証拠保全のための手続にすぎず，実質的に遺言の内容，効力の有無等実体法上の効果を判断するものではない（大決大4［1915］・1・16民録21輯8頁）。	コンメン219頁，二宮463頁
□検認が一種の証拠保全手続であることから，検認手続を経た遺言書でも，後の訴訟で無効と判断されることもある（大決大5［1916］・6・1民録22輯1127頁）。	コンメン219頁
□検認が一種の証拠保全手続であることから，検認により遺言の有効性が推認されることにはならない。遺言書が真正に成立したと推定されるわけでもない（東京高判昭32［1957］・11・15下民集8巻11号2102頁）。	コンメン219頁
□遺言の検認には，即時抗告が認められず，相続人その他の利害関	コンメン220頁

係人は不服を申し立てることができない（福岡高決昭38［1963］・
4・24家月15巻7号105頁）。
※　検認申立ては，家庭裁判所の許可がなければ，取り下げること
　ができない（家事手続212）。

1005条（過料）

前条の規定により遺言書を提出することを怠り，その検認を経ないで遺言を執行し，又は家庭裁判所外においてその開封をした者は，5万円以下の過料に処する。

判　　　　例	引用・参考
1．1004条違反と遺言書の効力 □遺言の提出・保管義務，開封義務に違反しても，遺言自体の効力に影響を与えることはない。また，開封・検認義務を負担する者が罰則の適用を受けたからといって，提出・保管・開封などの義務を免責されることにはならない（東京控決明38［1905］・8・23新聞308号10頁）。	コンメン220頁

1006条（遺言執行者の指定）

1　遺言者は，遺言で，1人又は数人の遺言執行者を指定し，又はその指定を第三者に委託することができる。

2　遺言執行者の指定の委託を受けた者は，遅滞なく，その指定をして，これを相続人に通知しなければならない。

3　遺言執行者の指定の委託を受けた者がその委託を辞そうとするときは，遅滞なくその旨を相続人に通知しなければならない。

判　　　　例	引用・参考
1．遺言執行者の委託 □受遺者の選定を遺言執行者に委託する旨の遺言は，遺産の利用目	コンメン221頁，

的が公益に限定されているため，右目的を達成することができる被選定者の範囲が国または地方公共団体等に限定されているものと解されるときは有効である（最判平5［1993］・1・19民集47巻1号1頁）。	二宮444・466頁

1007条（遺言執行者の任務の開始）

1　遺言執行者が就職を承諾したときは，直ちにその任務を行わなければならない。

2　遺言執行者は，その任務を開始したときは，遅滞なく，遺言の内容を相続人に通知しなければならない。

判　　　例	引用・参考
1．任務の即時開始 □遺言で指定された遺言執行者が遺言者の死亡を知ってから4年数か月にわたり，執行者としての活動をしていなかった事案で，執行に必要とされる合理的期間を超えて任務を懈怠した場合には，指定を受けた者が具体的に職務拒絶の意思表示をしていなくても，法的にはこれを拒絶したものと同視する（仙台高判平15［2003］・12・24判時1854号48頁）。	二宮464頁

1012条（遺言執行者の権利義務）

1　遺言執行者は，遺言の内容を実現するため，相続財産の管理その他遺言の執行に必要な一切の行為をする権利義務を有する。

2　遺言執行者がある場合には，遺贈の履行は，遺言執行者のみが行うことができる。

3　第644条から第647条まで及び第650条の規定は，遺言執行者について準用する。

判　　　例	引用・参考
1．財産に関する遺言の執行 □遺言執行者は第三者が虚偽の移転登記をしている場合，登記の抹消を求めることができる（大判明36［1903］・2・25民録9輯190頁）。	コンメン225頁
□遺贈の目的物が賃貸家屋であれば，遺言執行者は家賃の受領権限がある（大決昭2［1927］・9・17民集6巻501頁）。	コンメン225頁
□包括遺贈に基づく移転登記は，遺言執行者と受遺者との共同申請によることになる（東京高決昭44［1969］・9・8家月22巻5号57頁）。	コンメン225頁
□遺言者の全財産である預貯金が包括遺贈された場合に，遺言で指定された遺言執行者は遺言者の貸金庫の開閉権を有する（神戸地決平11［1999］・6・9判時1697号91頁）。	コンメン225頁，二宮465頁
□包括遺贈の遺言に遺言執行者がある場合には，遺言執行者は遺言の執行に必要な行為として，金融機関に対して預貯金等の払戻請求をなし得る（東京地判平14［2002］・2・22金法1663号86頁）。	コンメン225頁，二宮（4版）415頁
□遺産である貯金債権を特定の相続人に相続させる旨の遺言で遺言執行者は，当該預金の払戻請求ができる（東京地判平24［2012］・1・25金判1400号54頁）。	コンメン225頁
2．遺言執行者の訴訟追行権 □遺言執行者は，遺言の無効確認訴訟での原告適格を有する（大決昭2［1927］・9・17民集6巻501頁，大阪控判大6［1917］・5・24新聞1285号23頁）。	コンメン226頁
□遺言執行者は，相続人あるいは受遺者が提起する遺言無効確認訴訟または遺言の内容・範囲の確定を求める訴訟の被告適格を有する（最判昭31［1956］・9・18民集10巻9号1160頁）。	コンメン226頁
□遺贈の目的物が相続人あるいは第三者の名義となっている場合，権利の存在確認や登記の抹消を求める訴訟は，遺言執行者が原告適格を有する（大判明36［1903］・2・25民録9輯190頁）	コンメン226頁
□遺言執行者は，相続人あるいは第三者に相続財産に属する物また	コンメン226頁

は権利の引き渡しまたは移転を求める訴訟の原告適格を有する（大判昭15［1940］・12・20民集19巻2283頁）。	
□受遺者が遺贈不動産について所有権移転登記手続を求める訴訟は，遺言執行者のみを被告とすべきもので，相続人は被告適格をもたない（最判昭43［1968］・5・31民集22巻5号1137頁）。	コンメン226頁
□遺言の対象となっていた不動産の登記が相続開始後に他の相続人の名義となっていた場合に，真正な相続人の登記名義に回復することは遺言執行者の職務権限である（最判平11［1999］・12・16民集53巻9号1989頁）。	コンメン226頁，二宮（4版）411頁
3．遺言執行者と遺贈義務者の関係（1012条2項関係） □特定遺贈がされた場合には，一次的には相続人が遺贈義務者となるが，遺言執行者がある場合には，遺言執行のみが遺贈義務者となる（最判昭43［1968］・5・31民集22巻5号1137頁）。 【補足】1012条2項では，遺言執行者の権限に関する判例を明文化する観点から，「遺言執行者がある場合には，遺贈の履行は，遺言執行者のみが行うことができる」とする規定を設けることとしている。	概説95頁

1013条（遺言の執行の妨害行為の禁止）

1　遺言執行者がある場合には，相続人は，相続財産の処分その他遺言の執行を妨げるべき行為をすることができない。

2　前項の規定に違反してした行為は，無効とする。ただし，これをもって善意の第三者に対抗することができない。

3　前2項の規定は，相続人の債権者（相続債権者を含む。）が相続財産についてその権利を行使することを妨げない。

判　　　例	引用・参考
1．相続人の管理処分権の喪失 □遺言執行者がある場合には，相続財産の管理処分権が遺言執行者の専属となるとともに，相続人は，相続財産の処分その他遺言の執	

行を妨げるような一切の行為をすることができない。たとえば，次のような行為をすることは許されない。	
□相続人が遺贈の対象となった不動産の売却（名古屋高判昭58［1983］・11・21判時1107号80頁）。	コンメン227頁
□相続不動産に対する抵当権設定（大判昭5［1930］・6・16民集9巻550頁，最判昭62［1987］・4・23民集41巻3号474頁）。	コンメン227頁，二宮419頁
□相続家屋の家賃の受領（大決昭2［1927］・9・10評論全集16巻994頁）。	コンメン227頁
２．遺言の執行の妨害行為の禁止 □1013条1項（＝改正前の1013条「遺言執行者がある場合には，相続人は，相続財産の処分その他遺言の執行を妨げるべき行為をすることができない。」（この規定自体は改正法施行後も存在する））に違反した場合は，相続人がした処分行為は絶対的に無効である（大判昭5［1930］・6・16民集9巻550頁）。	概説154頁
□遺言者の死亡後に相続人の債権者が特定遺贈の目的とされた不動産の差押えをした事案に関して，「遺言執行者がいない場合には，受遺者と相続人の債権者とは対抗関係に立ち，先に登記をした者が確定的にその権利を取得する」（最判昭39［1964］・3・6民集18巻3号437頁）。	概説154頁

1014条（特定財産に関する遺言の執行）

1　前三条の規定は，遺言が相続財産のうち特定の財産に関する場合には，その財産についてのみ適用する。

2　遺産の分割の方法の指定として遺産に属する特定の財産を共同相続人の1人又は数人に承継させる旨の遺言（以下「特定財産承継遺言」という。）があったときは，遺言執行者は，当該共同相続人が第899条の2第1項に規定する対抗要件を備えるために必要な行為をすることができる。

> 3 前項の財産が預貯金債権である場合には、遺言執行者は、同項に規定する行為のほか、その預金又は貯金の払戻しの請求及びその預金又は貯金に係る契約の解約の申入れをすることができる。ただし、解約の申入れについては、その預貯金債権の全部が特定財産承継遺言の目的である場合に限る。
>
> 4 前二項の規定にかかわらず、被相続人が遺言で別段の意思を表示したときは、その意思に従う。

判　　　例	引用・参考
1. 遺産分割方法の指定の定義規定〜特定財産承継遺言（いわゆる相続させる旨の遺言） □相続させる旨の遺言については、判例上、「遺言書の記載から、その趣旨が遺贈であることが明らかであるか又は遺贈と解すべき特段の事情のない限り、……遺産の分割の方法を定めた遺言であり、……当該遺言において相続による承継を当該相続人の受諾の意思表示にかからせたなどの特段の事情のない限り、何らの行為を要せずして、被相続人の死亡の時（遺言の効力の生じた時）に直ちに当該遺産が当該相続人に承継されるものと解すべき」とされている（最判平3 [1991]・4・19民集45巻4号477頁）。したがって、相続させる旨の遺言については、厳密にいうと、遺産分割方法の指定がされたと解すべきものと遺贈と解すべきものの2つに分かれることとなるが、改正法においては、前者について新たに定義規定を設けることとし、これを「特定財産承継遺言」と呼ぶことにしている（1014条2項）。	概説93頁
2. 対抗要件具備の権限（1014条2項関係） **〜旧法下で特定の相続人に不動産を相続させる旨の遺言がされた場合についての判例** □不動産取引における登記の重要性に鑑みると、相続させる旨の遺言による権利移転について対抗要件を必要とすると解するか否かを問わず、当該不動産の所有権移転登記をさせることは遺言執行者の職務権限に属するとした上で、「相続させる旨の遺言については、不動産登記法上、権利を承継した相続人が単独で登記申請をすることができるとさていることから（不登63②）、当該不動産が被相続	概説95頁

人名義である限りは，遺言執行者の職務は顕在化せず，遺言執行者は登記手続をすべき権利も義務も有しない」（最判平11［1999］・12・16民集53巻9号1989頁）。

1015条（遺言執行者の行為の効果）

遺言執行者がその権限内において遺言執行者であることを示してした行為は，相続人に対して直接にその効力を生ずる。

判　　例	引用・参考
1．1015条（遺言執行者の行為の効果）※旧法1015条（遺言執行者の地位）についての判例 □遺言執行者の任務は，遺言者の真実の意思を実現するにあるから，民法1015条が，遺言執行者は相続人の代理人とみなす旨規定しているからといって，必ずしも相続人の利益のためにのみ行為すべき責務を負うものとは解されない（最判昭30［1955］・5・10民集9巻6号657頁）。	概説94頁

1019条（遺言執行者の解任及び辞任）

1　遺言執行者がその任務を怠ったときその他正当な事由があるときは，利害関係人は，その解任を家庭裁判所に請求することができる。

2　遺言執行者は，正当な事由があるときは，家庭裁判所の許可を得て，その任務を辞することができる。

判　　例	引用・参考
1．遺言執行者の解任 □遺言執行者が相続人の一部と特別に緊密な関係にあり，対立相続人たちとは相反する立場に属し，不公正で相続人全員からの信頼が得られない場合，適任者でなく解任の正当事由がある（東京高決昭44［1969］・3・3家月21巻8号88頁）。	コンメン232頁

□遺言執行者が，株式会社の代表取締役である相続人に対し，自ら（＝遺言執行者）の子を著しく高額な給与で同社に雇用させた行為は，相続人が同社の代表者という地位を維持するために遺言執行者の求めを拒否できず，その地位を利用して自己の利益を図るもので，解任を正当とする事由に当たる（東京高決平23［2011］・9・8家月64巻6号136頁）。	コンメン233頁，二宮464頁
□遺言執行者は，遺贈された動産の保管にあたって善良なる管理者の注意をもってその滅失，毀損，紛失または盗難を防がなければならないが，第三者に保管を任せても滅失毀損のおそれがない以上，その任務を怠ったことにはならない（大阪高決昭33［1958］・6・30家月10巻7号39頁）	コンメン233頁
□相続人に遺産の範囲をめぐる広範な紛争があり，遺言の有効性も訴訟で争われているような場合には，財産目録の調整や交付をしていないことも解任を相当とする落ち度とはいえない（東京家審昭61［1986］・9・30家月39巻4号43頁）。	コンメン233頁

1021条（遺言の執行に関する費用の負担）

　遺言の執行に関する費用は，相続財産の負担とする。ただし，これによって遺留分を減ずることができない。

判　　例	引用・参考
1．遺言執行費用の償還 □遺言執行者がその執行につき費用を立て替えて支払ったときは，相続人に対してその費用の償還を請求できるが，全相続財産のうち当該相続人が取得する相続財産の割合に比例按分した額であり，かつ当該相続人が取得した相続財産の額を超えない部分に限る（東京地判昭59［1984］・9・7判時1149号124頁）。	コンメン234頁

(5)　第5節　遺言の撤回及び取消し

　各条文で見る判例の内容は次のとおり。

・1022条（遺言の撤回）

　〜「遺言の撤回の自由」「死因贈与への準用可能性」

・1023条（前の遺言と後の遺言の抵触等）

　〜「抵触遺言による撤回擬制」「遺贈目的物のうちの一部の処分」「抵触する行為」

・1024条（遺言書又は遺贈の目的物の破棄）

　〜「遺言者による故意の破棄」「遺言書の破棄の意味」

1022条（遺言の撤回）

遺言者は，いつでも，遺言の方式に従って，その遺言の全部又は一部を撤回することができる。

判　　　例	引用・参考
1．遺言の撤回の自由 □人は，遺言によって，自己の死後における自己の財産の処分を自由に行うことができる（遺言の自由）。そして，そのような自由を有する以上，遺言者の最終意思が尊重されるべきであり，遺言者は，一度遺言を行ったとしても，その遺言に拘束されることなく，死亡時まで，遺言を撤回することができる。本条で「いつでも」とされるのは，このように，遺言を，いつでも，理由を問わずに撤回できるという趣旨である（大判明31［1898］・4・21民録4輯4号45頁）。	コンメン235頁
2．死因贈与への準用可能性 □夫と妻と死因贈与契約を結んだものの，夫婦仲が悪くなって別居し，妻は病気療養中の夫の介護もしないので，夫は死因贈与を取り消し，離婚調停を申し立てた段階で死亡した事案で，民法1022条（遺言の撤回）を準用し，書面によらない取消しを認めた（最判昭47［1972］・5・25民集26巻4号805頁）。	コンメン236頁，二宮447頁
□負担付の死因贈与で，受遺者が贈与者の生前に負担の全部またはそれに類する程度の履行をしていた場合には，贈与者の最終意思を尊重するあまり受遺者の利益を犠牲にすることは相当でないから，	コンメン236頁，二宮447頁

特段の事情のない限り，遺言の撤回に関する各規定の準用による撤回を認めることは相当ではない（最判昭57［1982］・4・30民集36巻4号763頁）。 □裁判上の和解による合意事項の一部としてなされた死因贈与は，自由には取り消せない（最判昭58［1983］・1・24民集37巻1号21頁）。	二宮447頁

1023条（前の遺言と後の遺言との抵触等）

1 前の遺言が後の遺言と抵触するときは，その抵触する部分については，後の遺言で前の遺言を撤回したものとみなす。

2 前項の規定は，遺言が遺言後の生前処分その他の法律行為と抵触する場合について準用する。

判　　例	引用・参考
1．抵触遺言による撤回擬制 □後の遺言の内容が前の遺言の一部と重なっているだけの場合でも，遺言者が，弁護士の関与のもとに，旧遺言とは異なる遺言執行者を指定する等，旧遺言作成当時とは異なる新たな気持ちで新遺言を作成したものと考えられ，旧遺言と両立させない趣旨で新遺言を作成したものというべきである。よって，新遺言は前の遺言と全面的に抵触している（東京地判平7［1995］・7・26判時1564号66頁）。	コンメン237頁
□遺言者Aが遺産をすべて妻Bに譲るとの遺言（第1遺言）作成から5年後に，B存命中は土地家屋その他一切現状を維持し，Bの死後は換価処分して子らに4分の1ずつ与える旨の遺言（第2遺言）を作成した事案では，妻の生活を安定させる必要性が高く，妻に不利な形で遺言を変更する必要があったとは考えられないことから，第2遺言は，子らに対しBに分割を求めないことを指示したものであり，第1遺言と矛盾抵触しないとした（東京高決平14［2002］・8・29家月55巻10号54頁）。	コンメン238頁，二宮439頁

２．遺贈目的物のうちの一部の処分 □遺言者が複数の不動産を目的とする遺贈を内容とする遺言をした後，目的物の一部を第三者に処分売却し，または取り壊した場合について，遺言者が生前処分に至った事情や遺言者，遺贈者および相続人の間の関係等を考慮し，生前処分の対象とならなかった部分については有効であるとした（高松高判平6［1994］・2・18家月47巻2号178頁）。	コンメン238頁
３．抵触する行為 **(1)　分筆・合筆** □数筆の土地を目的として，共同相続人の1人に対していわゆる「相続させる旨」の遺言を行った後に，遺言者が遺言の対象となった数筆の土地の一部の合筆および分筆の登記手続きを行った場合には，土地の特定が極めて困難となり遺言の内容を実現するのに特に支障となるような事情のない限り，数筆の土地のうち登記手続の対象となった部分について，先の遺言が無効となることはない（大阪高判平2［1990］・2・28家月43巻4号40頁）。	コンメン239頁
(2)　両立させない趣旨が明白である場合〜贈与契約 □妻死亡後にA女と同居生活を送るようになったB男が，B男死亡時まで同居生活を送ることを条件にA女に1万円を与える旨の公正証書遺言をした後，同遺贈の履行に不安を感じたA女からの申し出に応じて，生前に5千円を贈与し，A女は以後B男の生涯にわたって何らの金銭を要求しないことを約束した。このような場合，後になされた贈与契約は前の遺贈と両立させない趣旨のもとになされたことが明白であるとして，遺言の撤回の効果を認めた（大判昭18［1943］・3・19民集22巻185頁）。	コンメン239頁， 二宮439頁
(3)　両立させない趣旨が明白である場合〜身分関係の変更 □高齢の遺言者が，終生扶養を受けることを前提として養子縁組をしたうえでその所有する不動産の大半を養子に遺贈する旨の遺言をしたが，その後，受遺者たる養子が遺言者に対する背信的な言動を行ったことを背景に，協議離縁をし，法律上も事実上も受遺者から扶養を受けないことにしたというものである。したがって，協議離縁は前に遺言によりなされた遺贈と両立せしめない趣旨のもとにされたものというべきである。よって，遺言は撤回されたと認める（最判昭56［1981］・11・13民集35巻8号1251頁）。	コンメン239頁， 二宮440頁

1024条（遺言書又は遺贈の目的物の破棄）

　遺言者が故意に遺言書を破棄したときは，その破棄した部分については，遺言を撤回したものとみなす。遺言者が故意に遺贈の目的物を破棄したときも，同様とする。

判　　例	引用・参考
１．遺言者による故意の破棄 □遺言者以外の者が遺言書を破り捨てた事案において，遺言書が一部の共同相続人ら立会いの下に弁護士の手本および指示に従い作成され，その記録が弁護士の手元に保存されていたこと等から，方式を遵守した遺言書の存在と内容を推測して，遺言の効力を認めた（東京高判平9［1997］・12・15判タ987号227頁）。	コンメン241頁
２．遺言書の破棄の意味 □遺言者自身が故意に赤色のボールペンで遺言書の文面全体に斜線を引いた場合において，当該行為は，その有する一般的な意味に照らすと，「遺言書の全体を不要のものとし，そこに記載された遺言のすべての効力を失わせる意思の表れとみるのが相当である」として，遺言書の故意の破棄があったものとして，撤回の効果を認めた（最判平27［2015］・11・20民集69巻7号2021頁）。	コンメン241頁，二宮440頁

12-4. 第8章 配偶者の居住の権利 第2節 配偶者短期居住権

各条文で見る判例の内容は次のとおり。

・1037条（配偶者短期居住権）

　　〜「配偶者が居住建物について共有持分を有している場合の配偶者短期居住権の実益」「相続人の一人が被相続人の許諾を得て被相続人所有の建物に同居していた場合の使用貸借契約成立の推認」

・1040条（居住建物の返還等）

　　〜「1040条2項において準用する621条（配偶者の原状回復義務）」

1037条（配偶者短期居住権）

1　配偶者は，被相続人の財産に属した建物に相続開始の時に無償で居住していた場合には，次の各号に掲げる区分に応じてそれぞれ当該各号に定める日までの間，その居住していた建物（以下この節において「居住建物」という。）の所有権を相続又は遺贈により取得した者（以下この節において「居住建物取得者」という。）に対し，居住建物について無償で使用する権利（居住建物の一部のみを無償で使用していた場合にあっては，その部分について無償で使用する権利。以下この節において「配偶者短期居住権」という。）を有する。ただし，配偶者が，相続開始の時において居住建物に係る配偶者居住権を取得したとき，又は第891条の規定に該当し若しくは廃除によってその相続権を失ったときは，この限りでない。

　　一　居住建物について配偶者を含む共同相続人間で遺産の分割をすべき場合　遺産の分割により居住建物の帰属が確定した日又は相続開始の時から6箇月を経過する日のいずれか遅い日

　　二　前号に掲げる場合以外の場合　第3項の申入れの日から6箇月を経過する日

2　前項本文の場合においては，居住建物取得者は，第三者に対する居住建物の譲渡その他の方法により配偶者の居住建物の使用を妨げてはならない。

3　居住建物取得者は，第1項第1号に掲げる場合を除くほか，いつでも配偶者短期居住権の消滅の申入れをすることができる。

判　　　例	引用・参考
1．配偶者が居住建物について共有持分を有している場合の配偶者短期居住権の実益 □各共有者は，共有物の全部についてその持分に応じた使用をすることができるから（249条），他の共有者は，共有物を単独で占有する共有者に対し，当然にはその明渡しを請求することができない（最判昭41［1966］・5・19民集20巻5号947頁）。	概説27頁， 二宮365頁

したがって，配偶者が居住建物について共有持分を有しているのであれば，配偶者が居住建物を直ちに明け渡さなければならないという事態は生じない。もっとも，配偶者が遺産共有持分に基づいて居住建物を使用するのであれば，共有持分に応じた使用が妨げられている他の相続人に対して賃料相当額の不当利得返還義務又は損害賠償義務を負うことになると考えられる（最判平12［2000］・4・7判時1713号50頁）。

【補足】その意味では，配偶者が居住建物について共有持分を有している場合には，配偶者短期居住権は，相続開始後も配偶者が無償で居住建物を使用することを可能にする点にその実益があるといえる。

2．相続人の一人が被相続人の許諾を得て被相続人所有の建物に同居していた場合の使用貸借契約成立の推認

□相続人の一人が被相続人の許諾を得て被相続人所有の建物に同居していた場合には，特段の事情のない限り，被相続人とその相続人との間で，相続開始を始期とし，遺産分割時を終期とする使用貸借契約が成立していたものと推認される（最判平8［1996］・12・17民集50巻10号2778頁。以下「平成8年判決」という。）。 概説26頁

【補足】相続人である配偶者は，この要件に該当する限り，相続の開始により新たに占有権原を取得し，遺産分割が終了するまでの間は，被相続人の建物に無償で居住することができることとなる。しかし，平成8年判例による保護は，あくまでも当時者の意思の合理的解釈に基づくものであるため，被相続人が明確にこれとは異なる意思を表示していた場合等には，配偶者の居住権は，短期的にも保護されない。そこで，改正法では，平成8年判例では保護されない場合を含め，被相続人の意思にかかわらず配偶者の短期的な居住の権利を保護するため，配偶者短期居住権という新たな権利を創設することとしたものである。

1040条（居住建物の返還等）

1 配偶者は，前条に規定する場合を除き，配偶者短期居住権が消滅したときは，居住建物の返還をしなければならない。ただし，配偶者が居住建物について共有持分を有する場合は，居住建物取得者は，配偶者短期居住権が消滅したことを理由としては，居住建物の返還を求めることが

> できない。
>
> 2　第599条第1項及び第2項並びに第621条の規定は，前項本文の規定により配偶者が相続の開始後に附属させた物がある居住建物又は相続の開始後に生じた損傷がある居住建物の返還をする場合について準用する。

判　　例	引用・参考
1．1040条2項において準用する621条（配偶者の原状回復義務） □遺産について相続開始時の評価額と遺産分割時の評価額とが異なる場合には，一般に，各共同相続人の具体的相続分の割合については，相続開始時の評価額を基準としてこれを算定するが，現実に遺産を分割する場合には，上記の具体的相続分の割合に従い，分割時の評価額を基準として分割を行う（札幌高決昭39［1964］・11・21家月17巻2号38頁）。 【補足】相続開始後に居住建物に損傷が生じた場合には，配偶者は，通常の使用によって生じた居住建物の消耗及び経年変化を除き，原状回復義務を負う（1040条2項において準用する621条）。	概説36頁

12-5. 第9章 遺留分（民法1042条〜1049条）

各条文で見る判例の内容は次のとおり。

・1042条（遺留分の帰属及びその割合）〜「遺留分制度の特徴」

・1043条（遺留分を算定するための財産の価額）〜「生命保険金」

・1044条（同上）

　〜「遺留分権利者に損害を加えることを知ってされた贈与」「贈与財産の評価時期」

・1047条（受遺者又は受贈者の負担額）

　〜「複数の受贈者が存在し，かつ，その贈与が同時にされた場合の負担割合（1047条1項2号）

・1048条（遺留分侵害額請求権の期間の制限）

　〜「遺留分減殺請求権の消滅時効」「減殺対象財産の時効取得の可能性」

・1049条（遺留分の放棄）〜「相続開始前の遺留分の放棄」

1042条（遺留分の帰属及びその割合）

1　兄弟姉妹以外の相続人は，遺留分として，次条第一項に規定する遺留分を算定するための財産の価額に，次の各号に掲げる区分に応じてそれぞれ当該各号に定める割合を乗じた額を受ける。

　　一　直系尊属のみが相続人である場合　3分の1

　　二　前号に掲げる場合以外の場合　2分の1

2　相続人が数人ある場合には，前項各号に定める割合は，これらに第900条及び第901条の規定により算定したその各自の相続分を乗じた割合とする。

判　　例	引用・参考
1．遺留分制度の特徴 □受贈者または受遺者が取得した権利は，遺留分侵害の限度で当然に遺留分権利者に帰属する（最判昭51［1976］・8・30民集30巻7号768頁）。	コンメン250頁，二宮493頁
□全部包括遺贈は「特定遺贈」の集合体であり，かつ，全部財産が遺産分割の対象から外れる結果，相続財産への復帰を考えることは適切ではないのであって，物権法上の共有物分割手続により共有関係を解消するべきである（最判平8［1996］・1・26民集50巻1号132頁）。	コンメン251頁，二宮481・492頁

1043条（遺留分を算定するための財産の価額）

1　遺留分を算定するための財産の価額は，被相続人が相続開始の時において有した財産の価額にその贈与した財産の価額を加えた額から債務の全額を控除した額とする。

> 2　条件付きの権利又は存続期間の不確定な権利は，家庭裁判所が選任した鑑定人の評価に従って，その価格を定める。

判　　例	引用・参考
1．生命保険金 □死亡保険金は保険金受取人固有の権利であり，保険契約者または被保険者である被相続人から承継取得するものでないばかりか，死亡保険金請求権は被保険者の死亡時に初めて発生するものであり，保険契約者の払い込んだ保険料と等価関係に立つものではなく，さらに被保険者の稼働能力に代わる給付でもない。 　したがって，死亡保険金請求権が実質的に保険契約者または被保険者の財産に属していたものとみることはできない。それゆえ，第三者を保険金受取人に指定する行為をもって民法1031条にいう「贈与」または「遺贈」に準じるものとすることはできない（最判平14［2002］・11・5民集56巻8号2069頁）。	コンメン253頁，二宮478頁

> **1044条（遺留分を算定するための財産の価額）**
>
> 1　贈与は，相続開始前の1年間にしたものに限り，前条の規定によりその価額を算入する。当事者双方が遺留分権利者に損害を加えることを知って贈与をしたときは，1年前の日より前にしたものについても，同様とする。
>
> 2　第904条の規定は，前項に規定する贈与の価額について準用する。
>
> 3　相続人に対する贈与についての第1項の規定の適用については，同項中「1年」とあるのは「10年」と，「価額」とあるのは「価額（婚姻若しくは養子縁組のため又は生計の資本として受けた贈与の価額に限る。）」とする。

判　　例	引用・参考
1．遺留分権利者に損害を加えることを知ってされた贈与（旧1030条） □「損害を加えることを知る」とは，損害を加えることの認識，すなわち遺留分権利者に損害を加えるべき事実を知っていることで足	コンメン254頁

り，加害の意思はいらない（大判昭4［1992］・6・22民集8巻618頁）。	
□被相続人が経済的に充実していた時にされた贈与が本条後段に該当するか否かが争われた事件で，判例は，贈与当時に遺留分を侵害することを知っていただけでは本条後段に該当せず，将来において自己の財産が増加しないことの予見のもとで当該贈与がされたことを必要とするとした（大判昭11［1936］・6・17民集15巻1246頁）。	コンメン255頁，二宮476頁
2．贈与財産の評価時期（旧1030条） □贈与財産については，相続開始時点を基準に価額を評価する（大判大7［1918］・12・25民録24輯2429頁，最判昭51［1976］・3・18民集30巻2号111頁）。	コンメン255頁，二宮380・479頁

1047条（受遺者又は受贈者の負担額）

1　受遺者又は受贈者は，次の各号の定めるところに従い，遺贈（特定財産承継遺言による財産の承継又は相続分の指定による遺産の取得を含む。以下この章において同じ。）又は贈与（遺留分を算定するための財産の価額に算入されるものに限る。以下この章において同じ。）の目的の価額（受遺者又は受贈者が相続人である場合にあっては，当該価額から第1042条の規定による遺留分として当該相続人が受けるべき額を控除した額）を限度として，遺留分侵害額を負担する。

　　一　受遺者と受贈者とがあるときは，受遺者が先に負担する。

　　二　受遺者が複数あるとき，又は受贈者が複数ある場合においてその贈与が同時にされたものであるときは，受遺者又は受贈者がその目的の価額の割合に応じて負担する。ただし，遺言者がその遺言に別段の意思を表示したときは，その意思に従う。

　　三　受贈者が複数あるとき（前号に規定する場合を除く。）は，後の贈与に係る受贈者から順次前の贈与に係る受贈者が負担する。

2　（略）

<u>3</u>　（略）

<u>4</u>　（略）

<u>5</u>　（略）

判　　例	引用・参考
1．複数の受贈者が存在し，かつ，その贈与が同時にされた場合の負担割合（1047条1項2号） □複数の受贈者が存在し，かつ，その贈与が同時にされたものであるときは，贈与の目的の価額に応じて遺留分侵害額を負担することとしている（1047条1項2号）。 　複数の贈与が同時に行われた場合については，旧法では明示の規定がないが，一般に贈与財産の割合に応じて減殺すべきであると考えられており（大判昭9［1934］・9・15民集13巻1792頁参照），改正法では，その実質，すなわち，複数の受贈者が存在し，かつ，その贈与が同時にされたものであるときは，贈与の目的の価額に応じて遺留分侵害額を負担することを明文化することとしたものである。	概説106頁

1048条（遺留分侵害額請求権の期間の制限）

　<u>遺留分侵害額の</u>請求権は，遺留分権利者が，相続の開始及び<u>遺留分を侵害する贈与又は遺贈があったことを知った時から1年間</u>行使しないときは，時効によって消滅する。相続開始の時から10年を経過したときも，同様とする。

判　　例	引用・参考
1．遺留分減殺請求権の消滅時効（旧1042条） □遺留分減殺請求権の消滅時効の起算点は，遺留分権利者が相続の開始および贈与・遺贈があったことを知っているだけではなく，その贈与・遺贈が遺留分を害するものであることを知った時点である（大判明38［1905］・4・26民録11輯611頁，大判昭13［1938］・2・26民集17巻275頁，最判昭57［1982］・11・12民集36巻11号2193頁）。	コンメン265頁，二宮489・490頁

それゆえ，相続財産額が不明のため遺留分が侵害されていることを知らなかった場合や，贈与・遺贈が遺留分を侵害しない程度のものと誤信していた場合には，消滅時効は進行しない。 　しかし，被相続人の財産のほとんど全部が贈与されていて，この事実を遺留分権利者が認識しているのにもかかわらず，贈与の無効を信じて訴訟で争っている場合には，「無効の主張について，一応事実上及び法律上の根拠があって，遺留分権利者が右無効を信じているため遺留分減殺請求を行使しなかったことがもっともと首肯しうる特段の事情が認められない限り，右贈与が減殺することのできるものであることを知っていたものと推認するのが相当」とされる（最判昭57［1982］・11・12民集36巻11号2193頁）	
□減殺請求権行使の効果として生じた法律関係に基づく目的物返還請求権等は，民法1042条所定の特別の1年間の短期消滅時効に服さない（最判昭57［1982］・3・4民集36巻3号241頁）。	コンメン265頁，二宮（4版）443頁
2．減殺対象財産の時効取得の可能性（旧1042条） □遺留分減殺の対象たる贈与の受贈者は，減殺請求がされれば，贈与から減殺請求までに取得時効期間が経過したとしても，自己が取得した権利が遺留分を侵害する限度で遺留分権利者に帰属することを容認すべきである（最判平11［1999］・6・24民集53巻5号918頁）。	コンメン266頁，二宮（4版）455頁

1049条（遺留分の放棄）

1　相続の開始前における遺留分の放棄は，家庭裁判所の許可を受けたときに限り，その効力を生ずる。

2　共同相続人の1人のした遺留分の放棄は，他の各共同相続人の遺留分に影響を及ぼさない。

判　　例	引用・参考
1．相続開始前の遺留分の放棄 □事前放棄の許可審判がされた後に申立ての前提となった事情が変化し，遺留分放棄の状態を維持することが客観的にみて不合理と	コンメン267頁

なった場合には，家庭裁判所は遺留分権利者の申立てを受けて，放棄許可審判を取り消したり，変更したりすることができる（東京高決昭58［1983］・9・5家月36巻8号104頁）。	
□遺留分の放棄許可取消しの申立てに基づく審判に対する不服申立ては許されない（東京高決昭60［1985］・8・14判時1165号104頁）	コンメン267頁
□相続開始後の許可審判の取り消しも不可能ではない（東京家審平2［1990］・2・13家月42巻6号55頁）。	コンメン267頁，二宮473頁

ここが実務のポイント㊷　実務直結の2つの判例

　　ここでは，実務に及ぼす影響が大きい，「嫡出子でない子の相続分」と「預貯金も遺産分割の対象する」とした2つの判例変更を紹介する。

1．嫡出子でない子の相続分（最大決平25［2013］9・4・民集67巻6号1320頁）

　　最高裁平成25年9月4日大法廷決定により，民法が改正されて嫡出でない子の相続分が嫡出子の相続分と同等になった。以下，民法改正による実務への影響についてまとめる。

　　「13年7月」，「12年10月」，そして「25年9月5日」，これらの日付がいずれも節目となっている。以下要点をまとめる。

　(1)　平成25年9月5日から新しい民法の規定が適用されている。

　(2)　13年7月から25年9月4日までは，最高裁の大法廷の決定によって，非嫡出子は嫡出子と平等の相続分とされる。

　(3)　一方，12年10月より前に開始した相続については，それまでの

小法廷で合憲判断がされている。

⑷　そして，12年10月から13年6月までの期間だけは，旧規定が違憲無効か一応争点となるので同期間の相続開始は要注意である。

以上を次表にまとめる。

> 【図表73】最高裁平成25年9月4日大法廷決定の嫡出でない子が存在する遺産分割未了事案への適用規定

	期　　間	適用規定
①	平成25年9月5日～	新規定
②	平成13年7月～平成25年9月4日	嫡出子と平等
③	平成12年10月～平成13年6月	旧規定が違憲無効か争点となる
④	昭和22年～平成12年9月	旧規定

〈解説〉

①　旧民法900条4項ただし書前段の規定は，遅くとも平成13年7月当時において，憲法14条1項に違反していた。

②　①の判断は，平成13年7月当時から平成25年9月4日決定までの間に開始された相続につき，旧民法900条4項ただし書前段規定を前提としてされた遺産の分割の審判その他の裁判，遺産の分割協議その他の合意等により確定的なものとなった法律関係に影響を及ぼさない。

③　平成25年法律第94による改正法後の民法900条4号ただし書の規定が，平成25年9月5日以後に開始した相続について適用される。

参考資料：『公証』177号・62頁，法務省ホームページ「民法の一部が改正されました」

２．預貯金も遺産分割の対象とした判例変更（最高裁大法廷決定平成28 ［2016］年12月19日）

　従来の「遺産分割の対象に預貯金は含まない」（最判平16［2004］・4・20金法1711号32頁，東京地判平18［2006］・7・14金法787号54頁）としてきた判例を，「預貯金は遺産分割の対象に含む」とする初判断を示した。以下，事件の概要・判決主旨・判例変更が今後の銀行の相続手続に与える影響を順次見てみる。

(1)　事件の概要

　法定相続分が２分の１ずつの遺族２人（姪同士）の間で争われた。遺産の大半は約4,000万円の預貯金で，１人は5,500万円超の生前贈与を受けており，もう１人の遺族が「生前贈与を考慮して預貯金も柔軟に分配しないと，相続人間の公平が図れず不合理だ」と主張した。

　①　2013年に生前贈与を受けなかった側が遺産分割を求める調停を大阪家裁に申立
　②　2014年に審判に移行
　　　〜一審大阪家裁と二審大阪高裁は，相手側の同意がないことから預貯金は法定相続分に応じて約２千万円ずつ分けるよう，判例に沿った判断を示した。
　③　2016年10月19日，最高裁大法廷（裁判長・寺田逸郎長官）で家事審判の弁論が開かれる
　　　〜申立人側　相手側の双方の主張は次のとおり

　　　・申立人側；「預貯金は生前贈与分の不平等を調整する財源である」と指摘。預貯金か不動産かという遺産の種類によって相続額が異なるのは「あまりに不公平な結果になる」と主張。
　　　・相手側；「現行法では，『預貯金は法定相続分に応じて当然分割さ

れる』との解釈だ。遺産分割の対象としないのは妥当だ」と訴えた。

(2) 判 決 内 容

「預貯金は現金のように確実かつ簡単に見積もることができ，遺産分割で調整に使える財産になる」と指摘。「預金者の死亡で口座の契約上の地位は相続人全員で共有されており，法定相続分割割合では当然には分割されない」として04年（平成16年）判例を変更した（15人全員一致の結論）。

なお，大谷剛彦裁判官ら5人の共同補足意見は，解決策の一つとして審判よりも簡易な手続きで銀行への支払を申し立てる「保全処分」の活用を挙げ，「家裁の実務で適切な運用に向けた検討が望まれる」と強調した。

(3) 判例変更が銀行の相続手続に与える影響

① 今までの銀行の対応

相続人同士のトラブルを防止するために相続人全員の合意がない限り引き出しには応じなかった。しかし，預金を引き出したい相続人が払戻しを求めて裁判を起こして銀行側が敗訴するケースがあった。04年の判例で「自動的に配分する」とされていたためだ。また，個々の案件の状況に応じて，葬儀費用などの資金需要に応えるため引き出しに応じるなど柔軟な対応を行う場合もあった。

② 判例変更が今後の銀行の相続手続に与える影響

この度の判例の変更によって，相続人個別の引き出しは難しくなる。その結果，相続人間の話し合いや調停で家裁の審判が長引けば，預金を引き出せない状態が続いてしまう。

今回の判例変更により，銀行が遺産分割協議が成立するまでもしくは裁判が確定するまで払戻しに応じないことに，「お墨付き」が与えられることになる。一方，払戻しができなくなれば，被相続人の口座から生

【図表74】従来の判例と最高裁大法廷決定平成28年12月19日の預貯金の相続のイメージ

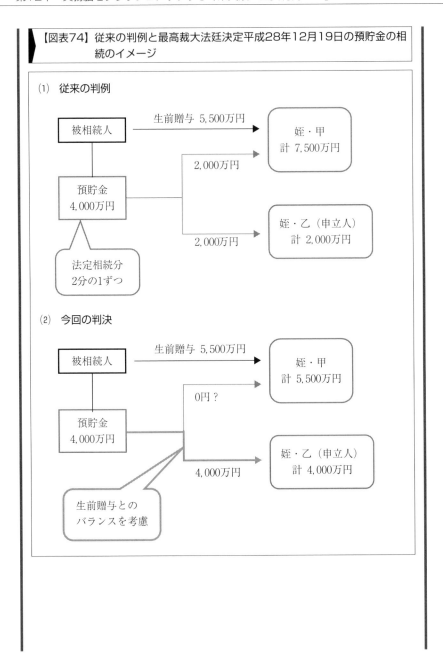

(1)　従来の判例

被相続人 ── 生前贈与 5,500万円 ──▶ 姪・甲
計 7,500万円

預貯金
4,000万円 ─── 2,000万円 ──▶

2,000万円 ──▶ 姪・乙（申立人）
計 2,000万円

法定相続分
2分の1ずつ

(2)　今回の判決

被相続人 ── 生前贈与 5,500万円 ──▶ 姪・甲
計 5,500万円

0円？ ──▶

預貯金
4,000万円

4,000万円 ──▶ 姪・乙（申立人）
計 4,000万円

生前贈与との
バランスを考慮

活費などを工面していた相続人が困窮するおそれが生じる。

なお，以下の場合は，本最高裁判決の以前でも，銀行は共同相続人の一部による預金払戻しに応じていない。

- ・「遺言」による遺産分割方法の指定（民908），相続分の指定（民902），遺贈（民964）がなされた場合，預金債権は当該遺言に基づく承継がなされるため，法定相続分に応じた承継がなされない。
- ・預金債権は，法律上当然に分割されるものの，「相続人間においてこれを遺産分割の対象とする旨の合意がある場合」には，遺産分割の対象とすることができるところ（東京高決平14［2002］・2・15家月54巻8号36頁），遺産分割（民907）がなされた場合，預金債権の帰属先が変更される可能性がある。したがって，これらの場合には，各共同相続人は，法定相続分に応じた権利を有しない。
- ・相続放棄（民939），限定承認（民922），相続人の欠格・廃除（民891・892）がなされた場合などは，法定相続人や法定相続分が変わる可能性がある。したがって，これらの場合にも，銀行が認識していた法定相続人や法定相続分と異なる承継がなされる可能性がある。

⑷　ま　と　め

判例変更による預貯金の取扱いについて，以下のとおりまとめてみる。

従来の判例による預貯金の取扱い

・預貯金は，可分債権である。

・預貯金は遺産分割の対象に含まない。

・特別の事情がなければ，当該相続人は法定相続分に応じて預金債権を承継したと考えられることから，銀行は当該相続人に法定相続分の範囲で払戻しに応じてきた。

実務での取扱い

相続人の合意を要件として分割の対象とする扱いが，実務的には妥当だとされ，この扱いが定着している。

判例変更（平成28年12月19日）

・預貯金は，不可分債権である。

・預貯金は遺産分割の対象に含む。

預貯金に対する銀行の今後の対応

・遺産分割協議が成立しなければ銀行は払戻しに応じない。

Column 23
最高裁判例変更によるビジネスチャンス

　平成28年（2016年）12月19日最高裁判決により，銀行は預金の払戻手続に一層慎重になると考えられる。そこで，判例変更は相続手続のビジネスに次の２つの影響を及ぼすと考えられる。

⑴　専門家の活躍の場が増える

　銀行が相続手続に慎重になる結果，相続手続の難易度が高くなる。遺産を速やかに手に入れたい者にとっては厳しい状況が予測される。したがって専門家の活躍の場が増える。

⑵　遺言を勧めやすくなる

　「銀行の相続手続を速やかに完遂する」という観点から遺言を勧めやすくなる。遺産分割を経ることなく遺産を承継させる手段として，一層遺言が注目される。

　判例変更をビジネスチャンスと捉えて相続手続と遺言作成業務の深耕拡大に努めたい。

　※銀行の相続手続については，拙著『行政書士のための銀行の相続手続実務家養成講座』に詳説した。

第13章 セミナーを成功させる「話材」「資料」「現物レジュメ」

　一般市民を対象としたセミナーを開催する際に参考になる「話材」「資料」「現物レジュメ」を公開する。

　「話材」は，セミナーの内容を考えるヒントになる。また，「資料」は，セミナーで遺言・相続に関する"数字・現状"を提示するのに役立つ。

　提供する「現物レジュメ」は，私が大手生命保険会社から依頼を受けて一般市民向けにセミナーを開催した際に使用したものである（このレジュメを作成するにあたり，生命保険会社の担当者と綿密な打合せを行った）。

　本章で公開した「話材」「資料」「現物レジュメ」を顧客開拓に活用して頂きたい。

【第13章の俯瞰図】

13-1. 話　　材

　セミナーの内容を考えるヒントを集めてみた。セミナーに参加する対象者に合う話材をセレクトするのが成功のポイントである。

(1) 遺　言　編

□　改正相続法で遺言書の作成方法はどう変わったのか。

□　遺言書が2通出てきたらどうなるか。

□　遺言で「ペットに財産を譲る」と書いてあったらどうなるか。

□　「○○に仕返しをしてくれたら財産を譲る」という遺言書は有効か。

□　亡父の「財産はすべて愛人に遺贈する」という遺言は有効か。

□　亡父の遺言書に母の署名もあったらどうなるか。

□　「今住んでいる土地・建物を長男に相続させる」という内容の遺言書を残した。しかし，事情が変わってその不動産を売却したいのだが可能か。

□　遺言書で「不動産を長男に相続させる」と記したが，その長男が遺言者より先に死亡してしまった。その不動産は一体だれが承継するのか。

□　亡父が「残した」と言っていた遺言書の探し方。

□　亡父の遺言で，長男が母の介護を条件に財産を譲り受けた。しかし，長男が約束を果たさない。どうしたらよいか。

□　遺言書を書き間違えてしまった。訂正の仕方はどうするのか。

□　夫に遺言を書いてもらう方法。

□　親に遺言を書いてもらう方法。

□　遺言書を法務局で保管してもらうにはどうしたらよいのか。

(2)　相　続　編

□　行方不明の相続人を無視して遺産分割はできるか。

□　認知症の妻を除いて行った遺産分割協議は有効か。

□　相続人の1人が被相続人の預金に手を付けていた。その者の取得割合を減らすことはできるか。

□　相続人に異母兄弟がいるとわかった。どうしたらよいか。

□　田舎の実家を相続したくない場合どうしたらよいか。

□　親を介護した兄が「弟と同額では納得できない」と主張している。どのように対応したらよいか。

□　遺産分割協議成立後に，想定外の預金が見つかったらどうしたらよいか。

□　家業を継がない兄が土地の相続を要求してきたらどうすればよいか。

□　父が死亡してから半年後に，金融機関から「亡父の借金を払え」と督促

状が届いた。相続放棄はできるか。

☐　お墓や仏壇，位牌は誰が引き継ぐのか。

☐　亡父の葬儀費用を立て替えているが，遺産分割協議がすぐに成立しそうにない。遺産分割前に亡父の預金口座から払戻しすることはできるのか。

☐　亡義父の在宅介護を2年間行ってきた。長男の嫁である私は遺産を受け取ることはできないのか。

13-2. 資　　料

"数字"は参加者に説得力を与える。数字を上手に活用するのがセミナー成功のカギになる。

(1)　遺産分割事件のうち認容・調停成立件数（「分割をしない」を除く）
　　　－遺産の内容別遺産の価額別－全家庭裁判所

遺産の価額	総数	土地	建物	現金等	動産その他	土地・建物	土地・現金等
総　　数	5,807 (4,098)	415 (240)	102 (49)	1,002 (685)	32 (13)	830 (449)	355 (276)
1,000万円以下	2,017 (1,276)	281 (155)	83 (41)	530 (350)	20 (10)	394 (206)	108 (83)
5,000万円以下	2,492 (1,866)	97 (62)	9 (6)	378 (277)	7 (3)	342 (193)	174 (136)
1億円以下	655 (504)	13 (8)	－ －	61 (43)	－ －	33 (18)	41 (31)
5億円以下	369 (277)	6 (5)	1 (1)	13 (8)	1 －	9 (7)	22 (17)
5億円を超える	37 (30)	3 －	－ －	－ －	－ －	3 (3)	－ －
算定不能・不詳	237 (145)	15 (10)	9 (1)	20 (7)	4 －	49 (22)	10 (9)

（引用：令和2（2020）年度司法統計）

土地・動産その他	建物・現金等	建物・動産その他	現金等・動産その他	土地・建物・現金等	土地・建物・動産その他	土地・動産・現金等その他	建物・現金等・動産その他	土地・建物・現金等・動産その他
11	172	7	106	1,956	67	73	27	652
(7)	(129)	(5)	(81)	(1,484)	(44)	(59)	(20)	(557)
7	54	4	40	392	15	14	7	68
(4)	(35)	(2)	(28)	(276)	(11)	(11)	(4)	(60)
4	93	3	48	981	34	33	16	273
(3)	(76)	(3)	(39)	(769)	(21)	(27)	(13)	(238)
－	12	－	9	300	14	13	2	157
－	(9)	－	(7)	(234)	(10)	(11)	(2)	(131)
－	5	－	5	181	3	12	1	110
－	(2)	－	(4)	(133)	(2)	(9)	－	(89)
－	－	－	1	16	－	－	－	14
－	－	－	－	(14)	－	－	－	(13)
－	8	－	3	86	1	1	1	30
－	(7)	－	(3)	(58)	－	(1)	(1)	(26)

（注）（　）内は，代償金を支払う旨の定めがされた件数で，内数である。「現金等」とは，現金及び有価証券等をいい，資産を換価した場合も含む。

(2)　遺言公正証書作成件数

2021年3月31日

暦　年	遺言公正証書作成件数	前年比
平成23（2011）年	78,754件	－
平成24（2012）年	88,156件	111.9
平成25（2013）年	96,020件	108.9
平成26（2014）年	104,490件	108.8
平成27（2015）年	110,778件	106.0
平成28（2016）年	105,350件	95.1
平成29（2017）年	110,191件	104.6
平成30（2018）年	110,471件	100.2
令和元（2019）年	113,137件	102.4
令和2（2020）年	97,700件	86.4

引用：日本公証人連合会ホームページ

(3)　東京都行政書士会33支部による街頭無料相談会実施報告

（実施期間：令和3年10月1日から11月15日）

	相 談 内 容	令和3年度	
		件数	%
1	遺言・相続・贈与等※	297	63.1
2	成年後見・福祉・介護保険関係※	37	7.9
3	離婚・家族関係※	10	2.1
4	戸籍関係・各種届出※	8	1.7
5	交通事故	0	0.0
6	内容証明・公正証書・事実証明	4	0.8
7	空き家問題（注）	9	1.9
8	職場環境・雇用問題（外国人含む）	2	0.4
9	コロナ対策支援関係	2	0.4
10	知的財産・著作権	0	0.0
11	法人設立（会社・NPO等）	11	2.3
12	会計記帳・税金・助成金	6	1.3
13	宅建業・建設業・環境事業	1	0.2
14	運輸・倉庫・旅行業等	0	0.0
15	飲食・風俗営業・古物商	1	0.2
16	在留・帰化・国際結婚	11	2.3
17	近隣問題・暮らしの相談	15	3.2
18	クレサラ・消費者問題	3	0.6
19	不動産問題	31	6.6
20	行政書士試験等	3	0.6
21	その他	20	4.2
	合計	471	100.0

引用：『行政書士とうきょう・令和4年1月号』（東京都行政書士会）

※家族法関連（「1遺言・相続・贈与等」「2成年後見・福祉・介護保険関係」「3離婚・家族関係」「4戸籍関係・各種届出」）の相談件数の合計は352件（74.7%）である。

13-3.　現物レジュメ

大手生命保険会社のセミナーで使用したレジュメを公開する。

セミナーの趣旨は次の２点である。

1．遺言の目的は，「遺言を残すこと」ではなく「内容を実現すること」
である。

2．その目的を達成するには，速やかに遺言を執行できる“隙の無い遺言”
を作成することが求められる。

このセミナーを聞けば，参加者は遺言の内容を工夫しなければいけないこと
を自ずと理解する。結果として，講師である専門家に「相談してみよう」とい
う気持ちになる。なお，このレジュメを使用したセミナーの所要時間は90分で
ある。

希望が確実に叶う『隙の無い遺言書』の作り方
～遺言のプロが「７つの技」を大公開～

令和○年○月○日
竹内行政書士事務所
代表 行政書士 竹　内　　豊

《はじめに》

　法律的には全く問題ないのに希望が叶わない『残念な遺言書』があるの
をご存知ですか？

　そんな遺言書を残さないために，希望が確実に叶う『隙の無い遺言書』
の作り方を公開します。

　「特定の相続人に財産を多く残したい」「財産のほとんどが不動産で分け

にくい」「自分の相続を円満に済ませたい」という方にピッタリの内容です。

　このセミナーをきっかけに，今年こそ希望が確実に叶う『隙の無い遺言書』を作ってみませんか。

《本セミナーの概要》

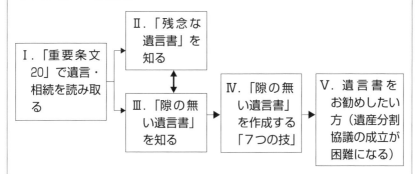

《目　次》

Ⅰ.「重要条文22」で遺言・相続を俯瞰する

Ⅱ.「残念な遺言書」を知る（【資料1】）

1.「遺言者の意識」が残念

　(1)「遺言を残すこと」が目的

　(2)　残したことで安心して放置してしまう

2.「遺言の内容」が残念

　(1)“想定外”を想定していない

　(2)　遺言執行（相続手続）しにくい

　(3)“地雷”が仕掛けられている

Ⅲ．「隙の無い遺言書」を知る（【資料2】）

1．「遺言者の意識」に隙が無い

(1)　「死後に確実に意思を実現すること」が目的

(2)　残した後も気を使って，必要があれば書き直す

2．「遺言の内容」に隙が無い

(1)　"想定外"を想定している

(2)　遺言執行（相続手続）しやすい

(3)　"地雷"が除去されている

Ⅳ．「隙の無い遺言書」を作成する7つの技

技その1．準備する

(1)　「人」に関する資料を収集する

(2)　「財産」に関する資料を収集する

(3)　遺言書の信ぴょう性を高める資料を収集する

技その2．遺言執行者を決める

技その3．万一に備える（「逆縁」対策）

技その4．「付言」を検討する

技その5．保管する

(1)　自筆証書遺言

(2)　公正証書遺言

技その6．メンテナンスする

技その7．モデルチェンジする（自筆証書遺言→公正証書遺言）

【column】遺言をなかなか残せない方へ～「段階的作成方法」の勧め

Ⅴ．遺言書を特にお勧めしたい方（遺産分割協議の成立が困難になる方）

《別 添 資 料》

【資料１】残念な遺言書

【資料２】隙の無い遺言書

Ⅰ.「重要条文22」で遺言・相続を俯瞰する

　民法は遺言・相続を177の条文で規定している。その中で特に重要な22の条文を紹介する。この22の条文を押さえれば，遺言・相続で"しくじる"ことを避けられる。

※　下線部は改正部分

1. 882条（相続開始の原因）★★★

　相続は，死亡によって開始する。

2. 896条（相続の一般的効力）★★★

　相続人は，相続開始の時から，被相続人の財産に属した一切の権利義務を承継する。ただし，被相続人の一身に専属したものは，この限りでない。

3. 906条（遺産の分割の基準）★★★

　遺産の分割は，遺産に属する物又は権利の種類及び性質，各相続人の年齢，職業，心身の状態及び生活の状況その他一切の事情を考慮してこれをする。

4. 907条（遺産の分割の協議又は審判等）★★

①　共同相続人は，次条（民908）の規定により被相続人が遺言で禁じた場合を除き，いつでも，その協議で，遺産の全部又は一部の分割をすることができる。

②　遺産の分割について，共同相続人間に協議が調わないとき，又は協

議をすることができないときは，各共同相続人は，その<u>全部又は一部</u><u>の分割を家庭裁判所に請求することができる。</u><u>ただし，遺産の一部を</u><u>分割することにより他の共同相続人の利益を害するおそれがある場合</u><u>におけるその一部の分割については，この限りではない。</u>

③　前項本文の場合において特別の事情があるときは，家庭裁判所は，期間を定めて，遺産の全部又は一部について，その分割を禁ずることができる。

５．908条（遺産の分割の方法の指定及び遺産の分割の禁止）★★★

被相続人は，遺言で，遺産の分割の方法を定め，若しくはこれを定めることを第三者に委託し，又は相続開始の時から五年を超えない期間を定めて，遺産の分割を禁ずることができる。

６．915条（相続の承認又は放棄をすべき期間）★★

①　相続人は，自己のために相続の開始があったことを知った時から，三箇月以内に，相続について，単純若しくは限定の承認又は放棄をしなければならない。ただし，この期間は，利害関係人又は検察官の請求によって，家庭裁判所において伸長することができる。

②　相続人は，相続の承認又は放棄をする前に，相続財産の調査をすることができる。

７．920条（単純承認の効力）★★★

相続人は，単純承認をしたときは，無限に被相続人の権利義務を承継する。

８．938条（相続の放棄の方式）★

相続の放棄をしようとする者は，その旨を家庭裁判所に申述しなければならない。

9. 939条（相続の放棄の効力）★★★

相続の放棄をした者は，その相続に関しては，初めから相続人とならなかったものとみなす。

10. 960条（遺言の方式）★★★

遺言は，この法律に定める方式に従わなければ，することができない。

11. 963条（遺言能力）★★★

遺言者は，遺言をする時においてその能力を有していなければならない。

12. 967条（普通の方式による遺言の種類）★★★

遺言は，自筆証書，公正証書又は秘密証書によってしなければならない。ただし，特別の方式によることを許す場合は，この限りでない。

13. 968条（自筆証書遺言）★★★

①　自筆証書によって遺言をするには，遺言者が，その全文，日付及び氏名を自書し，これに印を押さなければならない。

②　前項の規定にかかわらず，自筆証書にこれと一体のものとして相続財産の全部又は一部の目録を添付する場合には，その目録については，自書することを要しない。この場合において，遺言者は，その目録の毎葉（自書によらない記載がその両面にある場合にあっては，その両面）に署名し，印を押さなければならない。

③　自筆証書（前項の目録を含む。）中の加除その他の変更は，遺言者がその場所を指示し，これを変更した旨を付記して特にこれに署名し，かつ，その変更の場所に印を押さなければ，その効力を生じない。

14. 975条（共同遺言の禁止）★

遺言は，2人以上の者が同一の証書ですることができない。

15．985条（遺言の効力の発生時期）★★★

遺言は，遺言者の死亡の時からその効力を生ずる。

16．1004条（遺言書の検認）★★★

①　遺言書の保管者は，相続の開始を知った後，遅滞なく，これを家庭裁判所に提出して，その検認を請求しなければならない。遺言書の保管者がない場合において，相続人が遺言書を発見した後も，同様とする。

②　前項の規定は，公正証書による遺言については，適用しない。

③　封印のある遺言書は，家庭裁判所において相続人又はその代理人の立会いがなければ，開封することができない。

【参考】遺言書保管法11条（遺言書の検認の適用除外）

民法1004条１項の規定は，遺言書保管所に保管されている遺言書については，適用しない。

17．1006条（遺言執行者の指定）★★★

①　遺言者は，遺言で，１人又は数人の遺言執行者を指定し，又はその指定を第三者に委託することができる。

18．1009条（遺言執行者の欠格事由）★

未成年者及び破産者は，遺言執行者となることができない。

19．1012条（遺言執行者の権利義務）★★★

①　遺言執行者は，遺言の内容を実現するため，相続財産の管理その他遺言の執行に必要な一切の行為をする権利義務を有する。

②　遺言執行者がある場合には，遺贈の履行は，遺言執行者のみが行うことができる。

20. 1013条（遺言の執行の妨害行為の禁止）★★

① 遺言執行者がある場合には、相続人は、相続財産の処分その他遺言の執行を妨げるべき行為をすることができない。

② 前項の規定に違反してした行為は、無効とする。ただし、これをもって善意の第三者に対抗することができない。

③ 前二項の規定は、相続人の債権者（相続債権者を含む）が相続財産についてその権利を行使することを妨げない。

21. 1017条（遺言執行者が数人ある場合の任務の執行）★★

① 遺言執行者が数人ある場合には、その任務の執行は、過半数で決する。ただし、遺言者がその遺言に別段の意思を表示したときは、その意思に従う。

② 各遺言執行者は、前項の規定にかかわらず、保存行為をすることができる。

22. 1022条（遺言の撤回）★★★

遺言者は，いつでも，遺言の方式に従って，その遺言の全部又は一部を撤回することができる。

Ⅱ．「残念な遺言書」を知る【資料1】

法律的には全く問題ない（形式の法的要件は満たしている）のに希望が叶わない可能性がある遺言を「残念な遺言書」という。「残念な遺言書」には次の特徴がある。

1．「遺言者の意識」が残念

(1) 「遺言を残すこと」が目的

(2) 残したことで安心して放置してしまう

2.「遺言の内容」が残念

(1)　"想定外"を想定していない

①　受遺者が遺言者より先に死亡した場合（逆縁等）

〜その場合の対応が記載されていない

②　遺言執行者が死亡または職務遂行が困難になった場合

〜1人しか指定していない

(2)　遺言執行（相続手続）しにくい

①　遺言執行者が指定されていない

〜銀行から所定の書類に相続人全員の印鑑登録証明書の提出および署名押印（実印）を求められてしまうことがある。

②　遺言執行者に不適任な者を指定している

イ）年齢➡自分より年上

ロ）健康➡不良

ハ）性格➡ルーズ

ニ）能力➡法律に疎い

③　記載内容が曖昧

〜「任せる」「あげる」「残す」「譲る」等

(3)　"地雷"が仕掛けられている

付言に次のような内容が書かれている。

①　特定の者を刺激（非難）する（"逆切れ"されかねない）

②　本文との整合性に欠けている

③　事実と異なる内容

Ⅲ.「隙の無い遺言書」を知る【資料2】

希望を確実に叶えるための"工夫"が施されている遺言を「隙の無い遺言」という。「隙の無い遺言書」には次の特長がある。

1. 「遺言者の意識」に隙が無い

(1) 「死後に確実に意思（遺言の内容）を実現すること」が目的

(2) 残した後も気を使って，必要があれば書き直す

2. 「遺言の内容」に隙が無い

(1) "想定外" を想定している

① 遺言者より受遺者が先に死亡した場合（逆縁等）

〜その者が死亡した場合の対策が記載されている。

② 遺言執行者が死亡または職務遂行が困難になった場合を想定している。

〜複数の遺言執行者が指定されている

(2) 遺言執行（相続手続）しやすい

① 遺言執行者が指定されている

〜原則として，遺言執行者が単独で手続きできる

② 遺言執行者に適任な者を複数指定している

イ）年齢〜自分より年下

ロ）健康〜良好

ハ）性格〜几帳面

ニ）能力〜法律に詳しい

(3) "地雷" が除去されている

付言に次のような内容が書かれている。

① 穏やかな内容（"逆切れ"防止）

② 理路整然としていて本文との整合性が取れている

③ 事実に基づいた内容

Ⅳ.「隙の無い遺言書」を作成する７つの技

「隙の無い遺言書」を作成するための７つの技を紹介する。

☛技その１．準備する

　　〜遺言執行に必要な以下の(1)〜(3)の資料を事前に準備しておく。そう
　　すれば，自分の死後に遺言執行が速やかに行える。

(1)「人」に関する資料

対　象　者	書　　　　類
遺言者	①　出生から現在に至る戸籍謄本 ②　印鑑登録証明書
推定相続人	①　戸籍謄本
受遺者	①　連絡先のメモ
遺言執行者	①　連絡先のメモ

(2)「財産」に関する資料

資　産	書　　　　類
金融資産	①　通帳（写し）（「銀行名」「支店名」「口座名」「口座番号」が記載されている見開きの頁） ②　その他の金融取引に関する資料（「配当金計算書」「取引報告書」等）
不動産	①　登記簿謄本（履歴事項全部証明書） ②　直近の納税通知書（固定資産税明細書）
その他	①　ゴルフ会員権 ②　自動車車検証（写し） ③　鑑定書（宝飾，絵画等） ④　貸金庫に関する資料 ⑤　お墓に関する資料　等

(3) 遺言書の信ぴょう性を高める資料

① 自筆の文書（金融機関・官公署へ提出した書類の控え等）

② 健康診断書

☞技その２．遺言執行者を決める

遺言の実現は遺言執行者の手腕にかかっている。自分より年少者で健康な次の(1)〜(3)に該当する者が望ましい。

(1) 一番多く遺産を取得する受遺者

(2) 遺言作成を相談した法律専門職

(3) 上記(1)(2)の両者

なお，複数の遺言執行者を指定することをお勧めする。その際は，「単独で執行できる」旨を明記すること（民法1017条１項ただし書）。

☞技その３．万一に備える（「逆縁」対策）

受遺者（遺言で「財産を残す」とした者）が，遺言者（自分）より早く，もしくは同時に死亡した場合，その者が承継すべき財産を誰に承継させるか記載する。ただし，考えればきりが無い。主な財産に限定するなど「ほどほど」にしておくのが賢明である。

☞技その４．「付言」は慎重にする

家族への感謝の気持ちや遺言を残した動機を理路整然と書く。恨み言は残さないこと。書かれた者が逆切れして，遺言の無効を主張する危険がある。なお，付言には法的効力は無いので，書かなくても構わない。

☞技その５．確実に発見・執行されるように保管する

遺言を残しても，遺言者の死後に遺言執行者，相続人，受遺者等の手元に届かなければ執行されない（つまり，遺言の内容は実現されない）。保管方法は遺言の内容と同様に重要である。

(1)　自筆証書遺言

　遺言書（原本）と収集した資料を信頼できる者（遺言執行者，相続人，受遺者等）に預ける。なお，自分用の控えとして遺言書の「写し」を取っておくこと（遺言内容の確認や作成し直す際に必要になる）。また，貸金庫に預けると「いざ！」というときに速やかに開扉できなくなるおそれがあるので注意を要する。

《トピックス》遺言書が法務局に保管できる制度がスタート！

　令和2（2020）年7月10日から遺言書保管法が施行された。これにより，自筆証書遺言を法務局（遺言書保管所）に保管することができるようになった。

　この制度によって，自筆証書遺言の法的不備による無効や，変造，破棄，隠匿等を防ぐことが可能になる。加えて，検認が不要のため速やかな遺言執行が期待できる。

　ただし，この制度には，遺言者死亡後，相続人や遺言執行者等に自動的に保管の事実を通知する規定は設けられていない。したがって，遺言書を遺言書保管所に保管した場合は，その旨を遺言執行者等に知らせた上で，遺言書保管所から交付された「保管証」の写しを渡しておくことが肝要である。

---

(2)　公正証書遺言

　「正本」と「謄本」および収集した資料を信頼できる者（遺言執行者，相続人，受遺者等）に預ける（「正本」と「謄本」で法的効力に違いはない）。

　預ける前に自分用の控えとして写しを取っておくこと。なお，貸金庫に預けないことは上記自筆証書遺言と同様である。

☛技その6．メンテナンスする

　遺言は「遺言者の死亡の時からその効力を生ずる」（民985①）。通常，遺

言者が遺言を作成してから死亡するまで一定の期間がある。その間に「相続人・受遺者との関係」「財産の内容」「自分の気持ち」が変わることも十分あり得る。

年に一度は見直して，内容を再検討する。特に，次の場合は遺言の法的関係が複雑になったり執行が困難になるので新たに作成し直すのが無難である。

---

(1) 遺言書に記載した財産を処分（売却，贈与等）した場合

(2) 受遺者が死亡した場合

(3) 遺言執行者が職務を遂行することが困難になったとき（死亡，健康不良等）

☞技その7．モデルチェンジする（自筆証書遺言→公正証書遺言）

自筆証書遺言を作成した場合は，時機を見て公正証書遺言で作成し直す。公正証書遺言は自筆証書遺言と比べて信頼性が高い上に検認が不要なため速やかに執行できるからである（民法1004②）。

【column】遺言をなかなか残せない方へ～「段階的作成方法」の勧め

「遺言を残そう」と思っていても，遺言を残す切実な思いや事情がないと，ほとんどの人は遺言を残さないで亡くなってしまいます。そこで，まずは「生れてから現在までの戸籍謄本」を収集してみることをお勧めします。

最初の一歩を踏み出せば，意外とすんなりできるものです。もし，「早いところ残してスッキリしたい」のであれば，信頼できる専門家に任せるのも手です。

Ｖ．遺言書を特にお勧めしたい方（遺産分割協議の成立が困難になる方）

　遺産分割の成立要件は，相続人全員が参加して，全員が合意することである（「相続人全員参加・全員合意の原則」）。

　以下に遺産分割協議の成立が困難になるケース（相続人全員が遺産分割協議に参加して全員が合意しにくい事例）を紹介する。もし，「自分の相続」が該当するなら，相続人の負担を減らすためにも遺言を残すことをお勧めする。

◆遺産分割協議の成立が困難になる原因と具体例◆

原　因	具　体　例
１．相続人の状況	(1)　行方不明者がいる (2)　意思能力が低い者がいる（認知症等） (3)　未成年者がいる (4)　"笑う相続人"（代襲相続人）がいる (5)　連絡が着きにくい者がいる（音信不通，海外在住等） (6)　相続人間で仲がよくない
２．被相続人の離婚・再婚	(1)　前婚と再婚後の両方で子を儲けた (2)　前婚で儲けた子と再婚相手（＝妻）が相続人になる
３．被相続人と相続人の関係 〜法定相続分を基準に分割すると不公平感が生じる	(1)　「寄与分」（民904の2①②）に関すること 　①　相続人の事業に関する労務の提供または財産上の給付（資金援助など）をした相続人がいる 　②　被相続人を療養看護した相続人がいる - (2)　「特別受益」（民903①）に関すること 　①　被相続人から贈与を受けた相続人がいる 　②　被相続人から婚姻・縁組のため持参金や支度金を得た相続人がいる 　③　被相続人から生計の資本として独立資金，居宅や土地の贈与を受けた相続人がいる
４．遺　産	(1)　分割しにくい物（不動産等）が遺産の大半を占める (2)　評価しにくい物（絵画・宝飾品等）がある (3)　被相続人所有の不動産に相続人が同居している（二世帯住宅）

《別 添 資 料》

【資料1】「残念な遺言書」

遺 言 書

私，山田太郎は，次のとおり遺言する。

第1条　次の土地・建物を長男山田一郎に相続させる。

(1)　土　地

　　　所　　　在　　東京都新宿区下落合2丁目

　　　番　　　地　　○番○

(2)　建　　物

　　　所　　　在　　東京都新宿区下落合2丁目○番地○

　　　家屋番号　　○番○

第2条　次の預金債権を妻山田花子に相続させる。

　　　　税経銀行　新宿支店　普通口座　1234567

第3条　二男山田二郎に金50万円を相続させる。

第4条　以上第1条乃至第3条を除くその他全ての財産を長男山田一郎に
　　　　相続させる。

付言　二男山田二郎は，素行不良にて私を悩ませ続けた。本来であれば，
　　　私の遺産を受け取れない立場である。遺留分侵害額の請求などもっ
　　　ての外である。

　　　　　　　　　　　　　　　　　　　　　　　　　　　　　　以上

　　　　　　　　令和○年○月○日

　　　　　　　　遺言者　山田　太郎　㊞

※　全文自書しているものとする。
※　印は認印

【資料２】隙の無い遺言書

遺　言　書

私，山田太郎は，次のとおり遺言する。

第１条　次の土地・建物を長男山田一郎（昭和○年○月○日生）に相続させる。

　(1)　土　地

　　　　所　　在　　東京都新宿区下落合２丁目

　　　　番　　地　　○番○

　(2)　建　物

　　　　所　　在　　東京都新宿区下落合２丁目○番地○

　　　　家屋番号　　○番○

第２条　次の預金債権を妻山田花子（昭和○年○月○日生）に相続させる。

　　　　税経銀行　新宿支店　普通口座　1234567

第３条　二男山田二郎（昭和○年○月○日生）に金50万円を相続させる。

第４条　以上第１条乃至第３条を除くその他全ての財産を長男山田一郎に
　　　　相続させる。

第５条　長男山田一郎が私の死亡以前に死亡したときは，第１条及び第４
　　　　条により長男山田一郎に相続させるとした財産を，孫山田慎一郎
　　　　（長男山田一郎の長男，平成○年○月○日生）に相続させる。

第６条　妻山田花子が私の死亡以前に死亡したときは，第２条の財産を次
　　　　のように相続させる。

　　　　(1)　長男山田一郎に相続させる。

(2) 長男山田一郎も私の死亡以前に死亡したときは，孫山田慎一郎に相続させる。

第7条 遺言執行者として，長男山田一郎を指定する。なお，長男山田一郎に支障ある場合は，次の者を指定する。

　　　東京都千代田区麹町3−2−1　エキスパートビル　321号

　　　　　　　　　　　　　　電話　090-3333-33△△

　　　　　　　　　　　　　　　行政書士　竹之内　豊

付言事項

　私はこの遺言の内容を，熟慮を重ねた上で決めました。皆もこの内容に理解してくれると信じています。

　私の死後，この遺言がすみやかに執行されて，家族が協力し合って幸せな人生を送ることを切に願います。

　　　　　　　　　　　　　　　　　　　　　　　　以上

　　　　　令和○年○月○日

　　　　　東京都○○市○○町○丁目○番○号

　　　　　　遺言者　山田　太郎　㊞

　　　　　　昭和13年11月13日生

※　全文自書しているものとする。
※　印は実印

"落とし穴"を回避する "ヒヤリ"事例10

　筆者が，相続業務で「ヒヤリ」とした経験とそこから得た教訓を10ピックアップした。相続業務では"落とし穴"がいくつも待ち受けている。その落とし穴を事前に知れば，業務を安全かつ速やかに遂行できる。ぜひ筆者のヒヤリとした経験を業務に役立てていただきたい。

【第14章の俯瞰図】

| 14-1．相続人を見落としてしまった！ |
| 14-2．まさかの債務が発覚した！ |
| 14-3．遺産分割協議中に相続人が死亡してしまった！ |
| 14-4．遺言で指定された受遺者が死亡していた！ |
| 14-5．銀行口座の入出金が突然できなくなってしまった！ |
| 14-6．銀行から貸金庫の内容物の取り出しを拒否された！ |
| 14-7．業務の最中に相続人がもめ出した！ |
| 14-8．遺産分割後に遺言書が発見された！ |
| 14-9．予期せぬ身分事項が発覚した！ |
| 14-10．想定外の事実続出で赤字に転落！ |

→ 教訓 → 安全・速やかな業務遂行

※本章中の『銀行』は，拙著『銀行行政書士のための銀行の相続手続　実務家養成講座』を示す。

14-1. 相続人を見落としてしまった！
～３つの危険な相続関係

> 銀行に相続人の範囲を証する戸籍謄本を提出したところ，銀行から「他にも相続人がいる」と指摘を受けてしまった。
>
> もし，相続人の範囲の誤りに気づかずに，相続人から遺産分割協議書に署名押印をもらってしまったら，遺産分割は無効となり，遺産分割協議を初めからやり直さなくてはならなかった。

　遺産分割の前提条件は，「相続人の範囲」（だれが相続人であるか）と「相続財産の範囲と評価」（相続財産には何があってどのくらいの評価になるのか）の２つを確定することである。これは，この２つを確定させなければ，遺産分割ができないことを意味する。したがって，この２つの前提条件を見誤ると，致命的なミスに直結する。

　特に，「相続人の範囲」を誤ると，遺産分割が無効となり，場合によっては相続人間の紛争につながることもある。以下相続人の範囲を確定する場合の留意点を述べる。

(1) 誤りやすい相続人の範囲
　「養子縁組」「代襲相続」「再転相続」の３つは相続人を見誤りやすいので特に注意すること。

> #### ①養子縁組～被代襲者が養子の場合
> 　被相続人の子が養子で，その養子に縁組前に出生した子がある場合には，代襲相続権が認められない（民727）。
> #### ②代襲相続
> ・再代襲
> 　子の場合には再代襲があるが，兄弟姉妹には再代襲は認められない（民

　887②・889②）。

・相続放棄

　その相続に関しては，初めから相続人にならなかったものとみなされる

　（民939）。したがって，代襲相続原因にならない。

☞　『銀行』P24「一部の者が『相続放棄』をした場合」参照

③再転相続

　相続人が相続放棄も承認もしないで熟慮期間内に死亡した場合には，そ

　の者の相続人（「相続人の相続人」＝再転相続人）が，第一の相続につき放

　棄・承認の選択をする地位も含めて，死亡した第一の相続人を相続する。

　これを再転相続という。

☞　『銀行』P36「預金者が死亡した後，さらに相続人が死亡した場合

　（再転相続）」参照

➡ P168「図表44『相続人の範囲の確定』の注意事項」参照

(2)　法定相続情報証明制度

　複雑な相続関係の場合，法定相続情報証明制度を活用する。この制度を利用

すると，法務局が相続人の範囲をチェックするので相続人を見落とすことはま

ずない。

➡ P223「第8章　法定相続情報証明制度の利用方法」参照

教訓その1

　「養子縁組」「代襲相続」「再転相続」の3つは相続人を見誤りやすいので

特に注意すること。相続関係が複雑な案件は，法定相続情報証明制度を活

用する。

14-2. まさかの債務が発覚した！～「相続放棄」「相続分の譲渡」「相続分の放棄」の違いを押さえる

　孤独死した被相続人（独身・子なし・両親は既に死亡していたため，相続人は兄弟姉妹と代襲相続人である甥・姪）のすべての相続財産（預貯金約500万円）を，被相続人と唯一交流があった姉（＝依頼者）に取得させるために，他の相続人全員に，姉へ相続分を譲渡してもらうことにした。そして，相続開始から１年が過ぎた頃にやっと対象者全員から姉へ「相続分の譲渡証明書」を印鑑登録証明書と供に提出してもらった。そして，相続預貯金の払戻請求の準備をしようという矢先に，貸金業者から，被相続人に対して約300万円の支払を請求する１通の督促状が被相続人宛てに届いた。

　そのため，今後は，貸金業者との交渉および家庭裁判所に対して相続放棄の申述を行う可能性が生じたため，依頼者の承諾を得た上で，直ちにこの案件をパートナーの弁護士に引き継いだ。そして，相続分の譲渡をした相続人は，弁護士の指導の下，家庭裁判所に相続放棄の申述を行った。その結果，全員相続放棄が受理され，当初の予定どおり姉がすべての遺産を取得することとなった。なお，弁護士が貸金業者と交渉した結果，貸金業者から請求は一切来なくなり，姉は被相続人の債務を負わずに済んだ。

　遺産分割において，一部の相続人に相続財産を継承させるために，「相続放棄」「相続分の譲渡」そして「相続分の放棄」がしばしば利用されるが，それぞれの内容と違いを把握した上で活用することが肝心である。特に，相続債務がある場合，注意が必要である。

(1) 一部の相続人が「相続放棄」をした場合

① 相続放棄の効果

　相続放棄は，相続人が相続開始による包括承継の効果を全面的に拒否する

（消滅させる）意思表示である。

　相続放棄をすると，放棄した相続人（＝相続放棄者）は，その相続に関しては初めから相続人にならなかったものとみなされる（民939）。その結果，相続放棄の効果として代襲は生じない。

　☛『銀行』P24「一部の相続人が『相続放棄』をした場合」参照

②　相続放棄の手順

　相続放棄をする場合，放棄を希望する相続人は，被相続人の最後の住所地にある家庭裁判所に対して，自己のために相続が開始したことを知った時から3か月以内に，相続放棄の申述を行う必要がある（民915①）。

③　事実上の相続放棄

　②で述べたとおり，相続放棄は家庭裁判所に申述しなければならないので，これを避けるために，遺産分割協議書において，特定の相続人がすべての遺産を取得し，他の相続人の取得分をゼロとする「事実上の相続放棄」が行われることがある。ただし，債権者に対抗するには法定の相続放棄をしなければならず，事実上の相続放棄では，債権者からの請求を免れることはできないことに注意を要する。

(2)　一部の相続人が「相続分の放棄」や「相続分の譲渡」を行っている場合

　☛『銀行』P27「一部の相続人が『相続分の放棄』や『相続分の譲渡』を行っている場合」参照

　一部の相続人が相続分の放棄や譲渡を行っている場合，相続分の放棄や譲渡をした相続人以外の相続人全員によって遺産分割協議を行い，その成立の証しとしてそれらの者全員が署名押印した遺産分割協議書を作成する。なお，相続分の放棄や譲渡をした相続人からは，当事者が署名押印した「相続分放棄証書」または「相続分譲渡証書」等の提出が求められる。以下それぞれの注意点

について述べる。

① 相続分の放棄

相続分の放棄とは，相続財産に対する共有持ち分を放棄する意思表示をいう。相続放棄と似ているが，以下のような違いがある。

イ）　相続放棄では，自己のために相続の開始があったことを知った時から３か月以内に家庭裁判所へ申述を行うことが必要である（民915）。

　　一方，相続分の放棄では，時期に制限はなく，方式も問われないが，通常は署名押印（実印）された書面で行われる。

ロ）　相続放棄は，相続開始による包括承継の効果を全面的に拒否する意思表示である。つまり，相続財産も相続債務も共に承継を拒否するものである。

　　一方，相続分の放棄は，あくまで相続財産の承継を放棄する意思表示であり，相続債務についての負担を免れるものではない。

---

② 相続分の譲渡

相続分の譲渡とは，債権と債務とを包括した遺産全体に対する譲渡人の割合的な持分（＝包括的持分）を移転することをいう（民905）。相続分の譲渡は相続人という地位の譲渡であるので，当事者間では債務も移転するが，譲渡人は対外的に債務を免れない。

相続分の譲渡は，遺産分割より前であれば，有償・無償を問わず，また，口頭によるものでもよい。また，他の共同相続人に対する通知も必要でない。ただし，後の紛争防止の観点から，一般に文書により譲渡される。

③ 相続分の譲渡と相続分の放棄の活用場面

相続分の譲渡も相続分の放棄も，主に相続財産を取得することを希望しない相続人がいる場合に用いられるが，相続分の譲渡は，特定の相続人に相続分を

譲渡したい場合に用いられ，相続分の放棄は，特に特定の相続人に相続分を譲渡したい意向がない場合に用いられる。

> **教訓その2**
> 「相続放棄」「相続分の譲渡」「相続分の放棄」は似て非なるもの。相続分の放棄と相続分の譲渡は，相続債務についての負担を免れるものではない点に注意を要する。
> 「相続分の譲渡」「相続分の放棄」を行った後に想定外の債務が発覚した場合，業務を継続すると業際問題に抵触するので直ちに弁護士に引き継ぐことが望ましい。

14-3. 遺産分割協議中に相続人が死亡してしまった！ ～「代襲相続」と「再転相続」の違いを押さえる

> 被相続人は配偶者と子がなく，既に両親は死亡している。その結果，兄弟姉妹が共同相続人となったが，兄が遺産分割協議の最中に死亡してしまった。
> 死亡した兄には配偶者と子が2人いる。そこで，2人の子が代襲相続人として共同相続人に加わってくると考え業務を進めることにした。しかし，再検討した結果，本件は代襲相続ではなく再転相続であることが判明した。

相続人が高齢だと，被相続人の死後，当該被相続人の相続について承認または放棄をしない間に相続人が死亡してしまうことがあり得る。その場合の法律関係と対処方法について注意が必要である。

(1) 被相続人が死亡した後，さらに相続人が死亡した場合（再転相続）

被相続人が死亡後，当該被相続人の相続について承認または放棄をしない間に相続人の1人が死亡してしまう場合があり得る。

この場合，相続財産は，死亡した相続人に，法定相続分に応じて承継される

ことになるので,「死亡した相続人の相続人」(=「再転相続人」という)を含む
相続人全員によって遺産分割協議をする必要がある。

①　再転相続

　被相続人が死亡後,当該被相続人の相続について承認または放棄をしない間
に,相続人の1人が死亡した場合,相続財産は,再転相続人に,法定相続分に
応じて承継されることになる。

☛『銀行』P36「**預金者が死亡した後,さらに相続人が死亡した場合**」参照

②　代襲相続との違い

　再転相続は,被相続人が死亡した後に相続人が死亡した場合に生ずるのに対
し,代襲相続は,被相続人が死亡する以前に,推定相続人が死亡する場合に生
じる(民887②)。

教訓その3

被相続人の死亡以前に死亡したか,死亡後に死亡したかで「代襲相続」と
「再転相続」の違いが発生する。

14-4.　遺言で指定された受遺者が死亡していた！
　　～遺言の目的は内容を実現すること

> 遺言を執行しようとしたところ,遺言で指定されていた受益相続人(または
> 受遺者)が既に死亡していた。

　遺言で指定されていた受益相続人や受遺者が,遺言者が死亡以前に死亡して
いるということがあり得る。この場合の法律関係と,そのような状況になって
しまっても遺言者の意思が実現できる遺言書の作成方法について説明する。

(1)　遺言で指定された受益相続人や受遺者が「既に死亡している」場合

　遺言は遺言者の死亡の時から効力を生じる（民985①）ので，一般的に，遺言作成から遺言の効力が発生するまでに一定期間を要する。そのため，たとえば，遺言で相続預貯金を相続させるとされた受益相続人や受遺者が，相続開始時には既に死亡している場合があり得る。このような場合，遺言の当該事項が無効になる可能性がある。

①　受遺者

　遺贈は，遺言者死亡により直接受遺者に財産上の権利帰属の効果を生じるものであるから，遺言者が死亡したときに受遺者が存在しなければならない（同時存在の原則）。そのため，遺言者が死亡する以前に受遺者が死亡した場合，遺贈は効力を生じない（民994①）。

②　受益相続人

　このように，遺言者の死亡以前に受遺者が死亡していれば，遺言は失効する。

　一方，相続であれば，被相続人の子が，相続開始以前に死亡したときには，代襲相続が問題となり得る（民887②）。

　相続させる旨の遺言があり，受益している相続人が，被相続人より先に死亡している場合には，代襲相続が行われるのか，それとも，この遺言が失効するのか，遺言者が死亡する以前に受益相続人が死亡した場合については，民法上の明文の規定はない。

　最高裁平成23［2011］年2月22日判決は，特段の事情がない限り，受益相続人が遺言者の死亡以前に死亡した場合，当該相続させる旨の条項は効力を生じないと判示した。つまり，特段の事情がなければ同推定相続人の代襲者にはいかない（P380「**994条**」参照）。

　それゆえ，このような場合，対象となっている相続財産は，遺言において別の定めがない限り，いったん法定相続人に法定相続分で承継され，次に遺産分

443

割協議により，具体的に承継されることになる。

⑵　受益相続人や受遺者が遺言者の死亡以前に死亡した場合を見据えた対策

　上記のような事態を避けるために，遺言の作成にあたっては，受益相続人や受遺者が遺言者の死亡以前に死亡した場合には，他の相続人や受遺者に相続させるないし遺贈する旨の条項を入れておくことがしばしば行われている。このような，万一の場合に備えて，遺言者があらかじめ，財産を相続させる者または受遺者を予備的に定めておく遺言を，予備的遺言または補充遺言という。

　たとえば「妻が遺言者の死亡以前に死亡したときは，妻に相続させる財産はすべて長男○○に相続させる。」といった条項である。

　このような条項を入れておけば，受益相続人や受遺者が遺言者の死亡以前に死亡した場合でも，予備的遺言が有効になり，遺言者の意思を実現することになる。

☞　『銀行』P 48「遺言で指定された受益相続人や受遺者が『既に死亡している』場合」・P 390「Q 44受益相続人が遺言者の死亡以前に死亡した場合の代襲相続人への払戻しの可否」参照

> **教訓その４**
> 遺言者の真意を実現するために，万一の事態に備えて，主要な財産には予備的遺言を施しておく。

14-5. 銀行口座の入出金が突然できなくなってしまった！　～口座凍結の３つの場面

> 相続人代表者との面談終了後，早速被相続人が口座を設けていた銀行に電話をかけて残高証明書を請求するための予約を入れた。すると，相続預貯金の口座が凍結されてしまって，相続人からクレームを付けられてしまった。

被相続人が死亡すると，被相続人の預貯金口座の入出金ができなくなることがままある（いわゆる口座の凍結）。そうなると，被相続人と同居していた相続人が公共料金の引き落としができなくなるなど不便を強いられることがある。

したがって，相続人に負担をかけずに相続業務を遂行するためには，口座凍結についての知識が不可欠である。

(1)　預金者が死亡した場合の銀行の対応

①　銀行が預金者死亡の事実を知った場合

預金者が死亡した場合，預金債権は，相続開始と同時に当然に相続分に応じて分割されることはなく，遺産分割の対象となる（最大決平28［2016］・12・19民集70巻8号2121頁）。したがって，銀行は，単独の相続人からの払戻請求に応じることはせず，遺産分割協議書や銀行所定の相続届で相続人全員の同意を確認した上で，共同相続人に一括して払い戻す対応を行う。

そのため，銀行が，何らかの方法により預金者の死亡を知った場合，遺産分割協議書または相続人全員の同意書等に基づく払戻請求の場合を除き，一切の者への払戻しを防止する必要がある。

万一，銀行が預金者死亡の事実を知ったにもかかわらず，預金の入出金停止措置をとらなかったために，払戻し等がなされた場合には，たとえば払戻請求者が真正な届出印を持参していたとしても，銀行は免責されず，二重払いのリスクが存在するからである。

　☞『銀行』P68「口座凍結〜預金者が死亡した場合の銀行の対応」参照

②　口座凍結の３つの場面

口座が凍結される場面は次の３つが考えられる。

> ・相続人等から預金者死亡の連絡を受けた場合
>
> ・預金者死亡が公知の事実となっている場合
>
> ・所轄の税務署や，他の金融機関からの連絡により預金者の死亡が判明した場合

☞『銀行』P377「Ｑ33　口座凍結がなされる場面」参照

(2)　銀行に被相続人の死亡の事実を告知するタイミング

面談の場で，相続人代表者に口座凍結について説明し，口座凍結による不都合の発生の有無を確認する。

不都合がなければ直ちに銀行に被相続人の死亡の事実を伝え，相続財産の範囲と評価を確定するために，残高証明書等の資料の請求をする。

不都合が生じる場合は，相続人代表者と銀行への告知のタイミングを打合せした上で，しかるべき対策を講じた後に告知する。

☞『銀行』P352「Ｑ11銀行に連絡する前にすべきこと」参照

> **教訓その５**
>
> 面談で口座凍結について相談者に説明をし，口座が入出金停止になることについて了承を得ておくこと。

14-6.　銀行から貸金庫の内容物の取り出しを拒否された！～共同相続人の一部による貸金庫の内容物の確認・持出の可否

> 　共同相続人の１人（＝相続人代表者）から委任を受けて，被相続人が設けていた貸金庫から内容物を取り出そうとしたところ，銀行から拒否されてしまった。

　被相続人が金融機関と貸金庫契約を締結している場合，貸金庫の内容物の取り出しがスムーズにできないことがある。そうなると，相続業務に支障が生じてしまう。このような事態を回避するためには，相続における貸金庫の知識が必要になる。

(1)　貸金庫の内容物の確認

①　貸金庫契約の法的性質

　最判平11［1999］・11・29判決（民集53巻８号1926頁）は，貸金庫契約の法的性質について，「貸金庫の場所（空間）の賃貸借である」とし，契約者たる被相続人死亡の際，貸金庫契約上の地位は，被相続人の相続人に承継されるとする（民896本文）。

　貸金庫契約の借主たる地位も当然に相続の対象となるため，相続人が複数いる場合については，借主たる地位が各相続人に不可分に帰属することとなり，貸金庫利用権（賃借権）については，各相続人の準共有（民264）の状態になるものと解される。

　貸金庫を開扉することは，単なる保存行為（民252ただし書）であると考えるのが自然である。そうすると，各相続人は，他の相続人の同意なくして，貸金庫を開扉することができるということになる。

　また，相続人は相続財産について調査権を有しているところ（民915②），貸

金庫を開扉して内容物を確認することは、当該調査の一環と考えられることができることからも、各相続人は、他の相続人の同意なくして、貸金庫を開扉することができるものと考えられる。

②　銀行の対応（事実実験公正証書）

しかし、前述したとおり、相続人の1人からの開扉請求に応じた場合、銀行は当該相続人が内容物を持ち去ったなどとして他の相続人から後日クレームを申し立てられる等のリスクが否定できない。したがって、銀行には当該リスクを低減させるための措置をとる必要が生じる。

そのため、共同相続人の1人が貸金庫を開扉することに対して銀行が難色を示すことも考えられる。その場合は、たとえば、公証人に対して開扉への立会いと内容物の確認を求め、その結果を事実実験公正証書（公証35。公証人が、嘱託を受けて、自ら五感の作用により直接体験し、認識した事実を記載して作成するもの）に残すといった方法を銀行に提案してみる。当該公証証書は、高度の証拠価値があることから、リスクの低減に資するので銀行が提案を受け入れる可能性は高いと考える。なお、その費用負担については、当該相続人の負担となるものと考えられる。

☞『銀行』P74「貸金庫～共同相続人の一部による貸金庫の内容物の確認・持出の可否」・P379「Q35貸金庫の法的性質」参照

⑵　貸金庫の内容物の持ち出し

貸金庫を開扉するだけでなく、貸金庫の内容物を持ち出す行為は、貸金庫利用契約に付随する保存行為（民252ただし書）や相続財産の調査（民915②）の範囲を超えるものと言わざるを得ない。したがって、銀行が相続人の1人に対してこれを許容することは認めないと考えられる。

なお、貸金庫内に遺言書が保管されている可能性がある場合、公正証書遺言であれば、遺言検索システムを活用すれば、貸金庫から取り出さなくても遺言

書を入手することができる。同様に，自筆証書遺言を遺言書保管所に保管していれば，遺言書情報証明書の交付を請求すればその内容を知ることができる（保管9）。

☞『銀行』P380「貸金庫の内容物の取り出し」・P381「貸金庫の『現金』の取り出し」参照・P382「貸金庫内の遺言書の取り出し」参照

> **教訓その6**
>
> 　相続人は単独で貸金庫を開扉して内容物の確認をすることはできるが，内容物を持ち出すことは原則できない。
>
> 　相続人が単独で内容部を取り出したい場合は，銀行に事実実験公正証書の利用を提案してみる。

14-7.　業務の最中に相続人がもめ出した！
〜業際問題から身を守る3つの鍵

> 　面談で相続人代表者から「ウチに限ってもめることはない」と聞いていたのに，遺産分割の最中に相続人同士がもめ始めてしまった。
>
> 　相続人代表者から「自分（＝相続人代表者）の代理人として他の相続人と交渉してほしい」と頼まれてしまったが，弁護士法違反になるおそれがある。しかし，今更「辞任する」とも言いにくい。どのように対処したらよいだろうか。

　遺産分割業務は「血」と「金」が絡む。そのため，受任当初は円満な関係でも，些細なことで紛争状態になる危険性が伴う。紛争状態下で継続して関与すると弁護士法違反になるおそれがある。

　面談のときの円満相続のまま業務を完遂し，弁護士法違反を回避するための心得と技について，以下述べる。

(1) 相談者を信じない

前述のとおり，遺産分割は，血縁と金が絡むので，面談で「円満相続だから安心してください」と相談者（＝相続人代表者）から言われても，その状態が継続する保証はない。相談者の言葉を真に受けてのんびり構えると些細なことがきっかけで一気に紛争状態になることもあり得る。したがって，相談者を信じてはいけない。

➡ P 27「2-1．依頼者に『３つのない』で臨む」参照

(2) 遺産分割はスピーディーに行う

繰り返しになるが，遺産分割の場合は，血縁と金が絡むため，着手当初は相続人間で円満な関係であっても，しばらくすると兄弟姉妹の間の教育格差等の過去の不満やお金に関して欲が出てきたり，本来関係のない者（たとえば，相続人の配偶者）が口を出してきて，紛争状態になってしまうことがある。したがって，「円満な内に遺産分割を完結させる」という意識でスピーディーに業務を遂行すること。

(3) 面談で「もめたら辞任する」と伝える

相続人間で紛争が生じてしまった場合，関与し続けると，相談窓口である相続人代表者の代理人となり，他の相続人と交渉をしてしまうおそれがある。そうなると，弁護士法72条（非弁護士の法律事務の取扱い等の禁止）に該当してしまう。

したがって，「自分を守る」という観点に立ち，面談のときに，相続人間で紛争状態の有無を確認することはもとより，着手後に紛争が生じたり紛争発生が予見される状況になった場合は，辞任する旨を相談者にハッキリ伝え，なおかつ委任契約書にも明記しておくこと。

➡ P 326「事例㉚」・P 329「事例㉛」参照

> 教訓その7
> 　遺産分割は些細なことがきっかけで紛争状態に陥る危険性が高い。スピーディーに業務を遂行し「揉めだす前に業務を完遂する」と意識して臨むこと。また，着手前に「紛争状態になったら辞任する」とハッキリ伝え，なおかつ委任契約書にも明記しておくこと。

14-8. 遺産分割後に遺言書が発見された！
～面談で必ず確認すべきこと

> 　遺産分割が終わってから遺言書が見つかってしまった。相続人の中には「遺産分割は成立しているのだからいまさら遺言書を持ち出されても困る」という者もいれば，「本来は遺言書の内容のとおり遺産が引き継がれるのが筋だ。遺産分割は無効だ」という者もいる。一体どうすればよいのだろうか。

　遺産分割の途中や成立後に遺言書が発見されると，相続人間で紛争が生じたり複雑な法律関係が発生してしまう。このような事態を回避するために，面談の時に遺言の有無の確認はもとより，遺言書を発見する方法を相談者に提供することが求められる。

(1) 遺言調査（遺言検索システム）

　遺言書の有無で相続手続は「遺言執行」または「遺産分割協議」のどちらで進めるのかが決まる。

　公正証書遺言の場合，遺言書の原本は，公証役場で厳重に保管されているので「遺言検索システム」を利用すれば，遺言書の有無を確認できる。
　「遺言検索システム」は日本公証人連合会が管理している。全国のどの公証役場からも公正証書遺言の有無を確認できる。

　なお，全国単位で一括して検索できるのは，平成元［1989］年以降に作成された遺言書に限られる（ただし，東京都内の公証役場で作成された遺言書に限り，昭和56［1981］年1月1日以降に作成された遺言書も検索・照会が可能）。したがって，平成以前に作成された遺言書の有無は，遺言書を作成したと思われる公証役場に個別に問い合わせるしかない。

　☞　『銀行』P388「Q43　遺言執行による払戻し完了後，新しい遺言書が発見された場合の当該払戻しの効力」・同P390「Q44　受益相続人が遺言者の死亡以前に死亡した場合の代襲相続人への払戻しの可否」参照

(2)　自筆証書遺言の保管制度

　民法（相続関係）改正とともに成立した，「法務局における遺言書の保管等に関する法律」（以下「遺言書保管法」という）は，自筆証書遺言の改ざんや紛失を防止するために法務局（＝遺言書保管所）において自筆証書遺言の保管および情報の管理を行う制度を創設するとともに，当該遺言書については家庭裁判所による検認手続を不要とする措置を講ずることとしたものである。

　遺言書保管法による保管の申請の対象となる遺言は自筆証書遺言書のみであり（遺言保管1），遺言者は遺言書保管制度による保管を行おうとする場合，遺言者の住所地もしくは本籍地または遺言者が所有する不動産の所在地を管轄する遺言書保管所の遺言書保管官に対して申請を行うことができる（遺言保管4③）。

　遺言書保管制度を利用した自筆証書遺言については，相続人，受遺者，遺言執行者等の関係相続人等に当該遺言の原本は返還されず，遺言書情報証明書が交付される（保管9①）。そのため，当該自筆証書遺言に基づく預金の払戻しの際には，相続人は，当該遺言の原本ではなく，金融機関等に対して遺言書情報証明書を提出することになる。

> **教訓その8**
>
> 面談の場で，遺言の有無について相続人代表者に確認しておくこと。また，「無い」場合でも，遺言検索システムと遺言書保管制度について説明すること。
>
> もし，遺言の発見で相続人間で紛争状態に陥ってしまったら辞任するかもしくは弁護士に引き継ぐこと。

☛ 『銀行』P391「Q45　遺言があることを知らずに行った遺言内容と異なる払戻しの効力と行政書士の責任」参照

14-9.　予期せぬ身分事項が発覚した！
～想定外の事実の伝え方

> 相続人の範囲を調査していたら，被相続人が帰化していたことが判明した。そのことについては，相続人代表者から一切知らされていなかった。

相続人調査をする過程で，たとえば，被相続人が配偶者以外の者との間に子を儲けていた，離婚歴があり前婚で子を儲けていた，帰化していたなど相続人代表者から知らされていなかった事実が判明することがある。

このような事実が被相続人から知らされていなかった場合，相続人は相当なショックを受ける。そこで，相続人が知らない身分関係の事実が発覚したときの対処法と，被相続人が帰化していた場合の身分関係の調査方法について説明する。

(1)　相続人代表者に確認する

被相続人の範囲を調査する過程で，相続人が知らない事実が判明することがある。身分事項はとてもデリケートな内容なので，今後の対応について検討した上で，まずは相続人代表者に報告する（決して相続人全員の前で報告しないこと）。

(2)　本国における身分事項を調べる手段

　帰化する前の身分事項は，外国人登録原票に記載されている。そこで，「外国人登録原票の写し」を官公署に請求することになる。

　ただし，平成24［2012］年7月9日，外国人登録法の廃止により，それまで市区町村に保管されていた外国人登録原票は，法務省に送付され，現在は出入国在留管理庁において保管されている。そこで，出入国在留管理庁に対して外国人登録原票の写しを請求し，その情報を基に，本国に帰化前の身分事項を証明する証書を請求することになる。

> **教訓その9**
>
> 　相続人が知らない身分関係の事実が発覚したときは，今後の方針を立てた上で，まずは相続人代表者のみに伝える。

14-10.　想定外の事実続出で赤字に転落！
〜追加請求できる見積の3つの条件

> 　面談で聞いていた内容を基に見積を算出して受任したが，受任後の調査の結果，相続人の範囲，相続預貯金の口座数等が面談の内容と大きく異なることが判明した。
>
> 　そのため，見積算出時での想定を大きく上回る難易度と業務量になってしまい，見積金額では事実上の赤字となってしまった。
>
> 　そこで，追加請求を申し出たが「見積の金額で依頼したのだから，それ以上支払うつもりはない」と言われてしまった。

　面談で聞いていた内容と事実関係が異なり，見積金額では見合わなくなってしまうことがある。この場合，追加請求をすればよいのだが，追加請求をしにくかったり依頼者に拒まれることがある。このような状況に陥らないためには，見積の出し方がポイントになる。

(1) 「追加請求できる見積書」の作り方

追加請求ができる見積書の条件は，見積に「透明性」と「明確な根拠」があることである。

① 見積書に「透明性」があること

「遺産分割業務・一式・〇万円」といった一括見積では，内容が不透明である。

一方，見積を業務項目別に「分解」すれば，相談者は専門家が具体的に「何を」して，それに対してどの程度の労力を費やし，その結果，いくらかかるのか知ることができる（透明性がある）。

② 見積書に「明確な根拠」があること

相談者に提示した金額の根拠を伝える。たとえば「時給」を基に費用を見積もった場合「当事務所は時給5,000円で計算しています。この項目を行うには10時間相当要するので5万円と見積もりました」といった具合である。

③ 委任契約書に請求金額が見積額より高くなることがあることを明記しておく

受任時に依頼者と締結する委任契約書に，たとえば「実際に行った業務内容および経費の精算の都合上，見積金額と請求金額が異なる場合がある。」と記載して，請求金額が見積額より高くなることがあることを明記しておく。

➡ P 324「事例㉙」・P 326「事例㉚」参照

(2) 追加請求の仕方

このように，「透明性」と「明確な根拠」がある見積書を提示していれば，見積の条件と事実関係が相違していた場合，その違いを明確に示すことができる。

そして，その相違点を依頼者に提示して報酬の追加を交渉すれば，依頼者は

違いを明確に把握できるので追加請求に応じるようになる。

> **教訓その10**
>
> 　「透明性」と「明確な根拠」がある見積を提示していれば追加請求がしやすくなる。

★報酬請求に関しては，拙著「行政書士のための『高い受任率』と『満足行く報酬』を実現する心得と技」（税務経理協会）に詳説した。

付 録　実務に役立つ資料

実務に役立つ「書籍」「話材」「基本用語」「ホームページ」を紹介する。

1.　読みたい本・揃えたい本

　筆者が実際に実務等で利用した本の中から，推薦するものを紹介する。大型書店等で実際に見てから自分に合ったものを購入することをお勧めする。

(1)　基 本 書

- ・　二宮周平『家族法　第5版』（新世社，2019）
- ・　内田貴『民法Ⅳ　親族・相続』（東京大学出版会，2004）
- ・　潮見佳男『詳解　相続法　第2版』（弘文堂，2022）
- ・　潮見佳男『民法（全）　第3版』（有斐閣，2022）

(2)　実 務 書
①　改正相続法

- ・　堂薗幹一郎，神吉康二『概説　改正相続法（第2版）』（金融財政事情研究会，2021）

②　遺 言

- ・　遠藤常二郎編著『遺言実務入門（改訂版）』（三協法規出版，2015）
- ・　日本公証人連合会『新版　証書の作成と文例　遺言編（三訂版）』（立花書房，2021）
- ・　竹内豊『親に気持ちよく遺言書を準備してもらう本』（日本実業出版社，2012）

③　銀 行 手 続

- 竹内豊『行政書士のための「銀行の相続手続」実務家養成講座』（税務経理協会，2022）
- 本橋総合法律事務所編集『法律家のための相続預金をめぐる実務』（新日本法規，2019）
- 斎藤輝夫・田子真也監修『Q&A　家事事件と銀行実務　第2版』（日本加除出版，2020）

④　戸　　　　　籍

- 高妻新，荒木文明，後藤浩平『相続における戸籍の見方と登記手続（全訂第三版補訂)』（日本加除出版，2022）

⑤　家族法務（おひとりさま，LSBT他）

- 渡邊愛里『行政書士のための「新しい家族法務実務」家養成講座』（税務経理協会，2018）

(3)　判　例　集

- 松川正毅，窪田充見編『新基本コンメンタール　相続』（日本評論社，2016）

(4)　行政書士法

- 兼子仁『行政書士法コンメンタール　新12版』（北樹出版，2022）
- 地方自治制度研究会『詳解　行政書士法　第4次改訂版』（ぎょうせい，2016）

(5)　小　　　説

- 宮部みゆき『火車』（新潮文庫，1998）
- 池井戸潤『かばん屋の相続』（文春文庫，2011）
- 山崎豊子『女系家族』〈上・下〉（新潮文庫，2002）

2.　実務直結CD・DVD（講師：行政書士　竹内豊）

　筆者が行政書士・弁護士・司法書士・税理士等の専門家に収録した実務CD・DVDを紹介する。特長はオリジナルテキストが付いていることと文字では伝えきれない・伝えにくい"現場の肝"が公開されていること。「効率よく実務を習得したい」という方にお勧めする。

(1)　行政書士の遺言・相続業務の解説
- 『行政書士のための遺言・相続実務家養成講座』

(2)　遺 言 業 務
- 『落し穴に要注意！遺言の実務Q&A 72』
- 『遺言書の現物17選　実務"直結"の５分類』
- 『作成から執行まで　遺言の実務』
- 『そうか！遺言書にはこんな力が　転ばぬ先の遺言書　書く方も勧める方も安心の実行術』
- 『自筆証書遺言３つの弱点・落とし穴　そこで私はこう補います』
- 『夫や親に気持ちよく遺言書を書いてもらう方法』

(3)　相 続 手 続
- 『実務担当者のための　銀行の相続手続　養成講座』
- 『見落とすと危ない！相続業務の要注意点　Q&A 62』
- 『わけあり相続手続　現物資料でよくわかる　スムーズに進めるコツ大全集』
- 『遺産分割協議書の作成実務　状況別詳細解説と落とし穴』

(4)　銀行の相続手続
- 『銀行の相続手続の実務Q&A 65　効率化で高収益業務に！』

- ・　『銀行の相続手続が「あっ」という間に終わるプロの技』
- ・　『現物資料61見本付！　銀行の相続手続の実務を疑似体験』
- ・　『銀行の相続手続　実務手続の再現と必要書類』

(5)　面　　　談

- ・　『"満足行く報酬"で受任できる見積書の４つの鉄則と５つの技術』
- ・　『相続手続は面談が最重要　受任率・業務効率をアップする技』　他多数

☆　以上発売元：税理士法人レガシィ https://www.legacy-cloud. net/「レガシィ・行政書士竹内」で検索可

3.　面談前に確認する「基本用語62」

　面談前にここに掲載した基本用語に一通り目を通しておけば，相談者に的確な助言を与えることができる。その結果，受任と満足行く報酬を得ることにつながる。なお，疑問が生じたら，基本書等で必ず確認してから面談に臨むこと。

(1)　改正相続法関係

①　配偶者居住権

　被相続人の配偶者は，相続開始の時に被相続人所有の建物に居住していた場合には，遺産分割，遺贈または死因贈与により，その建物の全部について使用および収益をする権利（配偶者居住権）を取得することができる（民1028①・554）。

②　居住建物

　配偶者居住権の目的となる建物のこと。

③ 配偶者短期居住権

配偶者は，相続開始の時に被相続人所有の建物（以下「居住建物」という）に無償で居住していた場合には，相続開始の時から一定の期間の間，居住建物を無償で使用する権利（配偶者短期居住権）を有する（民1037）。

④ 持戻し免除の意思表示の推定

婚姻期間が20年以上である夫婦の一方の配偶者が，他方の配偶者に対し，その居住用建物またはその敷地（＝居住用不動産）の遺贈または贈与をした場合については，903条3項の持戻免除の意思表示があったものと推定し，遺産分割においては，原則として当該居住用不動産の持戻し計算を不要とする（当該居住用不動産の価値を特別受益として扱わずに計算をすることができる）（民903④）。

⑤ 遺産分割前における預貯金の払戻制度（909条の2）

各共同相続人は，遺産に属する預貯金債権のうち，以下の計算式で求められる額（ただし，同一の金融機関に対する権利行使は，法務省令で定める額（＝150万円）を限度とする）については，他の共同相続人の同意がなくても単独で払戻しを請求することができる。

【計算式】

単独で払戻しを請求できる額＝（相続開始時の預貯金債権の額）×（3分の1）×（当該払戻しを求める共同相続人の法定相続分）

⑥ 一部分割（907条関係）

共同相続人間の協議により，遺産の全部または一部について，いつでも分割をすることができる。また，協議が調わないとき，または協議することができないときは，各共同相続人は，他の共同相続人の利益を害するおそれがある場合を除き，家庭裁判所に対し，遺産の一部について分割をするよう請求することができる。

⑦　自筆証書遺言の方式緩和（968条関係）

　自筆証書によって遺言をする場合において，自筆証書に相続財産の全部また
は一部の目録を添付するときは，その目録については自書することを要しない。
ただし，自筆証書に自書によらない目録を添付する場合には，遺言者は，目録
の「毎葉」（財産目録のすべての用紙という意味であり，表裏は問わない）に署名押
印をしなければならず，特に自書によらない記載がその両面にある場合には，
財産目録の両面に署名押印をしなければならない。

⑧　遺言執行者の権利義務

　遺言執行者は，遺言の内容を実現するため，遺言の執行に必要な一切の行為
をする権利義務を有し（民1012①），遺言執行者がある場合には，遺贈の履行は，
遺言執行者のみが行うことができる（民1012②）。また，遺言執行者がその権限
内において遺言執行者であることを示してした行為は，相続人に対して直接に
その効力を生ずる（民1015）。

⑨　特定財産承継遺言（いわゆる相続させる旨の遺言）

　相続させる旨の遺言については，判例上，「遺言書の記載から，その趣旨が
遺贈であることが明らかであるか又は遺贈と解すべき特段の事情のない限り，
……遺産の分割の方法を定めた遺言であり，……当該遺言において相続による
承継を当該相続人の受諾の意思表示にかからせたなどの特段の事情のない限り，
何らの行為を要せずして，被相続人の死亡の時（遺言の効力の生じた時）に直ち
に当該遺産が当該相続人に承継されるものと解すべき」とされている（最判平
３［1991］・４・19民集45巻４号477頁）。したがって，相続させる旨の遺言につい
ては，厳密にいうと，「遺産分割方法の指定がされたと解すべきもの」と「遺
贈と解すべきもの」の２つに分かれることとなるが，改正法においては，前者
について新たに定義規定を設けることとし，これを「特定財産承継遺言」と呼
ぶことにしている（民1014②）。【引用：『概説』93頁】

⑩ 遺留分減殺請求権の金銭債権化

遺留分に関する権利の行使によって，遺留分権利者は，受遺者または受贈者に対し，遺留分に相当する金銭債権（＝遺留分侵害額請求権）を取得する（民1046①）。

⑪ 権利の承継に関する規律（899条の2関係）

相続人が特定財産承継遺言（いわゆる相続させる旨の遺言）や相続分の指定により財産を取得した場合でも，その法定相続分を越える部分については，登記，登録その他の対抗要件備えていなければ，その権利の取得を第三者に対抗することができない。

⑫ 義務の承継に関する規律（902条の2関係）

被相続人が相続分の指定をした場合であっても，相続債権者は，各共同相続人に対し，法定相続分に応じてその権利を行使することができる。ただし，相続債権者が共同相続人の一人に対して指定相続分に応じた債務の承継を承認したときは，相続債権者は，それ以降は，指定相続分に応じた権利行使しかすることができない。

⑬ 遺言執行者がある場合における相続人の行為の効果等（1013条2項・3項関係）

遺言執行者がある場合には，相続人は，相続財産の処分その他遺言の執行を妨げるべき行為をすることができず，これに違反する相続人の行為は，原則として無効となる。

⑭ 特別寄与者・特別寄与料

相続人に対して無償で療養看護その他の労務の提供をしたことにより特別の寄与をした被相続人の親族（以下「特別寄与者」という）は，相続の開始後，相続人に対し，特別寄与料の支払を請求することができる（民1050①）。

　特別寄与料の支払について，当事者間に協議が調わないとき，または協議をすることができないときは，特別寄与者は，家庭裁判所に対して協議に代わる処分を請求することができる。ただし，特別寄与者が相続の開始および相続人を知った時から6か月を経過したとき，または相続開始の時から1年を経過したときは，この限りでない（民1050②）。

⑵　法務局における遺言書の保管等に関する法律（遺言書保管法）関係

⑮　法務局における遺言書の保管等に関する法律（遺言書保管法・平成30年法律第73号）

　この法律は，高齢化の進展等の社会経済情勢の変化に鑑み，相続をめぐる紛争を防止するという観点から，法務局において自筆証書遺言を保管する精度を新たに設けるものである。この法律は，令和2（2020）年7月10日から施行された。

　遺言書保管法は，法務局（法務局の支局および出張所，法務局の支局の出張所並びに地方法務局およびその支局なら並びにこれらの出張所を含む）における遺言書（民法968条の自筆証書によってした遺言に係る遺言書をいう）の保管および情報の管理に関し必要な事項を定めるとともに，その遺言書の取扱いに関し特別の定めを示すものである（1条）。

　遺言書保管法により創設する保管制度の対象は，民法968条の自筆証書遺言のみである。そのため，公正証書遺言（民969）や秘密証書遺言（民970）は，遺言書保管法により創設する保管制度の対象とはならない。また，「民法第968条の自筆証書によってした遺言に係る遺言書」とは，同条に定める方式への適合性が外形的に認められる遺言書を意味するものである。そこで，遺言書保管官が民法968条に定める方式への適合性について外形的な確認をしたもののみが保管制度の対象となる。【引用『概説』187・188頁】

⑯ 関係遺言書

自己が関係相続人等（保管9①各号に掲げる者）に該当する遺言書のこと（保管9②）。

相続人，受遺者，遺言執行者等の相続関係人等は，遺言者が死亡している場合に限り，自己が関係相続人等に該当する遺言書（＝関係遺言書）の閲覧を請求することができる（保管9③）。

閲覧請求は，関係相続人等が請求することができるという点においては，遺言書情報証明書の交付請求と同様であるが，関係遺言書を保管する遺言書保管所の遺言書保管官に対してのみ請求することができるという点においては，遺言書情報証明書の交付請求と異なる。

⑰ 関係相続人等

9条1項各号に掲げる者（自己が関係遺言書の相続人，受遺者，遺言執行者等）に該当する者のこと。

⑱ 遺言書保管所（2条関係）

遺言書の保管に関する事務は，法務大臣の指定する法務局がつかさどることとされているが，遺言書保管法においては，この法務大臣の指定する法務局を「遺言書保管所」と呼ぶことにしている（保管2①）。

遺言書の保管の申請については，遺言書保管所のうち，遺言者の住所地もしくは本籍地または遺言者の所有する不動産の所在地を管轄する遺言書保管所の遺言書保管官に対してしなければならない（保管4③）。

遺言書保管所に保管されている遺言書については，民法1004条1項の遺言書の検認の規定は適用されない（保管11）。

⑲ 特定遺言書保管所

遺言者が，その申請に係る遺言書を保管した遺言書保管所のこと。遺言者は，特定遺言書保管所の遺言書保管官に対し，いつでも当該遺言書の閲覧を請求す

ることができる（保管6②）。

⑳　遺言書保管官（3条関係）

　遺言書保管法においては，遺言書保管所における事務は，遺言書保管官（遺言書保管所に勤務する法務事務官のうちから，法務局または地方法務局の長が指定する者）が取り扱うこととしている（保管3）。

　遺言書保管官は，不動産登記事務における登記官や供託手続における供託官と同様，独任の行政官として自己の名において完結的に事務を処理することができる。

　遺言書保管官は，遺言書の保管の申請があった場合において，申請人に対し，法務省令で定めるところにより，当該申請人を特定するために必要な氏名その他の法務省令で定める事項を示す書類の提示もしくは提出またはこれらの事項についての説明を求めるものとしている（保管5）。

　遺言書の保管は，遺言書保管官が遺言書保管所の施設内において行う（保管6①）。

　遺言書保管官は，保管する遺言書について，当該遺言書に係る情報の管理をしなければならない（保管7①）。

　遺言書保管官は，遺言書保管所に保管されている遺言書について，遺言者が死亡した後，関係相続人等の請求により遺言書情報証明書を交付しまたはその遺言書を閲覧させたときには，その他の遺言者の相続人，受遺者および遺言執行者に対し，当該遺言書を保管している旨を通知するものとされている（保管9⑤）。

㉑　遺言書保管ファイル

　保管する遺言書について，磁気ディスク（これに準ずる方法により一定の事項を確実に記録することができる物を含む）をもって調製されたファイルのこと。

　遺言書保管官は，保管する遺言書につて，当該遺言書に係る情報の管理をしなければならない（保管7①）。

　遺言書保管ファイルには，①遺言書の画像情報（遺言書保管官がスキャナ等を用いて画像情報化することを想定している），②遺言書に記載された作成の年月日，遺言者の氏名，出生の年月日，住所および本籍（外国人にあっては，国籍），遺言書に受遺者または遺言執行者の記載がある時はその氏名または名称および住所（4条4項1号から3号までに掲げる事項），③遺言書の保管を開始した年月日，④遺言書が保管されている遺言書保管所の名称および保管番号が記録される。

㉒　遺言書情報証明書

　遺言書保管ファイルに記録されている事項を証明した書面を遺言書情報証明書という。相続人，受遺者，遺言執行者等の関係相続人等（9条1項各号に掲げる者）は，遺言書保管官に対し，遺言書保管所に保管されている遺言書について，その遺言者が死亡している場合に限り，遺言書保管ファイルに記録されている事項を証明した書面である遺言書情報証明書の交付を請求することができる（同項）。

　遺言書情報証明書は，遺言書保管所に保管されている遺言書について，その画像情報等の遺言書保管ファイルに記録されている事項を証明する書面であり，遺言書情報証明書を確認することによってその遺言書に係る遺言の内容や自筆証書遺言の民法968条に定める方式への適合性を確かめることができることとなる。

　そこで，これまで検認済みの遺言書を確認することにより行っていた登記，各種名義変更等の手続きは，遺言書が遺言書保管所に保管さている場合には，この遺言書情報証明書を確認することによって行うことになる。

　遺言書情報証明書の交付を請求することができるのは，関係相続人等である。遺言書情報証明書の交付請求は，自己が関係相続人等に該当する遺言書（関係遺言書）を現に保管する遺言書保管所以外の遺言書保管所の遺言書保管官に対してもすることができる（保管9②）。

㉓　遺言書保管事実証明書

遺言書保管所における関係遺言書（自己が相続人，受遺者，遺言執行者等の関係相続人等に該当する遺言書）の保管の有無等を証明した書面のこと。

何人も，遺言書保管官に対し，遺言書保管事実証明書の交付を請求することができる（保管10）。

遺言書保管事実証明書とは，遺言書保管所における関係遺言書の保管の有無，遺言書に記載されている作成の年月日，遺言書が保管されている遺言書保管所の名称および保管番号を証明した書面である。

ある者の遺言書が遺言書保管所に保管されているか否かの確認は，この遺言書保管事実証明書の交付を請求することにより行うこととしており，この請求は，遺言者が死亡していれば，誰でもすることができる。

遺言書保管事実証明書の交付請求は，遺言書情報証明書の場合と同様に，関係遺言書を現に保管する遺言書保管所以外の遺言書保管所の遺言書保管官に対してもすることができる（保管10②・9②）。

(3)　遺 言 関 係

㉔　遺　　　　言

人の最終の意思表示について，その人の死後に効力を生じさせる制度のこと（民985①）。遺言は法定相続に優先する。

㉕　遺 言 能 力

遺言の内容を理解し，遺言の結果を弁職できるレベルの意思能力のこと。遺言能力は遺言書を作成するときに備わっていなければならない（民963）。

㉖　遺言の効力の発生時

遺言は，遺言者の死亡のときからその効力を生ずる（民985）。そのため，遺言者が遺言書に記した不動産等を売却などして処分しても法的な問題はない。

㉗ 共同遺言の禁止

法律では夫婦など2人以上の者が同じ証書に遺言をすることを禁止している。このことを共同遺言の禁止という（民975）。

㉘ 負担付遺言

受遺者（遺言によって財産を受取る者）に，たとえば，全財産を残す代わりに妻の扶養や介護を義務付けるなど，一定の義務を課した遺言のこと（民1002）。

㉙ 予備的遺言（補充遺言）

遺言書に記した内容が，想定外のことが起きても支障なく実行できる内容の遺言のこと。たとえば，遺言で財産を受け取ることになっていた相続人が，遺言者の死亡以前に亡くなった場合，その者に代わってだれが相続するかをあらかじめ記した遺言書などが挙げられる（民994②ただし書）。

㉚ 遺 言 認 知

認知とは，父が嫡出でない子を自己の子であると承認することによって父と子との間に法律上の父子関係を生じさせる制度である。その効果は出生のときに遡る（民784）。

認知には，父が自らの意思表示で，自分の子として認める任意認知（民779）と子の側から裁判所へ認知の訴えをし，その裁判の確定によって父子関係が成立する強制認知（民787）がある。また，遺言でも認知できる（民781②）。

遺言認知は，たとえば生存中に認知できない事情があるが，父の死亡後に嫡出でない子に相続権を与える場合に多く行われる。

遺言認知の効力は，遺言者である父の死亡のときに生じる（民985①）。その効力が生じたときは，遺言執行者は，その就職の日から10日以内に，認知に関する遺言書の謄本を添付して，任意認知または胎児認知の届出に関する規定に従い，届出人である遺言執行者の所在地または事件本人（認知する父または認知

される子）の本籍地の市区村長に届出をしなければならない（戸64）。

　遺言認知の届出は，既に遺言によって生じた認知の効力を届け出るものであるから，報告的届出である。

㉛　自筆証書遺言

　遺言者が，その全文，日付および氏名を自書（自分で書くこと）して，これに印を押して作成する遺言書のこと（民968①）。ただし，自筆証書に添付する財産目録については自書することを要しない（民968②）。この場合において，遺言者は，その目録の毎葉（自書によらない記載がその両面にある場合にあっては，その両面）に署名し印を押さなければならない。

　手軽に作成できるのが長所。しかし，紛失，偽造・変造や隠匿・破棄などのおそれがある。また，遺言者に法律知識がないと，遺言者の死後に遺言書の法的効力をめぐって争いが生じることがある。

　また，遺言者が死亡して遺言を執行する前に，家庭裁判所で検認（民1004①）をしなければならない。なお，遺言書保管法に基づいて法務局に保管された自筆証書遺言は，検認を免除される（保管11）。

㉜　検　　　認

　相続人に対し遺言の存在およびその内容を知らせるとともに，遺言書の形状，加除訂正の状態，日付，署名など検認の日現在における遺言書の内容を明確にして遺言書の偽造・変造を防止するための手続きのこと。このように，検認は，遺言書の現状を確認し，証拠を保全する手続きだから，偽造・変造のおそれがない公正証書遺言は検認不要である（民1004②）。また，遺言書保管所に保管されている遺言書についても，検認不要である（遺言保管11）。なお，遺言の有効・無効を判断する手続きではない。

　遺言書の保管者またはこれを発見した相続人は，遺言者の死亡を知った後，遅滞なく遺言書を家庭裁判所に提出して，その「検認」を請求しなければならない（民1004①）。また，封印のある遺言書は，家庭裁判所で相続人等の立会い

の上開封しなければならない（民1004③）。

　遺言書の保管者またはこれを発見した相続人が遺言書を家庭裁判所に提出することを怠り，検認をしないで遺言を執行し，または家庭裁判所外で遺言書を開封した者は，5万円以下の過料に処せられる（民1005）。

　なお，遺言の効力は民法1005条の過料と何の関係もない。また，開封・検認義務者が過料に処せられたからといって開封・検認義務を免責されることもない。

㉝　公正証書遺言

　遺言者が公証役場に行くか，公証人に出張を求めて，公証人に作成してもらう遺言のこと。遺言作成には証人2人以上（通常2名）の立会いが必要（民969）。
　原本は公証役場に保管されるため紛失，偽造・変造や隠匿・破棄などのおそれはない。遺産の額や遺言の内容に応じて公証役場に一定の手数料を支払う。なお，検認の必要はない（民1004②）。

㉞　公　証　役　場

　公証人が執務するところで全国約300か所ある。それぞれの役場の名称については，地名の後に「公証役場」「公証人役場」というものが多いが，「公証人合同役場」「公証センター」などというものもある。

㉟　公　証　人

　公証人は，実務経験を有する法律実務家の中から，法務大臣が任命する公務員で，公証役場で執務している。その多くは，司法試験合格後司法修習生を経た法曹有資格者から任命される。そのほか，多年法務事務に携わり，これに準ずる学識経験を有する者で，検察官・公証人特別任用等審査会の選考を経た者も任命できることになっている（公証13・13の2）。

㊱　遺言検索システム

日本公証人連合会が昭和64（1989）年1月1日（東京都内の公証役場で作成されたものに限り，昭和56（1981）年1月1日）以降に全国の公証役場で作成された公正証書遺言の，公正証書遺言を作成した公証役場名・公証人名・遺言者名・作成年月日等をコンピューターで管理しているシステムのこと。

秘密保持のため，相続人等利害関係人のみが公証役場の公証人を通じて照会を依頼することができる。なお，全国どの公証役場でも照会可能である。

遺言検索システムを利用する場合は，亡くなった人が「死亡した」という事実の記載があり，かつ，亡くなった人との利害関係を証明できる記載のある戸籍謄本と身分証明書（運転免許証等顔写真入りの公的機関の発行したもの）を持参し，公証役場に問い合わせる。

㊲　死 因 贈 与

死因贈与とは，贈与者の死亡によって効力を生ずる贈与である。贈与者と受贈者の契約（諾成契約）である点で，単独行為である遺贈とは異なる。しかし，贈与者の死後，効力が生じる点では，遺言者の死後効力が生じる遺贈と共通点があるので，その性質に反しない限り，死因贈与は遺贈に関する規定に従うとされる（民554）。

死因贈与の撤回について，学説で肯定・否定が分かれている。判例も，死因贈与が単純な利益給付として行われないときに，一方的な撤回を認めることに否定的である（最判昭57［1982］・4・30民集36巻4号763頁，最判昭58［1983］・1・24民集37巻1号21頁）。

したがって，死因贈与を契約する双方に，「撤回が困難な場合もある」ことを伝えておくべきである。私見だが，将来撤回の可能性が少なからずあるなら，死因贈与は行うべきではないと考える。

㊳　遺言執行者

遺言の内容を実現するため，相続財産の管理その他遺言の執行に必要な一切

の行為をする権利義務を有する者のこと（民1012①）。遺言執行者がある場合には，遺贈の履行は，遺言執行者のみが行うことができる（民1012②）。なお，遺言で遺言執行者を指定することができる（民1006①）。

(4) 相続関係

㊴ 相　　続

　私有財産制のもとで，被相続人の財産をだれかに帰属させるための制度のこと。

㊵ 相続の開始

　相続は人の死亡によって開始する（民882）。人が死亡すれば，その瞬間に相続人について相続が開始し，遺産は相続人による共有が始まることになる。

㊶ 代襲相続

　相続人となるはずだった子または兄弟姉妹が，被相続人の死亡以前の死亡，相続欠格（民891），相続廃除（民892）を理由に相続権を失ったとき，その者の直系卑属がその者に代わって，その者の受けるべき相続分を相続する。このことを代襲相続という（民887）。なお，相続放棄は含まない。

㊷ 養子縁組

　養子縁組は，養親となるべき者と養子となるべき者との合意に基づく養子縁組届が受理されることによって成立する（民799）。婚姻と同じく届出主義である。

　養子は，縁組成立の日から，養親の嫡出子としての身分を取得する（民809）。ただし，実親との親子関係も残るため，養親との二重の親子関係が成立する。相続権は，養親子相互，実親子相互にあり，扶養の権利義務は具体的事情に応じて発生するが，親権については，養親の親権に服する（民818②）。氏については，養子は養親の氏を称する（民810）。

養子は縁組の日から，養親および養親の血族との間に，血族間におけると同一の親族関係（法定血族関係）が生ずる（民727）。これは，養子だけを養親の親族に取り込む構造である。したがって，縁組後に生まれた養子の子は，養親の親族になるが，縁組前に生まれていた養子の子は，養親の親族にはならない。

なお，被相続人の子の子が代襲相続人となるためには，その子が被相続人の直系卑属でなければならない（民887②ただし書）。したがって，被相続人の子が養子で，その養子に縁組前に出生した子がある場合には，その子は養親との間に法定血族関係がなく，直系卑属に当たらないため（民727），代襲相続権が認められない。

㊸　失 踪 宣 告

失踪宣告とは，生死不明の者に対して，法律上死亡したものとみなす効果を生じさせる制度である。

不在者（従来の住所または居所を去り，容易に戻る見込みのない者）につき，その生死が7年間明らかでないとき（普通失踪・民30①），または戦争，船舶の沈没，震災などの死亡の原因となる危難に遭遇しその危難が去った後その生死が1年間明らかでないとき（危難失踪・民30②）は，家庭裁判所は，申立てにより，失踪宣告をすることができる。

失踪宣告がされると，不在者の生死が不明になってから7年間が満了したとき（危難失踪の場合は，危難が去ったとき）に死亡したものとみなされ，不在者（失踪者）についての相続が開始される。また，仮に不在者が婚姻をしていれば，死亡とみなされることにより，婚姻関係が解消する（民31）。

なお，申立人は（不在者の配偶者，相続人にあたる者，財産管理人，受遺者など失踪宣告を求めるについての法律上の利害関係を有する者），不在者の従来の住所地または居所地の家庭裁判所に申立てする。

㊹　特別縁故者

特別縁故者とは，「被相続人と生計を同じくしていた者，被相続人の療養看

護に努めた者その他被相続人と特別の縁故があった者」である（民958の3①）。自然人には限らない。被相続人が世話になった介護施設や，市町村等でもよい。

　特別縁故者は，相続人捜査の公告期間の満了後3か月以内に，財産の分与を請求しなければならない（民958の3②）。これに対して家庭裁判所が相当と認めれば，清算後残存すべき相続財産の全部または一部を与えることになる。

　その上で，なお残った相続財産が有れば，国庫に帰属する（民959）。

㊺ 遺　　産

　「6-6.(2)ここが実務のポイント㉗」（P170参照）

㊻ 相続財産

　「6-6.(2)ここが実務のポイント㉗」（P170参照）

㊼ 一身専属権

　一身専属権とは，個人の人格・才能や地位と切り離すことができない関係にあるため，相続人等の他人による権利行使・義務の履行を認めるのが不適当な権利義務をいう。そのため，被相続人の一身に専属したものは，相続人に承継されない（民896ただし書）。

㊽ 祭祀財産

　系譜（家系図等），祭具（位牌，仏壇仏具，神棚，十字架等），墓地などの祖先祭祀のための財産のこと。

　祭祀財産は相続と別のルールで祭祀主宰者（祖先の祭祀を主宰すべき者）が承継する（民897①）。遺言で祭祀主宰者を指定できる（民897①ただし書）。

㊾ 法定相続分

　相続分とは，共同相続において，各相続人が相続すべき権利義務の割合，つまり積極財産・消極財産を含む相続財産全体に対する各相続人の持分をいう。

２分の１とか３分の１というような抽象的な割合で示される。

被相続人は，遺言によって相続分を定めることができるが（民902），この指定がないときに，民法の相続分（法定相続分）に規定が適用される。

法定相続分は一応の割合にしか過ぎない。被相続人から相続人が生前贈与や遺言による贈与（遺贈）を受けていたり，相続人が被相続人の財産形成に特別な寄与をしていた場合には，こうした事情を考慮しながら，「具体的な相続分」が算出され（民903・904の２），これを基礎に遺産分割がなされ，最終的に各相続人が取得する相続財産が確定する。

(50) 単純承認

相続人が，一身専属的な権利を除いて，被相続人の一切の権利義務を無限に承継すること（民920）。そのため，被相続人の債務が相続財産を超える場合には，相続人は自己固有の財産で弁済しなければならない。

単純承認について，申述や届出などの方式は規定されていない。相続財産の全部または一部の処分等を行ったときに当然に単純承認をしたものとみなされる（民921）。

(51) 相続放棄

相続人が自らの意思で相続しないことを選択すること。相続放棄は，相続開始による包括承継の効果を全面的に拒否する意思表示であり，相続財産も相続債務も共に承継を拒否するものである。そのため，被相続人の財産が債務超過の場合に多く利用される。相続放棄をする相続人は，自己のために相続が開始したことを知ったときから３か月以内に，家庭裁判所に申述しなければならない（民915①・938）。

相続の放棄をした者は，その相続に関しては，初めから相続人にならなかったものとみなされる（民939）。

㊾ 相続分の放棄

相続財産に対する自己の相続分（包括的一体としての相続財産に対する持分）を放棄する意思表示をいう。

相続分の放棄は，時期に制限はなく，方式も問われないが，通常は印鑑登録証明書付きの署名押印（実印）された書面で行われる。なお，相続分の放棄は，あくまでも相続財産の承継を放棄する意思表示であり，相続債務についての負担を免れるものではない点に注意を要する。

㊿ 相続分の譲渡

債権と債務とを包括した遺産全体に対する譲渡人の割合的な持分（＝包括的持分）を移転することをいう（民905）。相続分の譲渡は，相続人という地位の譲渡であるので，当事者間では債務も移転するが，譲渡人は対外的に債務を免れない点に注意を要する。

相続分の譲渡は，遺産分割より前であれば，有償・無償を問わず，また，口頭によるものでもよいが，後の紛争防止の観点から，通常は印鑑登録証明書付きの署名押印（実印）された書面により譲渡される。

㊼ 限定承認

相続した財産の範囲内で被相続人の債務を弁済して，あまりがあれば，相続するという制度（民922）。

限定承認をする相続人は，自己のために相続が開始したことを知ったときから3か月以内に，共同相続人全員で家庭裁判所に申述しなければならない（民915・923）。

一見合理的だが，家庭裁判所への申立方法が煩雑であるのと，相続人全員で申立を行うことが条件のため，実際ほとんど利用されていない。

㊽ 遺 産 分 割

遺産の相続人間の共有関係を解消し，個々の遺産を各相続人に配分して，そ

れらを各相続人の単独の所有に還元する制度のこと。

遺産分割の話合いを遺産分割協議という。遺産分割協議を成立させるためには相続人全員の合意が求められる（民906・907）。なお，遺産分割は，相続開始の時に遡ってその効力を生ずる（民909）。

(56) 遺産分割の基準

「ここが実務のポイント㉟」（P 191参照）および民法906条参照

(57) 遺産分割自由の原則

遺産分割の当事者全員の合意があれば，法定相続分に合致しない遺産分割や遺言書の内容に反する遺産分割も有効である。

(58) 現物分割

遺産分割の方法の一つで，不動産等の現物をそのまま配分する方法。

(59) 換価分割

遺産分割の方法の一つで，遺産の中の個々の財産を売却して，その代金を配分する方法。

(60) 代償分割

遺産分割の方法の一つで，現物を特定の者が取得して，取得者は他の相続人にその具体的相続分に応じた金銭を支払う方法。代償分割をするには，現物を取得する相続人に支払能力があることが前提条件となる。

(61) 利益相反行為

お互いの利益が相反する行為を利益相反行為という。利益相反行為には，親権者と子の利益が相反する場合（民826①）と，親権に服する複数の子の間の利益が相反する場合がある（民826②）。前者は，子のための特別代理人の選任が

必要とされ，後者は，利益が相反する子の一方のために特別代理人の選任が必要とされる。特別代理人の選任は，親権者が家庭裁判所に請求し，家庭裁判所が選任する。特別代理人は特定の行為について代理権・同意権を有する。

　なお，民法826条の親権者と子の利益相反行為の規定は，後見人について準用される（民860）。したがって，被相続人の妻の後見人に被相続人の長男が選任されている場合は，被相続人の妻（＝被後見人）のために特別代理人を家庭裁判所に請求しなければならない。ただし，後見監督人が選任されている場合は，後見監督人が被後見人を代理する。したがって，特別代理人を選任する必要はない（民860ただし書）。

㉒　成年後見制度

　認知症など精神上の障害のため判断能力が低下し，契約や遺産分割などの法律上の行為をすることができない人から相談を受けて，遺産分割協議の内容に同意したり，遺産分割協議に代理すること等によって，本人を支援・保護する仕組みのこと。

　成年後見制度は，家庭裁判所の判断によって成年後見の開始が決められている「法定後見」と，本人に判断能力があるときに，受任者に対して，将来，精神上の障がいによって事理を弁識する能力が不十分な状況における自己の生活，療養看護および財産の管理に関する事務の全部あるいは一部を委託し，委託にかかる事情について代理権を付与する委任契約（任意後見契約）を締結し，本人の弁識能力が不十分になると，本人，配偶者，四親等内の親族，任意後見受任者が，家庭裁判所に任意後見監督人の選任を請求し，家裁がこれを選任すると，任意後見契約の効力が発生し，受任者が任意後見人になる「任意後見」がある。

4.　実務に役立つホームページ

　遺言・相続業務に役立つホームページを紹介する。なお，官公署の情報を除いて，安易に記載内容を鵜呑みにしないこと。情報の裏取りは信頼ある書籍や条文に当るなどして必ず行うこと。

名　称	URL	お役立ち情報
家族法で人生を乗り切る。	「ヤフーニュース個人・竹内豊」で検索	・筆者が「ヤフーニュース個人」のオーサー（author）として，家族法をテーマに「Yahoo!ニュース個人」に記事を提供している。 ・面談やセミナーの話材作りや実務脳の強化に役立つ
行政書士合格者のための開業準備実践講座	http://t-yutaka.com/	・開業までの準備 ・遺言・相続手続実務の情報 ・著者が講師を務めるゼミの案内
日本公証人連合会	http://www.koshonin.gr.jp/	・公正証書遺言 ・任意後見契約 ・手数料
法務省	http://www.moj.go.jp/	・改正相続法 ・戸籍制度 ・公証制度 ・自筆証書遺言書保管制度 ・法定相続情報証明制度
裁判所	http://www.courts.go.jp/	・遺産分割Q&A ・遺言の検認 ・特別代理人選任 ・後見Q&A
国税庁	http://www.nta.go.jp/	・相続税
外務省	http://www.mofa.go.jp/mofaj/	・在外公館における証明（在留証明・署名証明）
日本行政書士会連合会	http://www.gyosei.or.jp/	・綱紀事案の公表 ・報酬額統計 ・会員検索

5. 「行政書士」の英語訳

「行政書士」は，法務省の日本法令外国語データベースシステム

（http://www.japaneselawtranslation.go.jp/）で次のように英訳されている。

名刺等に英字で記す場合の参考にされたい。

Certified Administrative Procedures Legal Specialist

参考文献：『日本行政』（2013年7月号・No 488）

索　引

□キーワード索引

【あ行】

【か行】

□法令索引

判 例 索 引

平成21年［2009］～

著者紹介

竹内　豊（たけうち　ゆたか）
1965年　東京に生まれる
1989年　中央大学法学部卒，西武百貨店入社
1998年　行政書士試験合格
2001年　行政書士登録
2017年　Yahoo! JAPANから「Yahoo! ニュース個人」のオーサーに認定される。
　　　　テーマ：「家族法で人生を乗り切る。」
現　在　竹内行政書士事務所　代表
　　　　行政書士合格者のための開業準備実践講座　主宰
　　　　http://t-yutaka.com/

　事務所のコンセプトは「遺言の普及と速やかな相続手続の実現」。その一環として，「行政書士合格者のための開業準備実践講座」や出版・ブログを通じて実務家の養成に努めている。

　また，「家族法で人生を乗り切る」をテーマにYahoo! ニュースに記事を提供している。

【主要著書】

『新訂第3版　行政書士のための「遺言・相続」実務家養成講座』2022年，税務経理協会

『行政書士のための「銀行の相続手続」実務家養成講座』2022年，税務経理協会

『行政書士合格者のための開業準備実践講座（第3版）』2020年，税務経理協会

『行政書士のための「高い受任率」と「満足行く報酬」を実現する心得と技』2020年，税務経理協会

『親が亡くなる前に知るべき相続の知識，相続・相続税の傾向と対策～遺言のすすめ』（共著）2013年，税務経理協会

『親に気持ちよく遺言書を準備してもらう本』2012年，日本実業出版社

『親が亡くなった後で困る相続・遺言50』（共著）2011年，総合法令出版

【監修】

『増補改訂版　99日で受かる！行政書士最短合格術』2022年，税務経理協会

『行政書士のための「産廃業」実務家養成講座』2022年，税務経理協会

『行政書士のための「新しい家族法務」実務家養成講座』2018年，税務経理協会

『行政書士のための「建設業」実務家養成講座（第2版）』2018年，税務経理協会

【実務家向けDVD】

『実務担当者のための「銀行の相続手続」養成講座』2022年
『実際にあった遺産分割のヒヤリ事例10』2021年
『遺言・相続実務家養成講座』2018年
『落とし穴に要注意！　遺言の実務Q＆A 72』2017年
『わけあり相続手続　現物資料でよくわかるスムーズに進めるコツ大全集』2017年
『相続手続は面談が最重要　受任率・業務効率をアップする技』2016年
『銀行の相続手続が「あっ」という間に終わるプロの技』2016年
『遺言書の現物17選　実務 "直結" の５分類』2015年
『現物資料61見本付！　銀行の相続手続の実務を疑似体験』2015年
『遺産分割協議書の作成実務　状況別詳細解説と落とし穴』2015年
『銀行の相続手続　実務手続の再現と必要書類』2015年
『作成から執行まで　遺言の実務』2014年
『そうか！遺言書にはこんな力が　転ばぬ先の遺言書　書く方も勧める方も安心の実行術』2013年
『自筆証書遺言３つの弱点・落とし穴　そこで私はこう補います』2013年
『夫や親に気持ちよく遺言書を書いてもらう方法』2012年

以上お申込み・お問合せ
株式会社レガシィ

【主要取材】

『週刊ポスト』〜「法律のプロ25人だけが知る，絶対にもめない損しない相続」2022年７月１日号
『週刊ポスト』〜「夫婦でやめると幸せになる111の秘訣」2022年６月24日号
『週刊ポスト』〜「相続・親戚トラブルでビタ一文払わない鉄則15」2022年６月10・17日号
『女性自身』〜「親族ともめない相続マニュアル」2021年11月２日号
ABCラジオ『おはようパーソナリティ道上洋三です』〜「遺言書保管法のいろは」2020年７月22日
『女性自身』〜「特集　妻の相続攻略ナビ」2019年３月26日号
文化放送「斉藤一美ニュースワイド SAKIDORI」〜「相続法，どう変わったの？」2019年１月14日放送
『はじめての遺言・相続・お墓』〜2016年３月，週刊朝日 MOOK
『週刊朝日』〜「すべての疑問に答えます！　相続税対策Q＆A」2015年１月９日号
『ズバリ損しない相続』2014年３月，週刊朝日 MOOK
『朝日新聞』〜「冬休み相続の話しでも」2013年12月18日朝刊
『週刊朝日』〜「不動産お得な相続10問10答」2013年10月８日号

『週刊朝日臨時増刊号・50歳からのお金と暮らし』2013年7月

『週刊朝日』～「妻のマル秘相続術」2013年3月8日号

『週刊朝日』～「相続を勝ち抜くケース別Q&A 25」2013年1月25日号

『週刊朝日』～「2013年版 "争族" を防ぐ相続10のポイント」2013年1月18日号

『婦人公論』～「親にすんなりと遺言書を書いてもらうには」2012年11月22日号

『週刊 SPA!』～「相続&贈与の徹底活用術」2012年9月4日号

【主要講演】

東京都行政書士会，栃木県行政書士会，東京都行政書士会新宿支部，朝日新聞出版，
日本生命，ニッセイ・ライフプラザ　他

［メディア］

　Yahoo!ニュース個人　オーサー（テーマ「家族法で人生を乗り切る。」）

ヤフー　竹内豊　(検索)

著者との契約により検印省略

平成26年8月1日	初 版 第 1 刷 発 行	
平成29年3月1日	初 版 第 7 刷 発 行	
平成30年1月1日	新 訂 版 第 1 刷 発 行	
令和元年5月1日	新 訂 版 第 2 刷 発 行	
令和2年3月1日	新 訂 第 2 版 発 行	
令和4年9月1日	新 訂 第 3 版 発 行	

新訂第3版
行政書士のための
遺言・相続 実務家養成講座

著 者　竹　内　　　豊
発 行 者　大　坪　克　行
印 刷 所　美研プリンティング株式会社
製 本 所　牧製本印刷株式会社

発 行 所　〒161-0033 東京都新宿区
　　　　　下落合2丁目5番13号

振 替　00190-2-187408
F A X　(03)3565-3391
URL　http://www.zeikei.co.jp/
乱丁・落丁の場合は，お取替えいたします。

株式
会社　税務経理協会

電話 (03)3953-3301 (編集部)
　　 (03)3953-3325 (営業部)

ISBN978-4-419-06876-9　C3032